50堂經典哲學思維課

讓你的思想
更有趣

找回自己
想過的人生

PHILOSOPHY

德國萊比錫大學哲學博士
復旦大學哲學學院副教授

郁喆雋｜著｜

自序：生活為何有待審視？

西元前三九九年，雅典進行了一次並不轟動的審判。一個老人因為「褻瀆神明」和「誤導青年」而受到控告。這個老人就是古希臘哲學家蘇格拉底。他平日裡就喜歡在雅典的城市廣場上向人發問。他提出的問題往往令人難堪，例如：問一個賺到很多錢的富商，財富是什麼；問一個政客，正義是什麼；問一個將領，勇敢是什麼……

這些問題看似簡單，但在連續發問之後，蘇格拉底總能從對方的回答中推導出矛盾或者無法自圓其說的地方。很多人感到羞愧，轉而怨恨起蘇格拉底。按照當時雅典的法律，要從男性公民中抽籤選出五〇一人的大陪審團來。第一輪投票用來確認被告是否有罪，如果被告被判定有罪，那麼第二輪再來決定相應的刑罰。結果在第一輪投票中，陪審團以微弱的多數——僅僅相差十八票——判定蘇格拉底有罪。此時，蘇格拉底自己走上法庭，為自己進行了一番辯護……

結果是，在蘇格拉底為自己辯護之後的第二輪投票中，陪審團以壓倒性的多數，判處蘇格拉底死刑。換言之，蘇格拉底的自辯造成了「判死」的反效果。但他的這番辯護卻被載入了哲學史。因為恰是在這番辯護中，蘇格拉底講了一句話：「**未經審視的生活是不值得過的。**」（The unexamined life is not worth living. Apology, 38a）此處的「審視」也可以被翻譯為反思或者反省。

蘇格拉底為何被控告？因為他遭人怨恨。他為何遭人怨恨？因為他提出了令人尷尬的問題。

但是他的問題又為何令人尷尬呢？因為他提出的問題大多是所謂的「二階問題」（second-order question）。那些被蘇格拉底提問的人，按照現在的標準，多半是事業有成的成功人士——會賺錢的大商人、成功的政客和著名的將領等。也就是說，這些人原本的成就說明他們在「一階」問題上，一定是有所長的——如何賺錢、如何從政和如何作戰等。不過，蘇格拉底反其道而行之，轉向了一個截然不同的發問方式：他的問題並不是「怎麼賺錢」，而是「究竟什麼是財富」？即便是富甲一方的人，卻也未必想過這樣的二階問題。

這是一個普遍性的發問，洞穿了此時此刻。現代很多人，讀過很多書，有很高的學歷，賺了不少錢，也見多識廣，卻依然過不好這一生。問題很可能出在缺乏提出二階問題的能力上。比如說，你問一個人：你願意過幸福生活嗎？我相信，幾乎所有人都會回答願意。但是如果你再追問一句：那麼對你來說幸福意味著什麼呢？我估計，少有人可以確切地回答幸福是什麼。「幸福是什麼」就是一個典型的二階問題。這樣的問題看似抽象而宏大，但對一些人來說恰恰是具體而切身的，也是無法迴避的。

很多人可能相信，對於「何謂幸福」這樣的問題，在特定的時代存在一個「標準答案」。然而，情況可能並非如此。很多時候，當一個人認為，可以按照唯一標準的模板來追求幸福時，恰恰可能是其不幸的開端。從小到大接受的教育方式，使得很多人過於迷信，認為這個世界上的所有問題都存在一個唯一正確的標準答案——真誠的人會意識到，對很多問題目前沒有答案，即意識到「無解」；睿智的人則會看到，對另一些問題存在很多回答，沒有哪一個比另一個更為正確，即意識到「多解」；除此之外，還有一些人相信，對於人生根本問題的回答可以「外包」

——即找其他人和專家來代替自己回答。例如，一個人不懂法律問題，但是可以找律師諮詢；一個人不懂「養生」，可以找健身教練、膳食顧問和家庭醫生……所謂的「外包」就是購買服務、訴諸專家。

然而，對於自己人生根本的問題是否都可以外包呢？是不是存在一些根本的問題，是別人無法代替你回答、不能代替你做出決定的呢？在此，消費主義的邏輯並非萬能。因為在這世上，沒有另一個人比你自己更了解自己，也沒有另一個人可以完全接住你甩出去的鍋。因此，哲學家蘇格拉底又被稱為「思想助產士」——通過詰問來幫助別人找到他自己對於二階問題的回答。而誕下的嬰兒並不屬於助產士。

「未經審視的生活是不值得過的。」這句話僅僅是蘇格拉底給自己的回答，你不必照單全收，完全可以給出自己的回答——對你而言，怎樣的生活是值得過的？怎樣的生活是不值得過的？倘若你自己可以給出一個能夠說服自己的回答，並真誠地、與之相應地去生活，就已經非常不易了。不過，歸根究柢，這都需要他人無法代替的審視，即來自你自己的審視、反思和反省。就此意義而言，哲學本質上是一門「自助」的學問。

「自助」並不意味著輕鬆而隨意。在一個互聯網和數字化的時代，每個人都可以隨時獲得自己想要的訊息——哲學書都在那裡，很多課程、節目也算唾手可得。儘管如此，很多人面對滿桌盛宴並不知道從何下手——先讀什麼以及怎麼讀。面對大眾講授哲學並不是一件簡單的事情，搞不好就會落得蘇格拉底的下場。

一般而言，大眾對哲學的態度是敬而遠之的。艱澀的概念、佶屈聱牙的行文都會嚇退絕大部分人。一般來說，在學院哲學的專業教育中，可以有大量的學程來保證講授完整的哲學史、哲學流派和哲學家的思想背景。然而，在面對大眾閱讀者的時候，就不具備上述的條件。而且每個人都已經多少有了一些對哲學「先入為主」的看法。本書嘗試用哲學家在其經典著作中的問題作為主題，簡直就是捨近求遠、吃力不討好的做法了。不過，哲學之所以吸引人，可能就是源自深藏於幾乎每個人心底的問題——在自己的童年、在人生的危急時刻、在重大抉擇的關頭提出的發問。能夠複述歷代哲學家們在其著作中的論證和思考，甚至是猶豫和自相矛盾，就好比把一步步的推導過程寫在黑板上，接受眾目睽睽的檢驗——重要的不是其結論，而是整個推導過程。也唯有這樣，每個人才能學習作為一種思維方式（Denkweise）而非教條的哲學。因此，康德曾說：「哲學是不能學的，人只能學習哲思。」（Philosophie kann man nicht lernen, man kann nur lernen zu philosophieren）為此，我盡力把自己摘出去，因為「我的」態度、立場並不相關。

此外還要提醒的是，本書的量體比較大，你完全不必從頭至尾完整地閱讀全書，而是可以找到自己感興趣的問題、章節，或者熟悉的哲學家和著作，有選擇地閱讀。如果你自己感覺心臟、頭腦和髮量還可以的話，不妨找一些「禿頭指數」更高的章節挑戰一下自己。畢竟有收穫的閱讀和交往都不會是全然讓人舒適的，它必定伴隨著不適甚至是痛苦。

本書最初源於二〇一七年在喜馬拉雅ＦＭ上線的音頻課程「郁喆雋的復旦哲學課」。在那一年中，持續更新二百期節目的確是個不小的挑戰，但也使得我在網路上接觸並結識了不少喜愛閱讀和思考的朋友。該課程上線後的後臺數據顯示，午夜十二點之後呈現出一波高峰。對此的一種解釋是，很多人喜歡在夜深人靜之時聽這樣艱澀的課程；另一個解釋是，這樣的哲學課程真的很「催眠」。不過我個人覺得，如果一檔音頻課程能夠在一個煩躁的社會裡幫助大家入睡，也算功德一件。

在此後的幾年時間裡，有不少人不斷「催更」，希望聽到我推出更新的課程或節目。但我並沒有「打鐵趁熱」，還是希望能夠沉寂一段時間。這是因為在當下的市場中，類似的課程層出不窮，個人如果想學習，總能找到合適的書籍和在線課程。不過，我也發現類似的節目有趨同的趨勢，總是抓住「多數」，而未能很好地讓人「拾級而上」，乃至登堂入室。

《莊子・外物》中說：「筌者所以在魚，得魚而忘筌。」這裡提到的「筌」是一種竹編的捕魚工具。熱愛思考的人一定也有類似莊子這樣的感受，目標是魚，而在捉到魚後，作為捕魚工具的筌是可以被忘記的。本書在此意義上就是一個「筌」。大家在初步了解了一些哲學家的名字、流派、命題和大致思想之後，繞不開的一個目標就是直接去閱讀原著原典。這樣才能深入哲學家的思考脈絡，來體會原汁原味的思辨，而不用再去接受二手、三手甚至N手的轉介。然而，在普及課程和閱讀原著之間，隔著很多道鴻溝。本書其實就想成為一把梯子，助你拾級而上，得意忘言，踏入哲學思辨的正殿。哲學經典的意義是無法替代的。人也不能一輩子只吃副食品。

本書能夠得以出版，首先要感謝最初製作音頻節目時喜馬拉雅ＦＭ的團隊成員葉驊、吳思瑜和朱瑩瑩等人。他們從最初的策劃階段開始，就提出了很多非常專業的建議，並在後續營運過程中給予了持續的關注。陳詩妤同學將原本的音頻課程文案改寫為出版稿，並修訂了原稿中的一些差錯，在此一併致謝。然後要感謝的是中信大方的出版編輯團隊——蔡欣、趙瞳、夏明浩。他們專業而富有創造性的工作，給本書增色不少。插畫家何夢元與Pigone給出了傳神而切合主題的哲學家畫像，使得全書多了不少活力。最後要感謝我的妻子沈奇嵐。她一直鼓勵我走出自己的舒適圈，面對大眾來講授哲學，還在我陷入創作瓶頸的時候承受了我的焦躁，給予我全方位的安慰、鼓勵和支持，沒有她的陪伴，本書的出版是無法想像的。

郁喆雋

二〇二一年十月

於復旦大學光華樓

目錄

PART ONE

從哪裡來，到哪裡去
我們對世界的終極追問

PART
TWO

認識自己，認識世界
我們看世界的不同方式

PART
THREE

何為公平，何為幸福 我們理想中的幸福生活

PART FOUR

正視矛盾，質疑常態
我們對現代生活的反思

PART FIVE

回歸內心，發現自我
我們每個人該如何生活

編註

本書內文所有哲學家與哲學著作譯名，以繁體中文出版品譯名為準。無繁體中文譯本之書，則內文與延伸閱讀書單內之作者名與書名，皆以簡體版譯名為準。

PART ONE

從哪裡來，到哪裡去

我們對世界的終極追問

— 1 —

亞里斯多德《形而上學》

萬物背後的原因是什麼？

— 閱讀挑戰 —

A R I S T O T L E

求知是人類的本性。——亞里斯多德《形而上學》

引 言

人們常說，凡事「有果必有因」。一個原因造就一個結果，而這個結果可能就是下一個結果的原因。我們相信，世上沒有無原因的事物和事情，萬事萬物因為因果而環環相扣。因果是宇宙中萬事運行的基本原則。甚至，我自己就是這個鏈條中的一環。所以當我問原因是什麼的時候，就是在問我為什麼存在？為什麼在這裡？以及又為什麼是這樣的？當我問結果的時候，就是想知道自己的未來和最終的歸宿……那麼到底什麼才是因果呢？原因只有一種嗎？古希臘哲學家亞里斯多德是系統地闡述這個問題的第一人。

I・〈雅典學院〉的C位人物：柏拉圖與亞里斯多德

十六世紀初，文藝復興巨匠拉斐爾受命裝飾梵蒂岡的教宗宮而完成了一幅大型濕壁畫。這就是舉世聞名的〈雅典學院〉。拉斐爾採用透視法，讓畫面呈現出舞臺效果，古希臘、古羅馬和文藝復興時期義大利最傑出的哲學家、藝術家、科學家皆登臺亮相。而處於舞臺C位的，正是柏拉圖和他的學生亞里斯多德。柏拉圖一手指天，表示他研究的是高高在上的理念；而亞里斯多德一手指地，表示他的研究是從具體經驗開始的。

亞里斯多德（Aristotle，西元前三八四—前三二二）是一個典型的學院派學者，一生充實、榮耀，卻也波瀾不驚。亞里斯多德曾跟隨柏拉圖學習了二十年。他的名言「吾愛吾師，吾更愛真理」中的「吾師」指的就是柏拉圖。亞里斯多德還當過亞歷山大大帝的老師，退休後他回到雅典定居，並在城市的東面建立了自己的學校——呂克昂學園。亞里斯多德喜歡在學校的長廊和花園裡一邊散步一邊講課，和學生們討論，他的學派因此得名「逍遙學派」。

柏拉圖認為感覺物件都是偶然和可變的，而且一切變化者都要以某個不變者為前提，但亞里斯多德對老師思想體系中最具代表性的「理念論」產生了直接的質疑。柏拉圖給出了兩個完全對立的世界：感性世界／殊相和理念世界／共相，感性世界中的具體事物都是「分有」了，或者「模仿」了理念而來。亞里斯多德顯然沒有被自己的老師說服。在他看來，感覺世界才是真實研究的物件，而理念世界是被推導、抽象出來的東西。也正因如此，實體（substance）——讓所有事物是其所是的本質——是不可能脫離個別事物而獨立存在的，而共相也必須寓於殊相之中。

II・四因說

亞里斯多德並不是第一個追問世界原因的哲學家。事實上，在他之前，希臘世界就已經存在不少自然哲學流派。當時，人們處理的基本問題有兩個：世界的「本原」是什麼？以及如何解釋變動與不變？「本原」的意思就是「始基」，也就是世上萬事萬物最為基礎的東西。

西方哲學歷史上第一個有名有姓的哲學家泰利斯，就認為水是萬物的本原，大地浮在水上，萬事萬物都是水形成的。這種理論在我們現代人看來難免粗糙了些，但這畢竟是古人理解世界的起點。泰利斯之後，他的學生阿那克西曼德認為，將萬物的本原看作風、火、水、土之類的理論都是錯誤的，世界的本原是「阿派朗」（ἄπειρον）——通常被翻譯為「無限」或者「無定」。它是不可見、不可感，沒有邊際，永恆存在且一直處於變化之中的。「阿派朗」內蘊含著相互對立的力量，例如冷與熱，乾燥與潮濕等，而萬物就在這些對立力量的作用中誕生。而埃利亞學派的赫拉克利特提出，萬物的本原是一團永恆的活火，按一定的尺度燃燒，按一定的尺度熄滅，這「尺度」之中還蘊含了他的邏各斯（logos）學說。

埃利亞學派的另一個哲學家巴門尼德，他的觀點和赫拉克利特恰好相反，他提出「無物運動」「一切皆一」，實在是不變的，亦是不可被感知的。

正是在這些五花八門的自然哲學基礎上，亞里斯多德才能發展出自己的形而上學（簡稱：形上學）。那麼他怎麼來解釋變化與不變，以及變動背後的原因呢？在《形而上學》第五卷第二章中，亞里斯多德提出著名的「四因說」，也就是關於四種原因的學說：質料因（material cause）、形式因（formal cause）、動力因（efficient／moving cause）和目的因（final cause）。

假如亞里斯多德要建造一尊蘇格拉底的雕像，為了雕琢這樣一尊雕像，他選用的原材料可以有很多，比如木頭、石膏、青銅或者大理石，這些材料在亞里斯多德眼中就是第一種原因——質料因。既然這是一尊蘇格拉底的雕像，首先它必須是一尊雕像而不是寫字檯，其次它要看起來像蘇格拉底，一個寬鼻子、塌鼻梁、頭頂禿禿、大腹便便的古希臘人，而不能變成米開朗基羅的大衛像。不管用什麼材料打造這尊雕像，它的形象都是確定的。這就是第二種原因——形式因。第三種原因是動力因，也就是變化和運動的推動者。一塊木頭或者大理石不會自動變成一尊雕像，而是需要雕塑家的雕琢打磨。最後是目的因。在亞里斯多德看來，萬事萬物都有它的目的，就像打造一尊蘇格拉底的雕像是為了緬懷這位偉大的哲學家。

四因說可以被分為兩組。第一組是質料和形式，質料是可以不斷變化的，而形式是不變的，它是萬事萬物「是其所是」的根據，決定了為什麼A是A而不是B。所以亞里斯多德又稱之為「**本質**」或者「**實在**」（substance）。第二組是動力和目的，它們使得質料趨向其本性、實現其形式。這裡又涉及亞里斯多德的一對重要概念——潛能（potentiality）與現實（actuality）。例如，一粒種子發芽的過程就是在實現本性的過程：種子在沒有發芽之前，僅僅具有「成材」的潛能。陽光為它提供不斷成長的動力；種子吸收的水分和養料成了植物的一部分，也就是質料，為的就是讓種子長成一棵參天大樹。

Ⅲ・第一推動者：不動的動者

仔細琢磨一下四因說，其實不難發現，在「動力因」的內部蘊含著另一個推理：製造雕像需要雕塑家，種子發育需要外部的養料和陽光。以此類推，任何具體事物的動力因都不是自己，運動的東西都是被其他的東西推動的，A被B推動，B被C推動……因此，必然存在一個第一推動者（first mover）。這個第一推動者自身並不運動，卻推動了宇宙中所有其他事物的運動，所以亞里斯多德又稱之為「不動的推動者」。

那麼，這個不動的推動者在質料和形式上又是怎麼樣的呢？形式因決定了事物「是什麼」的本質屬性，而質料是指構成具體事物的物質性基質。以生物為例：假設從微觀層面開始觀察一個人，就會發現一個細胞由一些質料（如細胞膜、粒線體等）組成；再上一個層次，細胞就成為了器官，如肝臟、大腦等的質料，或者說是細胞幫助器官實現了其形式；再上一個層次，各器官又成為了整個人體的質料，來實現人體的形式。由此可見，高級事物是低級事物的形式，而低級事物是高級事物的質料。如果將這種邏輯推向極致，就會產生一個問題：沒有任何一種具體的物質可以作為宇宙的第一推動者，否則就會存在更高一級的事物作為它的形式，那就會陷入無窮倒退（infinite regress）的邏輯謬誤。因此唯一可能的結論就是，第一推動者是非物質的且是純形式的，它是宇宙的最高形式。

世間萬事萬物都是質料先於形式，潛能先於現實，唯獨第一推動者是形式先於質料，現實先於潛能的。所以在亞里斯多德看來，只有第一推動者才能說是絕對完善的。有人認為純粹的非物質的存在只能是精神或思想，古希臘人稱之為努斯（nous）。數百年後的基督教的神學家一般將這個「第一推動者」解釋為上帝。亞里斯多德認為，如果沒有第一推動者，所有的運動都不會發生。對此有一種形象的比喻：上帝對著宇宙踢了一腳，隨後有如西洋骨牌一樣，萬物處於普遍的運動之中。

Ⅳ・何謂「形而上學」？

在中學課本裡，「形而上學」無疑是一個貶義詞，是和辯證法對立的錯誤思想。然而，亞里斯多德的「形而上學」和中學課本中「形而上學」的含義是不同的。那麼哲學中的「形而上學」究竟是什麼意思呢？

英語中的形而上學是metaphysics，是由兩個詞meta和physics組成的。meta的意思是「在什麼之後」，而physics就是物理學，連在一起就是「在物理學之後」的意思。Metaphysics最初指的是亞里斯多德的一本書，但是這個書名並不是亞里斯多德自己取的。在西元一世紀的時候，亞里斯多德作品的編纂者安德洛尼克斯取了這個書名，用來指「安排在《物理學》之後的那本書」。在亞里斯多德的其他講稿裡，他關注的是自然世界裡物體的運動變化，而在這部分講稿裡，他探討的是比物理學更原初、更抽象的世界的基本原理。亞里斯多德認為，形而上學研究的是「作為存在的存在」（being qua being），考察萬物的本原或終極原因。他自己把這本書裡的內容稱為「第一哲學」，也就是最為根本的學科。形而上學在西方哲學史上是極為重要的一個分支，被譽為哲學王冠上最璀璨的那顆寶石。

中文裡的「形而上學」這個詞含義的轉變比較複雜。《易經．繫辭上傳》中有一句話：「形而上者謂之道，形而下者謂之器。」日本明治時期著名哲學家井上哲次郎翻譯metaphysics的時候採用了這句話，也就有了「形而上學」一詞。晚清學者嚴復則採用了老子《道德經》中的一句話「玄之又玄，眾妙之門」來翻譯metaphysics，即「玄學」，可見這門學問的晦澀難懂。

亞里斯多德的思想在西方產生了一千多年的影響，直到近代經驗科學的興起才逐漸推翻了亞里斯多德的一些基本觀點。文藝復興時期的義大利詩人但丁曾經賦予亞里斯多德一個頭銜「一切有識之士的老師」，亞里斯多德當之無愧。

延伸閱讀

1. 〔古希臘〕亞里士多德：《形而上學》（*Metaphysics*），吳壽彭譯，北京：商務印書館，1997年。
2. 〔英〕喬納森．巴恩斯（Jonathan Barnes）：《亞里士多德的世界》（*Aristotle*），史正永、韓守利譯，南京：譯林出版社，2010年。
3. 〔美〕克里斯多夫．希爾茲（Christopher Shields）：《亞里士多德》（*Aristotle*），余友輝譯，北京：華夏出版社，2014年。
4. 〔英〕大衛．羅斯（William David Ross）：亞里斯多德與《形上學》（*Aristotle's Metaphysics*），徐開來譯，臺北：五南，2022年。

編註：亞里士多德即為亞里斯多德。

— 2 —

聖多瑪斯・阿奎那《神學大全》

可以理性地談論信仰嗎？

— 閱讀挑戰 —

THOMAS AQUINAS

萬物相似於上帝，不是上帝相似於萬物。——傅樂安《多瑪斯・阿奎那傳》

引言

我們現代人都以理性自居，而且以此為傲。但是我們都知道在人類歷史上，信仰占據了重要的位置，而說起信仰，我們很容易聯想起狂熱的信徒和新聞事件裡的各種衝突。那麼信仰和理性究竟是什麼關係呢？兩者是否完全衝突呢？

在西方的整個文明進程中，我們大致可以用兩座城市分別來象徵理性與信仰，那就是雅典和耶路撒冷。雅典是哲學的誕生地，眾多哲學流派都發源於此；而耶路撒冷則被視為亞伯拉罕宗教——猶太教、基督教和伊斯蘭教的聖城。雅典和耶路撒冷是理解西方文明的兩條主線，缺一不可，不能偏廢。最關鍵的是，它們並不是兩條沒有交集的平行線，而是彼此交織，有時雅典強一些，有時耶路撒冷占據上風。歐洲中世紀就是兩者交織而無法分離的時代。中世紀並非像傳統教科書定義的那樣，是一個「黑暗時代」。中世紀的歐洲有一個學者，終其一生都在用理性的方式來思考信仰。他就是聖多瑪斯・阿奎那。他的思想體現在皇皇巨著《神學大全》裡。

I・啞牛多瑪斯和《神學大全》

十三世紀中葉，在巴黎大學有一位年輕的神學教授。他平時非常沉默，為人溫和，而且體型巨大，因此被人送了一個外號「啞牛」。他在很年輕的時候就已經嶄露頭角，成為了一位有名的神學家和哲學家。他就是多瑪斯・阿奎那（Thomas Aquinas）。

從哲學史來看，阿奎那隸屬於中世紀「經院哲學」的傳統。所謂經院哲學（scholasticism）就是指以修士為主的學者在修道院或類似的一些教會研究機構進行的哲學研究，它的主要目的是為了培養神職人員，為教義教理提供哲學基礎。為此，學者們要接受良好的邏輯學、修辭學的教育。經院哲學在十二、十三世紀發展迅速，這與中世紀大學的建立密切相關——它們也是現代大學的雛形。中世紀大學一般設立四個學院：神學、法學、醫學和哲學。神學的地位毫無疑問是最顯赫的，而哲學在當時囊括了對自然科學的研究。阿奎那所在的巴黎大學就是歐洲歷史上最早的大學之一，而阿奎那則象徵著經院哲學的高峰。

西元一二五九年，阿奎那擔任天主教廷的神學顧問，開始撰寫《神學大全》。《神學大全》是阿奎那的代表作，也是中世紀經院哲學的集大成之作。阿奎那陸陸續續寫了十多年，直到去世仍沒有完成。《神學大全》的體量非常大，一共討論了六百一十三個題目，有超過三千節的內容，全書超過六百五十萬字，幾乎涵蓋了神學和哲學的全部問題，可以說是一部百科全書式的作品。

《神學大全》的寫作帶有鮮明的經院哲學特色，有極強的論辯性質。它一般首先列出一個需要被討論的論題，例如「天主是不是唯一的」「智是不是德性」等等。接著，針對這一問題，阿奎那就像自己和自己打辯論賽一樣展開論述。論述分為四個部分：第一部分是質疑，相當於反方陳詞，提出對論題的反駁以及具體論證；第二部分是「反之」，相當於正方陳詞，提出支持論題的證據和論證；第三部分是正解，也就是阿奎那正面表述他的意見和分析；第四部分是釋疑，也就是逐條回應可能提出的反對意見。可以說，阿奎那對每一個論題的討論都像是一場獨立的精彩絕倫的辯論。

II．啟示和自然：為科學開闢道路

阿奎那在《神學大全》中提出的第一個問題就是：除了哲學之外，是否還需要其他學科？這個問題對現代人來說簡直就是不言自明的，但在阿奎那的時代，他提出這個問題本身就具有重要意義。

阿奎那認識到很多學科的認識方法是不一樣的。例如關於「地球是圓的」這一命題，天文學家使用數學的方法來證明，而物理學家則用另一套辦法。不同的方法有時候會產生一致的結論，有時候也會導致矛盾。於是，阿奎那把知識分為兩種，一種來自上帝的啟示，另一種則來自自然。按照神學的劃分，一個是啟示神學，另一個就是自然神學。阿奎那在《神學大全》裡就提出，基督教中的基本教義，例如三位一體、道成肉身、原罪等，就是天啟的信念而不是知識。自然神學僅僅依靠人的經驗和理性反思就能證明上帝的存在，而不需要從任何宗教的經典或者啟示中得出結論。這件事情對中世紀哲學來說是一件意義重大的轉折。這意味著有一部分知識可以逐漸擺脫信仰，獲得自己獨立的地位。

這也為近代西方自然科學的建立開闢了道路。

Ⅲ・如何理性地論證上帝存在？

在基督教裡，上帝具有三種至高無上的屬性，即全知、全能、至善。許多人認為，上帝是信仰的物件，上帝的存在是一個自明的真理，無須證明。但在阿奎那眼中，上帝不僅僅是信仰的物件，更是理性的對象。這種想法看起來有一些離經叛道，理性對論證上帝的存在究竟能起到什麼作用呢？換個角度考慮，如果人類通過理性都能證明上帝的存在，那麼「上帝存在」便是確實無誤的了。

阿奎那在《神學大全》第一部分中提出了對「上帝存在」的五種論證，後世稱之為「五路論證」：

第一個論證來自亞里斯多德的「不動的推動者」，即任何一個運動的物體必然受到另一個運動物體的推動。但是這不可能無限推論下去，因此必定存在一個「第一推動者」，那就是上帝。

第二個論證也是從亞里斯多德那兒來的。根據四因說，任何東西都不是自己的動力因，也就是說，所有東西的運動都是被其他東西推動的，運動的動力因必定是其他東西。然而這樣無法推到無窮，因此必然存在一個最初的動力因，也就是上帝。

第三個論證從偶然性出發。阿奎那說，很多事物都不是必然存在的，而是偶然存在的。但不可能所有事物都是偶然存在的，否則總有一個時刻，所有事物都不存在。因此，必然有一個事物是在任何情況和時刻下都存在的。這個必然的存在就是上帝。

第四個論證建立在萬物性質的級別上。阿奎那說，事物之間總有高下優劣之分，任何性質都可以分出等級。等級制中必然有最高的一級，而最高級必然是導致其他等級的原因。因此，「完美」和「存在」的最高級必然也是導致一切完美和存在的原因，也就是上帝。

第五個論證被稱為目的因論證，這個論證也是受到了亞里斯多德的影響。在世界中萬事萬物總有一個目的，例如種子長成一朵花或一棵樹。阿奎那說，這個世界中的東西雖然目的不同，卻能和諧相處，具有秩序。這種和諧秩序一定是因為存在一個最高的目的，就是上帝。這個論證又可以被稱為「設計論論證」。因為上帝就好像是一個異常智慧的設計師，設計好了世界上每一樣東西、每一種生物存在的目的，並把它們和諧地組織起來。

不過，阿奎那的五種論證其實都是可以反駁的。例如第一個論證，牛頓力學的出現就否定了這一點。對其他論證的反駁，就交給讀者們自己思考了。

Ⅳ．人為何要行善避惡？

阿奎那在《神學大全》第二部分中主要探討的是倫理問題，這部分比其他部分都要長很多。阿奎那繼承了亞里斯多德的觀點，認為人生的最高目標是幸福，但這種幸福不是快樂、富裕、榮譽或任何肉體的感受。幸福存在於理智和道德相互一致的活動中。阿奎那進一步認為，滿足亞里斯多德對幸福規定的是理智活動，而理智活動的最高形式是對上帝本質的沉思。從基督教信仰出發，阿奎那區分了自然德性（natural virtues）和神學德性（theological virtues），擁有自然德性的人追求的是此世中的善與幸福，即對真理的追求和對欲望的掌控；而神學美德，即基督教的三聖德「信」「望」「愛」則是超驗的，也是超越人之本性的，因此只有這種美德才能帶來彼世的、屬靈的幸福。

阿奎那倫理學的核心是「自然律」，他認為自然律是人類道德準則的來源。中世紀經院哲學所說的自然律並不是現在人所理解的自然規律，也不完全指人的本性，例如自我保存、趨利避害等。阿奎那所說的自然律是憑藉理性的架構拾級而上的。根據亞里斯多德的目的論，人總會趨向於一個最終的目的，一個至高的善，但這一過程總需要一個起點和最基本的前提。例如，人的理智之所以可以把握世界，是因為人會運用最基本的邏輯定律——同一律、矛盾律和排中律。阿奎那說的自然律就是實踐理性和道德判斷中的那些出發點和基本原則。其中，對於「善」的最基本定義就是讓人能夠成就自我的東西，而第一個最基本的實踐判斷就是「行善避惡」。自然律包含所有那些毋庸置疑的原則和判斷，並將之應用到特定的生活場景中，包括飲食、家庭、社會等。阿奎那認為人是普遍向善的，而自然律則引導人們去實踐倫理生活。

延伸閱讀

1. 〔義〕聖多瑪斯・阿奎那：《神學大全》（*Summa Theologiae*），劉俊餘、陳家華等譯，臺南：碧岳學社／中華道明會，2008年。

2. 〔英〕切斯特頓（Gilbert Keith Chesterton）：《方濟各傳 阿奎那傳》，王雪迎譯，北京：生活・讀書・新知三聯書店，2016年。

3. 〔美〕凱利・克拉克、吳天嶽、徐向東主編：《托馬斯・阿奎那讀本》，北京：北京大學出版社，2011年。

編註：托馬斯即為聖多瑪斯。

— 3 —

齊克果《恐懼與顫慄》

為什麼說真理是主觀的？

— 閱讀挑戰 —

KIERKEGAARD

唯有在無限的棄絕中，我才意識到我永恆的有效性，
唯有透過信仰一個人才可以說把握了存在。——齊克果《恐懼與顫慄》

引　言

在《聖經．舊約．創世記》第二十二章中有這樣一個故事：上帝耶和華要求亞伯拉罕犧牲自己的獨子以撒。「犧牲」意味著殺死獻祭，而亞伯拉罕得到這個兒子實屬不易。在亞伯拉罕七十五歲時，耶和華應許亞伯拉罕一個後裔。但是亞伯拉罕直到一百歲的時候，才得到了嫡子以撒。儘管這個孩子得來不易，但亞伯拉罕仍決定按照耶和華的話去做。就在亞伯拉罕準備動手殺死自己兒子的時候，上帝派來的天使出現並制止了亞伯拉罕。

如果你是亞伯拉罕，你會心甘情願地獻祭自己的兒子嗎？

其實，這個問題和宗教信仰並無直接的關係，而涉及一個人對自己生命的認識。在一個人的生命中，總有一些讓你感到焦慮甚至手足無措的時刻。例如，等待大學入試成績或者人事任命，等待自己或者親人的體檢報告……這些生活場景有時的確會讓人心驚肉跳。但有一種情形更為殘酷，那就是非此即彼的選擇——不論怎麼選都極為艱難，不論選哪一個都沒有十足把握。既然做出了選擇，就要承擔責任，這是生命之重。你經歷過這樣的時刻嗎？

十九世紀的丹麥就出了這樣一個哲學家——齊克果。在他的字典裡彷彿沒有「皆大歡喜」，只有「魚和熊掌不可兼得」，他的全部人生就在思考這樣一個絕對的二選一難題。

I・齊克果是一個「渣男」嗎?

一八一三年五月五日,齊克果(Kierkegaard)出生在丹麥的哥本哈根。他的人生一直充滿了陰鬱的色彩。

齊克果曾經和一個叫雷吉納・奧爾森的姑娘訂婚。當時,雷吉納只有十七歲,而齊克果已經二十七歲,是一個前途光明的年輕人。如果不出意外,他將成為一個路德教會的牧師,並擁有一個年輕可人的妻子。但是在第二年的夏天,齊克果突然提出要解除婚約。他寫信給雷吉納表示自己不能娶她,但沒有說明原因,還把訂婚的戒指還給了她。這並不是說齊克果對雷吉納沒有感情了,事實上他躺在床上哭了好幾天,卻還是決絕地拒絕了雷吉納的苦苦哀求。在那個年代的丹麥,以這樣的方式結束一場婚約是讓雙方都非常難堪的事情,因為這涉及兩個人的名譽問題。後來,雷吉納與另一人結了婚。

齊克果是個「渣男」嗎?為什麼愛一個人又要逃離和她的婚姻呢?這裡面似乎另有隱情。齊克果的心始終在雷吉納身上,解除婚約後的他再也沒有接近過女性。此外,他的絕大部分作品都是為雷吉納而寫。甚至在臨終之際,他還把自己的全部財產留給了雷吉納。可以說,齊克果拒絕的不是雷吉納而是婚姻。更深層次地說,他拒絕的是他自己。

一八四三年十月,《恐懼與顫慄》(*Fear and Trembling*)一書出版,這是齊克果用筆名「沉默的約翰尼斯」發表的作品。無論是書的標題本身,還是這段話都讓人感覺一驚。普通人都希望度過美好平穩的一生,那麼還有什麼會讓人恐懼到渾身顫慄呢?在《恐懼與顫慄》的一開始,齊克果就引用了引言中「亞伯拉罕獻祭以撒」的故事。一般的解讀認為，上帝這樣做是為了考驗亞伯拉罕是否順服。但是在亞伯拉罕的角度來看，這個要求是多麼讓人困惑，多麼讓人煎熬。他可能會懷疑上帝的意圖，也可能會為自己的兒子心痛，畢竟亞伯拉罕的上帝要求他做的是一件違背倫理的事情，而齊克果認為，《聖經》中的記載缺少了一個重要的心理感受，那就是恐懼。

齊克果認為，每個人必須按照自己的信念生活。這意味著一個人要時刻準備做出犧牲。例如，他不得不在雷吉納和上帝之間進行選擇，而放棄了與雷吉納的婚姻就是一種犧牲。對齊克果來說，上帝與他和雷吉納之間的關係，就類似上帝與亞伯拉罕和以撒的關係。真正的悖論在於，正是在真愛面前才能體現出對信仰的堅定和義無反顧的決絕。正是出於對雷吉納的愛，他才需要離開她。同樣，亞伯拉罕也正是出於對以撒的愛，才需要把他獻祭。為什麼這樣說呢？因為如果以撒不是亞伯拉罕摯愛的兒子，耶和華就不會讓他拿以撒獻祭。同樣，如果雷吉納不是齊克果的真愛，他也不會如此痛苦。

II・信仰騎士必須要奮不顧身地跳躍

齊克果認為，他的時代是一個缺乏激情的時代。那個時代的人，大多是隨波逐流的。每一個人都變成了傳聲筒，反覆地講述一些流俗意見，而不敢發出自己真正的聲音。大眾透過尋求沒有個性的學說來獲得安全感，卻不願意面對事實，也不願意承擔自己的責任。所以他說：「沒人，沒有一個人，敢說我。」他把這種現象稱為「腹語術」，以批評那個時代的平庸大眾。他認為，只有那些準備為了自己的信念去犧牲生命的人，他們的話語才值得一讀，因為這樣的人才是真正承擔自己生命全部重量的人，是真實地成為自己的人。在齊克果眼中，只有個體才是真正有價值和意義的。

所以在《恐懼與顫慄》中，齊克果把人的生存分為三個層面：審美的、倫理的和宗教的。簡單來說，這三個層面代表了三種人生取向：為了自己、為了他人和為了上帝。齊克果認為，這三個層面是相互排斥的，且有高下之分，審美的層面最低，倫理的層面居中，而宗教的層面最高。審美的人生就是為自己而活，典型代表就是「情聖」唐璜。對這樣一個花花公子而言，他的生命體驗是一個迴圈：當快樂被滿足後陷入失落，失落後又需要尋找新的快樂，焦慮和絕望也會隨之而來，因此這是一種「低級」的存在階段。人必須進展到第二階段，也就是倫理階段。倫理的人生要求人在行動的時候不能只想著自己，而要考慮到其他人，使自己的行為符合普遍的、至高無上的道德律。這看似已經是一個很完美的階段了，但是齊克果認為，人實際上沒有能力滿足道德律的要求，甚至會故意違反道德律，就像年少時曾經在妓院放縱自己的齊克果一樣。因此，人必須再向前走一步，以努力克服自己的有限性。這就是第三階段——宗教階段。

宗教的人生意味著人要為上帝而活，所以齊克果說「上帝要求絕對的愛」甚至勝過夫妻之愛、父子之愛。齊克果在《恐懼與顫慄》中提出了這樣一個問題：可以對合乎倫理的東西進行神學的懷疑嗎？或者說，怎麼處理人的倫理維度和信仰維度呢？為此，他對照了兩種人：悲劇的英雄和信仰的騎士。悲劇的英雄，指的是古希臘悲劇中的阿伽門農王。他為了贏得戰役而被迫獻祭自己的女兒。這個故事與《聖經》中亞伯拉罕獻祭以撒的故事非常類似，但是在齊克果看來，兩者有本質的區別。對阿伽門農而言，他對國家的義務壓倒了他對自己女兒的義務，這依舊在倫理框架內。但是，在亞伯拉罕獻祭以撒的故事中不存在任何倫理的目的。殺死自己的兒子是為了什麼？除了證明自己信仰虔誠之外，沒有任何目的。亞伯拉罕的故事包含了一種對倫理學的神學懷疑：亞伯拉罕要麼是一個兇殺犯，要麼是一個秉持信仰的人。在這兩個身分之間存在一道巨大的鴻溝，因此信仰的騎士需要完成一次信仰的跳躍。這個跳躍是非常驚險的，要求人放棄自己的倫理考量，把自己完全交給上帝。無限棄絕的階段就是信仰的最後階段，齊克果本人就是這樣一個無限棄絕的騎士。

III．真理即主觀

齊克果給出了一個非常奇怪的命題：真理即主觀，主觀即實在。如何理解呢？這裡就要提一下西方近代哲學的一個重要特徵。從笛卡爾一直到康德，西方近代哲學裡的主體一般都是一個置身事外、安安靜靜的旁觀者。甚至在笛卡爾那裡，這個靜觀者並不必然有肉身。但是齊克果的主體有所不同，那是一個行動者。行動者不能只是安安靜靜地看著這個世界，而要有意識地參與生活。然而世界具有巨大的不確定性，每個人隨時要準備冒一定的風險，也隨時要為自己負責任。很多人都想逃避責任或者規避風險，其中常見的方式就是尋找客觀性。這種客觀性意味著讓其他具有權威的人來指導如何解決問題。但在齊克果看來，人們恰恰是在自己的選擇當中將自己塑造出來的。「一個人若能真正地獨自立於這個世界，只是聽從自己良心的忠告，那麼他就是一個英雄」，而在信仰問題上恰好體現出了這種個體性。正如齊克果說的「信仰即是這樣一種悖論，個體性比普遍性為高」「將人類一切生活統合為一體的是激情，而信仰就是激情」。

一八四三年二月，就在齊克果出版《恐懼與顫慄》之前，他出版了另一本書《非此即彼》（*Either/Or*）。這個標題就是為了直接反對當時歐洲大陸盛行的黑格爾哲學。在齊克果看來，黑格爾的辯證法始終包含了正題—反題—合題三個環節。其中合題就是要把正題以及反題的內容包含在其中，所以黑格爾哲學的核心就是「既此又彼」（both, and）。但是齊克果認為人生中不存在「既此又彼」，每個人都面對非此即彼的選擇。人們的選擇最終構成了他們自己的人生。對齊克果來說，個人必須要知道「我」如何選擇，在選擇中，自我的存在才真切地體現。「生活中首要的事情，就是贏得自我，獲得自我」，這個「我」並不是某個宏大而抽象精神的一部分，而是承擔責任的活生生的主體。總有一些事情必須由「我」來承擔，也只有「我」才是愛、恨、焦慮、恐懼、絕望等情感的主體。

延伸閱讀

1. 〔丹麥〕克爾凱郭爾：《恐懼與顫慄》，劉繼譯，貴州：貴州人民出版社，1994年。
2. 〔英〕帕特里克·加迪納（Patrick Gardiner）：《克爾凱郭爾》（*Kierkegaard*），劉玉紅譯，南京：譯林出版社，2013年。
3. 〔丹麥〕齊克果：《愛在流行：一個基督徒的談話省思》，林宏濤譯，臺北：商周出版，2015年。
4. 〔丹麥〕克爾凱郭爾：《非此即彼：一個生命的殘片》（*Enten-Eller*；*Et Livs-Fragment*），京不特譯，北京：中國社會科學出版社，2009年。

編註：克爾凱郭爾即為齊克果。

— 4 —

奧古斯丁《懺悔錄》

惡是什麼？

— 閱讀挑戰 —

AUGUSTINUS

在我家葡萄園的附近有一株梨樹，樹上結的果實，形色香味並不可人。我們這批年輕壞蛋習慣在街上遊戲，甚至是深夜；一次深夜，我們把樹上的果子都搖下來，帶著走了。我們帶走了大批贓物，不是為了大嚼，而是拿去餵豬。雖然我們也嘗了幾顆，但我們之所以如此做，是因為這勾當是不許可的。　——奧古斯丁《懺悔錄》

引　言

在好萊塢電影裡，好人和壞人、英雄和壞蛋總是陣營分明：超人、蝙蝠俠、蜘蛛俠是好人，而薩諾斯、小丑、洛基是壞人……善和惡幾乎是一種不言自明的對立，就像黑白二分一樣。所有的文化首先就要確立什麼是善、什麼是惡。幾乎所有的父母都會要求自己的小孩做一個好孩子，長大之後做一個好人。如果讓一個人自己選擇，除非迫不得已，幾乎人人都會想做好人而不想做壞人。

如果是這樣的話，惡是從哪裡來的呢？惡本身又是什麼呢？這個問題在西方的基督教傳統中更加突出。由於人們相信創造萬事萬物的上帝是全知、全能和至善的，這就會產生一個矛盾：

如果上帝是至善的，那麼祂為什麼要在這個世界上創造那麼多惡呢？中世紀哲學家奧古斯丁面對這個問題，苦苦思索，寫就了《懺悔錄》一書。

I・「惡」是一種實體嗎？

從前有一個壞少年，他和一些朋友總是從鄰居家的院子裡偷葡萄。他的朋友們偷葡萄並不是為了自己吃，而是拿回去餵了豬。那個壞少年也偷了葡萄，他同樣也不是為了自己享用，因為他把偷來的葡萄隨手丟掉了。顯然，他是「為偷而偷」，追求的是一種犯罪的刺激和樂趣。這是哲學家奧古斯丁（Augustinus）在《懺悔錄》第二卷裡，對自己青年時代的回憶。奧古斯丁雖然後來成為了著名的神學家，還被天主教會封為聖人，但是他少年時是一個十足的流氓和惡棍。因此，皈依信仰之後，什麼是惡以及人為什麼要作惡的問題一直困擾著他。奧古斯丁說，如果只有他一個人，他是沒有膽量做這些事的，但是和很多人在一起就更加容易犯罪。人是很容易墮落的，罪惡無處不在，因此需要信仰的恩典。

善與惡在任何一種思想傳統裡都是一個被反覆討論的概念。善的觀念從何而來？人為什麼會作惡？它們之間存在怎樣動態的關係？千百年來人們一直不斷在追問這些問題。很多古代文明都將善與惡看作截然對立的兩端，善有善的源頭，惡有惡的源頭，兩者不可妥協。也有人將善惡看作兩種截然不同的力量，最終善將戰勝惡。就像在漫威電影中，復仇者聯盟一定會戰勝薩諾斯。不過這種二元論無法解釋一些關鍵問題，比如為什麼人會向善棄惡？為什麼光明一定會戰勝黑暗？

眾所周知，基督教是一神教。《聖經・舊約・創世記》記述了世界是如何由全知、全能、至善的上帝創造的。雖然《聖經》中有對撒旦的記述，但撒旦是由天使墮落而來的，並不具有和上帝平起平坐的地位。這就牽涉一個被稱為神義論（theodicy，也稱作神正論）的問題：

既然世界由上帝創造，上帝又是至善的，那麼為什麼世界上會有那麼多的邪惡與災難？奧古斯丁在《懺悔錄》中多次提到這個問題，他問「惡是什麼」「惡從何來」，並在反覆琢磨思考之後得出了一個結論：惡是善的匱乏。這一思想的源頭是柏拉圖的理念論。

對惡的討論集中於《懺悔錄》的第七卷。在第十六章，奧古斯丁說：「我探究惡究竟是什麼，我發現惡並非實體，而是敗壞的意志叛離了最高的本體，即是叛離了你天主，而自趨於下流。」萬物由上帝所造，正如柏拉圖意義上的「分有了理念」一樣，就其本性（natura，或譯為「自然」）而言都是善的。比如人在正常狀態下都是健康的，而疾病作為一種暫時性的狀態，是健康的匱乏。從本體論的高度討論善與惡的關係，奧古斯丁認為，因為上帝是至善而不朽的，因此不會創造惡，惡不具備實體性，惡是一種背離或者缺乏善的狀態。在奧古斯丁晚年所寫的《教義手冊》中，他具體區分了三種惡：物理的惡、認識的惡和倫理的惡。存在物理的惡，比如自然災害或者身體的缺陷，是由於自然萬物缺乏上帝本身的完善性；存在認識的惡，是由於人類理性的有限性，人不具備上帝的全知；倫理的惡與前兩種不同，倫理的惡雖然也是對至善的背離，但這並不是上帝導致的，而是人自己選擇的，換句話說，這是出於人的自由意志。

II・為善或者作惡，都是人自己選的

除了《懺悔錄》，奧古斯丁的《論自由意志》以對話的形式更系統地論述了惡的來源，以及人道德敗壞的緣由。奧古斯丁的對話者拋出了一個十分尖銳的問題：「既然是人憑藉自由意志選擇了作惡，那麼為什麼還要上帝賦予人自由意志呢？」奧古斯丁回答道，上帝賦予人自由意志，是希望人能選擇向善，選擇靠近上帝，而不是要人去作惡。正如上帝創造人類的雙手，是希望人用雙手去創造美、實踐美德，而不是拿起武器傷害他人。奧古斯丁說：「正如你認可身體中的善，讚美賜它們的上帝而不顧人的錯用，你也應承認自由意志——沒有它無人能正當生活——是一神聖的善的贈與。你當譴責那些誤用這善的人，而不當說上帝本不該將它賜予我們。」（註：奧古斯丁，《論自由意志》卷二第18章第48節，選自奧古斯丁：《獨語錄》，成官泯譯，上海：上海社會科學院出版社，1997年）同樣，上帝自然能預知人會作惡，惡人也會得到應有的懲罰，但是人的惡行都來源於人自己的選擇，而不是上帝的過錯。上帝確實可以創造一個沒有自由意志的世界，但如若如此，人的倫理生活也就不存在了。自由意志是一種「中等的善」，它既可以促使人培養美德、追求真理和智慧，又能縱容人沉溺於肉體的享樂，為自己的德性負責的最終還是人自身，上帝只會進行最終的審判。

Ⅲ・信仰的意義

奧古斯丁本人皈依基督教的過程，可以說這是一個浪子回頭、從惡到善的過程，而在此過程中，信仰起到了決定性的作用。

西元三五四年，奧古斯丁出生在當時羅馬帝國阿非利加行省的塔加斯特城，也就是今天阿爾及利亞的蘇克阿赫拉斯。奧古斯丁一家人都是柏柏爾人，屬於北非的部落，而不是現在意義上的歐洲白人。在皈依基督教之前，奧古斯丁可以說是一個不孝「渣男」。他在《懺悔錄》中反思自己的青年時代，他自認這輩子很對不起兩個人，一個是他的母親，另一個是他的情人。就在二十九歲那一年，奧古斯丁動身前往羅馬學習。他的母親不願意他離開，奧古斯丁不得不撒謊欺騙了自己的母親。

在《懺悔錄》第九卷裡，奧古斯丁回憶母親去世的過程，痛徹心腑，情真意切。此外，奧古斯丁還在十九歲時愛上了一個迦太基的年輕婦人，並和她保持了超過十五年的情人關係，這個婦人還為奧古斯丁生下了一個兒子。可是最終，因為奧古斯丁不願意和她結婚，他的情人決定離開他，也發誓不再和任何男子交往，還把他們的兒子留給了奧古斯丁。

真正讓奧古斯丁將自己全身心奉獻給上帝的那個關鍵時刻，發生在西元三八六年的某一天。當時，奧古斯丁一個人獨自在米蘭寓所的花園中散步。他開始反思自己的過往，深知自己德性有虧，內心掙扎而糾結。

他的心靈呼喊著：「要等到何時呢？何不就在此刻，結束我汙穢的過去？」這時他忽然聽到花園裡有一個聲音傳來：「拿起來讀，拿起來讀。」於是，他就隨手拿起了身邊的《聖經》，映入眼簾的是使徒保羅所寫的《羅馬書》中的話：「不可荒宴醉酒，不可好色邪蕩，不可爭競嫉妒；總要披戴主耶穌基督。不要為肉體安排，去放縱私欲。」奧古斯丁瞬間被這些經文擊中。自此以後，他便歸向上帝。第二年，奧古斯丁接受了洗禮。這段經歷後來被稱為「花園裡的奇蹟」。在找到了自己的信仰之後，奧古斯丁發生了澈底的改變，就像是一艘隨波逐流的小舟，突然明確了自己的航向，開始揚帆遠航。

「我背著光明，卻面向著受光明照耀的東西，我的眼睛看見受光照的東西，自身卻受不到光明的照耀。」在《懺悔錄》第六卷中，奧古斯丁講了一個乞丐的故事。他說，有一天他走過米蘭的一條街道，看見一個貧窮的乞丐。這個乞丐大概喝了酒，非常開心，自得其樂。奧古斯丁就對身邊的朋友說，他以往醉生夢死，在欲望的刺激下，費盡心機，但不幸的包袱卻越來越沉重地壓在他身上。他不禁感嘆，他所求的不過是安穩的快樂，而眼前的乞丐已經獲得了，他卻仍然一無所得。皈依基督教之後的奧古斯丁對從前縱欲的、追求功名利祿的生活做出了深切的反省：「我的學問並不給我快樂，不過是取悅於他人的一套伎倆，不是為了教育人們，只是討人們的歡喜。」此時的他不再渾渾噩噩，而是充滿了生氣，因為認識上帝本身就是幸福的。上帝，對奧古斯丁而言，是生命全部的意義。

延伸閱讀

1. 〔古羅馬〕奧古斯丁：《懺悔錄》，吳應楓譯，臺北：光啟文化，2017年。

2. 〔古羅馬〕奧古斯丁：《論自由意志》（*On Free Choice of the Will*），成官泯譯，上海：上海人民出版社，2010年。

3. 李猛主編：《奧古斯丁的新世界》，上海：上海三聯書店，2016年。

4. 〔美〕雪倫·M·凱（Sharon M. Kay）、保羅·湯姆森（Paul Thomson）：《奧古斯丁》，周偉馳譯，北京：中華書局，2014年。

5. 〔美〕漢娜·阿倫特：《愛與聖奧古斯丁》（*Der Liebesbegriff bei Augustin*），王寅麗譯，桂林：灕江出版社，2019年。

6. 〔義〕羅伯托·羅塞里尼（Roberto G. Z. Rossellini）：《希波主教奧古斯丁》（*Agostino d'Ippona*），電視電影，1972年。

編註：漢娜·阿倫特即為漢娜·鄂蘭。

— 5 —

斯賓諾莎《知性改進論》《倫理學》

人如何追求「至善」？

— 閱讀挑戰 —

S P I N O Z A

人們很難想像在他一生中，是多麼有節制和樸素……他一天只食用價值三個便士、奶油泡在牛奶裡的麵包片，以及價值三個半便士的一瓶啤酒。在另外一天，除了吃了放入葡萄乾和奶油的麥片粥，他沒有吃別的東西——菜餚共花了他四個半便士……他就這樣在最後一個房東的屋子裡，度過他的五年半餘生。

——萊昂．羅斯《斯賓諾莎》

引言

《大學》裡有一句話叫做「止於至善」。這句話對中國人來說是一個非常高的目標。因為至善代表了最高的價值，近乎於完美，所以「止於至善」意味著這是一個不斷接近卻永遠無法企及的目標，任何自認為達到了至善的人，其實都是在遠離至善本身。即便如此，至善依然是一個值得追求並且為之付出努力的目標。那麼，人怎麼追求「至善」呢？

在十七世紀的歐洲大陸有一個叫做斯賓諾莎的哲學家，也思考了至善的問題。他在《知性改進論》和《倫理學》當中將至善當作人生的最高目標，並系統地討論了如何追求至善的問題。

I・財富、榮譽和感官快樂令人迷失

斯賓諾莎（Spinoza）一輩子孑然一身。他是一個出生在荷蘭阿姆斯特丹的猶太人，本來有機會接管家族企業。但是他在二十四歲的時候，因為反對猶太會堂拉比的神學觀念，而被開除教籍，逐出猶太社區。這在當時的社會裡對任何人來說都是天大的事情。然而斯賓諾莎平靜地接受了一切，他離開了阿姆斯特丹，來到了附近的萊茵斯堡，在那裡度過了五年時光，寫下了兩本名著《知性改進論》和《倫理學》。

《知性改進論》大約寫於一六六一年冬天至一六六二年春天，這是斯賓諾莎以拉丁文寫就的關於哲學方法論和認識論的著作，它的副標題是「並論最足以指導人達到對事物的真知識的途徑」。雖然這是一部未完成的著作，但它依舊是一篇內容豐富、思想獨立的論文，可以被當作他的代表作《倫理學》的導言。《倫理學》完成於一六六五年，卻一直等到斯賓諾莎逝世後才問世。

斯賓諾莎在《知性改進論》的第一章中，就談哲學的目的。斯賓諾莎的哲學始終帶著倫理學的向度，即便是就認識論問題進行討論，他的腦海中始終都存有一個根本的問題——人的幸福。而且，他要尋找的幸福，是人人都可以享有的，且一經獲得，人就能享有連續的、無上的快樂。

什麼是大多數人眼中的幸福呢？斯賓諾莎也看得很明白，眾人所求無非三樣東西：財富、榮譽和感官快樂。但是，實際上擾亂人們心靈的，也正是這三樣東西。當人們沉溺於感官快樂的時候，就不會想到其他的東西，但是當感官快樂一旦被滿足，煩惱就立刻隨之產生。同樣，許多人把財富與榮譽當作追求的目的本身，但隨之付出的代價也是很明確的：我們必須完全按照人們的意願生活，追求人們追求的，規避人們規避的。若是如此，人同樣會迷失自我。可見，這三樣東西都不能帶來斯賓諾莎所追求的那種連續的、無上的快樂。

那麼，什麼才是他眼中的「至善」（summum bonum）呢？簡單來說，它是「人的心靈與整個自然相同一致的知識」。也正因為如此，任何有理智的人都有可能達到這種品格，方法就是充分了解自然。對此，斯賓諾莎指出首先要想盡一切辦法來醫治並純化人的知性，使得知性可以無誤地、完善地認識事物。這甚至被斯賓諾莎認定為一切科學的最終目的。為此，斯賓諾莎提出了好生活的三條規則：第一，言語必須使眾人可以了解。一切不妨礙達到我們目的的事情，都必須盡力去做。第二，享受快樂必須以能保持健康為限度。第三，對於金錢或任何其他物品的獲得，必須以維持生命與健康為限度。對於不違反我們目標的一般習俗，都可以遵從。

II・知識和上帝

斯賓諾莎對至善的看法，和他對知識的分類以及他對上帝的看法緊密相連。

在《知性改進論》的第二章裡，斯賓諾莎提出了四種類型的知識：

第一種知識，是由傳聞或者由某種任意提出的名稱或符號等間接得來的知識，也就是基於權威、信仰的知識，比如人的生日和家世、上帝創造了世界等，但是正如黑格爾提出的「熟知非真知」，這些沒有經過理智確認的知識是不可靠的。

第二種知識是由泛泛的經驗得來的知識，但是這種知識還沒有受到理智的規定。斯賓諾莎認為這種知識是無法否認的，如果沒有相反的經驗，也是無法反駁的。例如，人們根據經驗得知，油能助火燃燒，水能滅火。但是，由經驗得來的知識更多的是「只知其表，不知其裡」，沒有經過理性的論證和推演，因此沒有邏輯的必然性。

第三種知識來自推理或者論證，即一件事物的本質自另一事物推出，是一種間接的理性認識。但是，這種獲得知識的方式是以果求因，人們充其量只是認識了「因」的某一特質，對其本質依舊一無所知。例如，根據視覺原理，物體近大遠小，由此推知，太陽要比我們眼睛看到的大。但是太陽到底有多大呢？我們依舊不清楚。

第四種知識是理性直接認識到事物的本性或者本質的知識，即「直觀」。它就是笛卡爾所說的「清楚、分明地知道」的知識，是我們進行推論的根據。例如，三加二等於五；兩條直線分別平行於第三條直線，這兩條直線必定平行等等。斯賓諾莎認為哲學上最根本的命題是直觀知識，具有必然性和永恆性。

斯賓諾莎對知識的分類繞不開前人的工作，他雖然認同笛卡爾的方法，但依舊不能忽視笛卡爾的身心二元論遺留下來的基本問題——物質與精神這兩個完全不同的實體之間是如何互動的？於是，斯賓諾莎提出了一個驚人的、獨一無二的本體論：只存在一個實體，那就是上帝。而此處的上帝絕非亞伯拉罕宗教意義上的人格化的神，斯賓諾莎對一切建制性宗教都保有警惕性。斯賓諾莎有一個著名的公式：上帝或自然（Deus sive Natura），意思是上帝和自然兩個詞可以互換。

上帝即自然，上帝即宇宙。

在《倫理學》第一部分當中，斯賓諾莎對上帝的定義是這樣的：

「神是絕對無限的存在，也就是具有無限多屬性的實體，其中每一種屬性各表示永恆無限的本質。」實體概念的形成不依賴於任何別的事物的概念，也就是說，實體不具有來自它之外的原因，在它自身中有自身的原因。上帝是由無限多的屬性構成的，但人類的知性有限，因此我們能理解的上帝的屬性只有兩種：思維和廣延。廣延這一屬性對應的是所有關乎物體及其運動的規律，例如幾何學和物理學；思維這一屬性對應的是所有關乎思維的規律，例如邏輯學和心理學。這就回應了笛卡爾的二元論。在斯賓諾莎眼中，思維與廣延並非兩種獨立的實體，而是單一實體活動的兩種不同方式。

斯賓諾莎的上帝是無處不在的，存在於宇宙的每一個粒子當中。但是這個上帝，在某種意義上十分懶惰。祂在創造了宇宙和宇宙中的基本規律之後，就什麼都不管了。祂不會聽信徒的禱告，不會實現信徒的願望，不會改變已經定下的規律，不會直接懲罰惡人。這裡隱含了斯賓諾莎對人們以功利性的態度對待信仰的批判。

Ⅲ．賢者的靈魂要防止「熾情」

上帝與自然在斯賓諾莎的體系中是可以互換的。但是斯賓諾莎的確區分了自然的兩個方面：「創造自然的自然」（natura naturans）與「被自然創造的自然」（natura naturata）。乍一看，你肯定會以為斯賓諾莎在唱饒舌，其實這兩個概念並不複雜。前者是指自然（上帝）中能動的原則，它能透過各種屬性的活動而產生變化；後者指的是一切已經在自然中產生的東西，包括具體的實物和抽象的自然規律。

世界由上帝屬性的活動而產生。斯賓諾莎由此得出：世界上的每件事物都是按照必然性而活動的，包括人本身的活動。斯賓諾莎是一個堅定的決定論者。他寫道：「在事物的本性中沒有什麼可以被承認是偶然的，一切事物都由神的本性的必然性所決定，從而按照一定方式存在和發生作用。」斯賓諾莎看待「人的行動和欲望就像處理線、面、體那樣精確」，他是「自由意志」的反對者。

這就會產生一個倫理問題：如果人沒有自由意志，那麼道德何以可能呢？在處理道德問題的時候，斯賓諾莎是一個斯多葛主義者。他的原則就是：我們不能改變自然加諸我們的規則，但是我們能掌控自己的態度，尤其是以理性控制欲望的能力。斯賓諾莎提出，精神如果產生了不適當的觀念，那就是熾情。這可能來源於我們對某些虛幻的東西過分的愛好，也可能來源於我們理智機能的不完善。不同的熾情之間可能會起衝突，但是遵從理性的人會學會協調它們。斯賓諾莎在《倫理學》的結尾處寫道：「賢達者，只要他被認為是賢達者，其靈魂絕少擾動，他卻按照某種永恆的必然性知自身，知神，知物，絕不停止存在，而永遠保持靈魂的真正怡然自得。」斯賓諾莎也說「對上帝的愛」，但是這並非對一個神聖人格的敬畏或愛戴，而更類似於我們領會一條數學公式或者從事科學研究時感受到的精神上的愉悅和滿足。這就是斯賓諾莎所說的，持久的、無上的幸福。

斯賓諾莎是一個知行合一的人。他後半生一直住在海牙，終身未婚，白天以磨光學儀器的鏡片為生，晚上在家裡抽菸斗，沉浸於哲思中。斯賓諾莎有幾個好朋友和仰慕者一直想在經濟上接濟他，這樣他就可以全身心投入哲學研究，可是都被他拒絕了。他說：「大自然只需要一點點就能滿足，如果大自然如此，我也如此。」因為工作的地方狹小，磨鏡片會產生大量粉塵，如此這般日復一日，最終斯賓諾莎患上了肺塵病。一六七七年二月二十一日，斯賓諾莎病逝，年僅四十四歲。

延伸閱讀

1. 〔英〕史蒂文·納德勒（Steven M. Nadler）：《斯賓諾莎傳》（*Spinoza: A Life*），馮炳昆譯，北京：商務印書館，2011年。
2. 〔英〕萊昂·羅斯（Leon Roth）：《斯賓諾莎》，譚鑫田、傅有德譯，桂林：廣西師範大學出版社，2018年。
3. 〔荷蘭〕斯賓諾莎：《斯賓諾莎書信集》，洪漢鼎譯，北京：商務印書館，1997年。

— 6 —

萊布尼茲《單子論》

鐵皮人如何獲得自己的心？

— 閱讀挑戰 —

GOTTFRIED LEIBNIZ

$$(uv)^{(n)} = \sum_{k=0}^{n} C_n^k u^{(n-k)} v^{(k)}$$

他（指萊布尼茲）的單子學說，認為代表中國生活的三大派——老子、孔子及中國佛學所表示的「道」概念，有驚人一致的地方……萊布尼茲與孔子都認為宗教的精義（包括基督教），在於實際生活……宗教的目的，在於教育群眾。使他們的舉動符合社會的利益……二人都認為品德就表示快樂，為善最樂，亦即一切思想的崇高目的。——利奇溫《十八世紀中國與歐洲文化的接觸》

引言

大家有沒有看過一部小說或者動畫片，叫《綠野仙蹤》？這是根據美國作家法蘭克．鮑姆的作品《奇妙的奧茲男巫》改編而成的。最為經典的版本是一九三九年米高梅的電影。這個故事非常有意思：一陣龍捲風把小女孩桃樂絲從黑白的鄉間小屋吹到一個彩色的夢幻世界——一個叫奧茲的矮人國度。矮人們告訴桃樂絲，只有翡翠城的魔法師，才能幫助她找到回家的路。於是，桃樂絲決定前往翡翠城。在路上，她遇到了三個小夥伴——鐵皮人、稻草人和懦弱獅子。這三個小夥伴都有各自的問題和煩惱：鐵皮人沒有「心」，稻草人沒有「腦子」，而獅子看上去威風凜凜卻沒有「膽子」，所以他們要在隨後的冒險中學會如何培養內涵、智慧和勇氣。其中的鐵皮人，又叫錫人（tin man），他的身體由白鐵皮製成，頭像個水壺，手裡還提著一把斧子。鐵皮人非常怕水，因為擔心生鏽不能動，他的關節經常需要加機油。鐵皮人認為自己沒有心，需要一顆心。這裡的心，不僅僅指生理性的器官——一顆心臟，還是一種感知、情緒，喜怒哀樂的能力，和精神性的能力。

鐵皮人提出的需求包含了一個哲學問題：鐵皮人的身體是鐵皮打出來的，而鐵皮是物質性的。一個全部是物質性的身體，如何獲得精神性的心呢？鐵皮人的困惑，也是笛卡爾哲學的困惑。即便鐵皮人獲得了一顆心，也就是精神性的心靈，它又如何與物質性的鐵皮身體溝通呢？如何溝通物質和精神世界，是笛卡爾二元論遺留的一個問題。

十七世紀的德國有一位叫做萊布尼茲的哲學家嘗試用一個天才的想法來解決這個問題，那就是單子論。

I．從原子論到單子論

大陸理性主義哲學的接力棒經過了笛卡爾、斯賓諾莎之手後，交到了一位德國人手裡。他的名字叫哥特佛萊德．萊布尼茲（Gottfried Leibniz）。他是一名少年天才，也是難得的通才，被譽為十七世紀的亞里斯多德。至於他和牛頓究竟是誰先發明了微積分，到現在還沒有定論。

費爾巴哈有這樣一個評價：「斯賓諾莎的哲學是把遙遠的看不見的事物映入人們眼簾的望遠鏡；萊布尼茲的哲學是把細小的看不見的事物變成可以看得見事物的顯微鏡。」這裡所說的「看不見的事物」是指什麼呢？這些看不見的事物，被萊布尼茲稱為「單子」。

《單子論》這本書是萊布尼茲於一七一二年至一七一四年在維也納完成的。《單子論》最初用法語寫成，後由另一位哲學家科勒翻譯為德語，最終在一七二〇年出版。需要明確的是，萊布尼茲的單子論與古希臘哲學家們的原子論是兩碼事。德謨克利特和畢達哥拉斯都曾經提到過原子論。他們將世界分為充滿和虛空兩個部分，充滿的部分就是原子組成的。萊布尼茲的單子論則完全不同，它拒斥了原始物質的觀念。

萊布尼茲是這樣闡釋的：「複合實體是單子的集合。單子（Monas）是一個希臘詞，它代表單一體，或者那種作為一的東西……簡單實體、生命、靈魂、精神都是單一體。」單子沒有廣延，沒有形狀，也沒有部分，是一個最後的不可分的點，不能組合或分解。單子不能被理解為實體，恰恰相反，萊布尼茲的單子是一種非三維性的力或者能，不需要依靠外力的作用，單子自身的力就是它活動的原因。萊布尼茲借用了亞里斯多德哲學的概念，來表述這種力——隱德萊希（entelecheia）。隱德萊希就是一種自我的發動者，就是生命。對萊布尼茲來說，單子是有欲求、有感知的，且彼此獨立、彼此不同。單子是靈魂，是無形體的自動機，它的產生和消滅只能由上帝的意志決定。可以說，單子論創造了一個帶有物活論色彩的世界。萊布尼茲在《單子論》中寫過這樣一段充滿詩意，甚至是有些玄妙的話：「每一部分的自然都可以被看成是一個遍地長滿植物的花園和水中游魚攢動的池塘，而植物的每個枝杈，動物的每個肢體，它的每一滴汁液都又是這樣一個花園和這樣一個池塘。」「雖然在花園植物之間的泥土和空氣，或者在池塘游魚之間的水既非植物，也不是魚，但它們會重又包含著這些東西的，只是大多具有為我們所不可能把握的精妙而已。」

萊布尼茲的單子論不僅僅要克服笛卡爾二元論遺留的難題，還要超越斯賓諾莎的「上帝即自然」顯現出的局限性：將一切實在性都歸結為上帝／自然這個單一實體，無法解釋自然中各種不同要素之間的差異。

單子論突破了這種局限，因為單子只有質的多樣性，沒有量的多樣性。按照單子論的看法，自然界中沒有兩樣東西是完全一樣的，它們的差異都得以被關照。所以後來的物理學家認為，萊布尼茲的單子論包含了一個思想：物質微粒就是能量的一種形式。

II・前定和諧說

雖然萊布尼茲用單子論的一元來克服笛卡爾的二元論，但單子論也會引發一個問題：按照萊布尼茲的規定，單子是沒有縫隙的，沒有任何東西可以進入或者出去，而且單子是彼此獨立、互不影響的，每個單子都有自己活動的原則和力。那麼它們是如何發生相互作用的呢？這顯然和我們對世界的樸素認識是相反的。世界上的萬事萬物都在發生著關係，更不用說人與人之間複雜的愛恨情仇。萊布尼茲對此的解釋是：單子是通過上帝而共存的，這就是著名的「前定和諧說」。

大陸理性主義的哲學家們一向致力於處理上帝、自然與人的關係，萊布尼茲也不例外。只不過與斯賓諾莎將上帝與自然等同的做法不一樣，萊布尼茲將上帝與自然區隔得很清楚。上帝是萊布尼茲哲學體系的出發點和基石。一個單子對另一個單子的作用，是透過上帝的仲介來完成的。對萊布尼茲來說，上帝好像是宇宙的一個設計師和立法者，祂已經確定了宇宙的和諧，並且制定了每個單子的計畫。

萊布尼茲和斯賓諾莎一樣，也是一個決定論者。那麼相同的問題也依然存在：人的自由該如何解釋？萊布尼茲認為，人的自由並不意味著「任意選擇」的意志自決，而是意味著能夠順應自身發展的方向，無阻礙地實現自我，成為自己註定要成為的人的能力。一個人在多大程度上意識到自己要做什麼，成就什麼，就在多大程度上是自由的。

「前定和諧說」看似有些讓人費解，甚至有些荒謬。但是從今天的電腦科學來看，宇宙以及宇宙之中的精神性存在，會不會是一個更高心靈模擬出來的呢？人類自己的心靈，會不會是一臺超級電腦所創造出來的「單子」呢？

Ⅲ・可能世界中的最好世界

萊布尼茲在一六七六年，訪問了居住在海牙的斯賓諾莎。他們兩個人討論的核心話題就是上帝。斯賓諾莎本人是一個自然神論者，而萊布尼茲卻是一個隱祕的天主教徒。萊布尼茲認為，上帝在創造世界之前，已經思考了無限的可能性，就像是復仇者聯盟中的奇異博士一樣，看遍了各種「可能世界」的情況。但是在現實中真實發生的狀態，僅僅是那無數種可能性中的一個。在《單子論》第五十三節中，萊布尼茲提出，上帝在創造世界的時候，已經決定要造出可能世界中最好的一個。在他的另一部著作《神義論》第一部分第八章中，萊布尼茲也提出，上帝具有最高的智慧，也有無限的善，所以上帝不能不選擇最好的。既然如此，為什麼這個世界上還有諸多的惡存在呢？萊布尼茲如此理解「最好」的世界：任何被創造出來的世界，必須使得其中的事件和物體相互相容，而在最好的世界中，善的可能是最大的。然而這個世界不可能是完美的，「因為上帝不可能把一切都給被造物，除非他把被造物變成上帝」，這個世界的惡不源於上帝，而是源於被造物的局限性，這裡能夠看出奧古斯丁思想的影子。但是，萊布尼茲認為，現存世界中善超過惡的比例，遠遠高於任何其他可能世界，因此是最好的。後人把萊布尼茲的這種想法稱為「樂觀主義」。

歸根究柢，萊布尼茲認為存在兩種可能性。一種可能性是，存在一些罪惡的自由的世界；另一種可能性是，既沒有自由，也沒有罪惡的世界。如果要在這兩個世界中選擇，萊布尼茲選擇前者，也就是存在惡、但有自由的世界。因為一些惡本身就是一種動力，它讓人們產生出勇氣來對抗惡，這是走向善的必要步驟和過程。

Ⅳ・萊布尼茲與《周易》

萊布尼茲對中國有著異乎尋常的興趣。這和萊布尼茲本人的研究，還有哲學思想有關。萊布尼茲提出要創造一種「普遍文字」，也就是用一些通用的、可計算的、如數位一般精準的符號來表達思想。可以說，如果這種普遍文字能夠成為現實，那麼就能打破上帝阻隔人類所造的巴別塔，全世界的人都能明白這種文字的意義。萊布尼茲自己把這個體系稱為「演算哲學」。他還設想了一種「萬能算學」，即用計算的方式進行思考。「有了這種東西，我們對形而上學和道德問題就能夠幾乎像在幾何學和數學分析中一樣進行推論。」「萬一發生爭論，正好像兩個會計員之間無須有辯論，兩個哲學家也不需要辯論，因為他們只要拿起石筆，在石板前坐下來，彼此說一聲：『我們來算算』，也就行了。」

毫無疑問，萊布尼茲的這些想法極為超前，他不僅用二進位為計算機奠定了運算的基礎，還幾乎預言了電腦的應用前景。

延伸閱讀

1.〔德〕萊布尼茲：《單子論》（三版），錢志純譯，臺北：五南，2023年。

2.〔德〕萊布尼茨：《神義論（附單子論）》，朱雁冰譯，北京：生活·讀書·新知三聯書店，2007年。

3.〔德〕萊布尼茲：《人類理智新論》上集＋下集，陳修齋譯，臺北：五南，2020年。

4.〔德〕萊布尼茨：《中國近事》（*Novissima Sinica*），楊保筠譯，鄭州：大象出版社，2005年。

5.〔英〕瑪利亞·羅莎·安托內薩（Maria Rosa Antognazza）：《萊布尼茨傳》，宋斌譯，北京：中國人民大學出版社，2015年。

編註：萊布尼茨即為萊布尼茲。

PART TWO

認識自己，認識世界

我們看世界的不同方式

— 7 —

笛卡爾《第一哲學沉思集》

「我思故我在」，什麼才是無可懷疑的？

— 閱讀挑戰 —

RENÉ DESCARTES

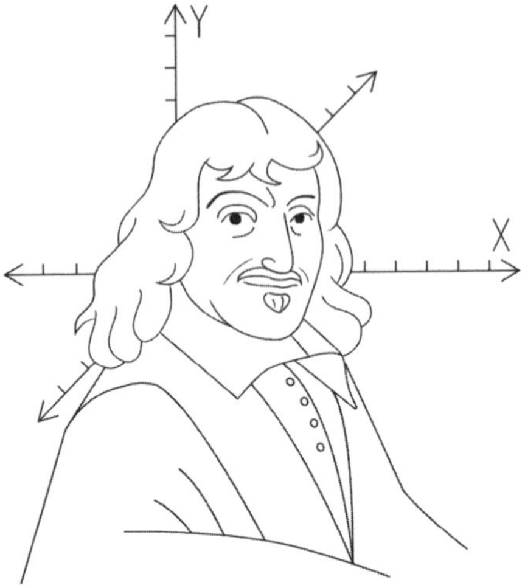

這本書從形式上看是一篇日記，虛構的連續六天智識靜修的經歷……六天的每一天對應於一篇「沉思」……在《第一沉思》裡，笛卡爾迫使自己懷疑，他的一切想法是否都有客觀對應的存在物。他拋棄了對一切物質客體的信任，甚至不再相信純物質簡單本質的存在。

——湯姆．索雷爾《笛卡爾》

引　言

中國有句古話：「耳聽為虛，眼見為實。」但人真的能完全依賴自己的感覺嗎？一方面，人必須依賴感官，這是我們和外部世界打交道的唯一方式；另一方面，人的感知力不但有限，還總在出差錯。因此，若要建立一套精確的知識體系，就要從審視人的感覺做起：思維與感知，大腦與身體，它們之間是如何互動的？我們如何判定真實與虛幻，正確與謬誤？假設退一萬步，人不再相信自己的任何感覺，又有什麼是確定無疑的呢？

十七世紀的歐洲，有一位哲學家躺在床上思考這些問題，提出了最為激進的懷疑，也得出了最為澈底的回答——那就是法國哲學家笛卡爾在《第一哲學沉思集》中提出的著名命題「我思故我在」。

I・為何要普遍懷疑？

一五九六年，勒內・笛卡爾（René Descartes）出身於一個法國貴族家庭，父親是雷恩的布列塔尼議會的議員。笛卡爾從小就被送到耶穌會的學校接受優質的教育。由於生下來就體質很弱，所以上學的時候笛卡爾被免去了早操，於是他養成了躺在床上想問題的習慣。他的很多著作就是躺在溫暖的被窩裡寫出來的。他的一些哲學思考也受到了夢境的刺激——他從自己的夢境中驚醒，於是就問自己：如何區分夢境和現實？如果我們不能區分夢境和現實，那麼真假也就無從談起了。所以，笛卡爾試圖懷疑一切未經過人的反思和檢查就被盲目接受的教條和傳統。他要將知識建立在絕對可靠的出發點上，使人類獲取知識的路徑能擁有數學般的明晰性。

《第一哲學沉思集》（*The Meditations on First Philosophy*，以下簡稱《沉思集》）是笛卡爾用拉丁語寫成的，出版於一六四一年。書中詳盡地展示了笛卡爾的形而上學系統。笛卡爾曾在另一本著作《哲學原理》中寫道：「整個哲學好像是一棵大樹，樹根是形而上學，樹幹是物理學，從這樹幹上發出的枝條是各種其他科學，主要分為三門，就是醫學、力學和道德學。」在笛卡爾看來，形而上學就是第一哲學。笛卡爾意義上的形而上學旨在研究關於知識的知識。例如，人的思維如何獲取知識？什麼是判定真理的標準？現實的確切本質是什麼？

笛卡爾的總體目標就是要為知識大廈奠定一個堅實的基礎，而他所採取的方法被稱為「普遍懷疑」或者「系統懷疑」。換句話說，就是懷疑一切，直到找到那個不可被懷疑的基點。笛卡爾之所以採取如此極端的方法，是因為在他看來當時的哲學與神學雖然都通過一系列複雜的邏輯進行論證，但前提都是不可靠的。前提不可靠，推論出來的結果自然也就成問題了。對此，笛卡爾在他的第一本書《談談方法》裡就說：

「由於我們在長大成人之前當過兒童，對呈現在我們感官面前的事物做過各種各樣的判斷，而那時我們還沒有充分運用自己的理性，所以有很多先入的偏見阻礙我們認識真理，因此我們要掙脫這些偏見的束縛，就必須要一生中又一次對一切稍有可疑之處的事情統統加以懷疑。」

這樣的懷疑不是為了否定一切，笛卡爾的懷疑只是一種方法，他需要對以往的知識做一次總的檢查、總的清算。就好比在一個麻袋中發現了一個爛了的馬鈴薯，就一定要把整袋的馬鈴薯都倒出來一一檢查。針對知識，笛卡爾也要去偽存真。他有一句格言：「一切都無法確定」，這句話也可以被翻譯為「萬物皆可懷疑」。知識不能建立在流沙之上。

II．用「我思」來抵禦感覺的惡魔

《沉思集》的第一沉思就是審查那些需要被懷疑的事物。笛卡爾首先懷疑的是自己的感官。比如，他能感覺到自己正坐在爐火旁邊，穿著室內長袍，兩隻手上拿著一張紙。不過，每個人都做過夢，在夢境裡，也有過非常相似的感覺。究竟要如何分辨現實和夢境呢？這就是笛卡爾提出的第一個懷疑。我們自覺真實的感知其實也有虛幻的一面，因此人的感知並不是絕對可靠的。

如果推而廣之，那麼人們其實能夠懷疑經驗中的一切感覺。笛卡爾想像出了一個和上帝一樣本領強大卻陰險狡詐的妖怪：人們所看到的天空、呼吸的空氣、腳踏的大地，以及各種事物的顏色形狀聲音，都是妖怪用來騙人的假象。也就是說，人們再也不能依賴眼睛、四肢、鼻子、耳朵傳遞的感覺資訊來感知這個世界了，因為它們都有可能是妖怪編織出來的幻境。可是如果是這樣的話，豈不是連人們自己的身體都可能是假象嗎？那麼又有什麼武器能去破除妖怪的魔障呢？笛卡爾回答道：那武器就是人們的思維本身，它是最純粹、最根本的東西。就像永遠無法被懷疑的二加三等於五，三角形內角之和等於一百八十度等數學公理一樣。

作為數學家的笛卡爾對代數、幾何研究的明確性深信不疑，即便物理學、天文學、醫學這些複合型學科都可以被懷疑，但數學只牽涉包含於心靈中的真理。這些真理又被稱為「天賦觀念」，不論是在現實還是在夢境，它們都不會被扭曲、改變。

既然笛卡爾毅然決然選擇了一條決絕的道路，將人的所有感知都置於懷疑之下，那麼對於人自身而言，又有什麼東西是確定無誤、不必懷疑的呢？這裡就要引出笛卡爾無人不曉的名言：「我思，故我在。」（拉丁語：Cogito ergo sum；英語：I think, therefore I am）這是笛卡爾在《談談方法》的第四部分中首先提出來的。完整表達應該是：我懷疑，所以我思考，所以我存在。也就是說，我在懷疑的時候，不能懷疑我自己的存在。這裡的「我」就是一個純粹的思維的主體，不包括感知，不包括肉身。在《談談方法》中，笛卡爾說：「我認識了，我就是一個本體，他的全部本質或本性只是思想。」在第二沉思中，笛卡爾也有類似的表述：「嚴格來說我只是一個在思維的東西，也就是說，一個精神，一個理智，或者一個理性……」這一思想構成了整個西方近代哲學的基石。

笛卡爾說：「假如我試圖懷疑我自己心靈的存在，那麼我就會發現，我所懷疑的正是我在懷疑。而如果我對我在懷疑進行懷疑，那麼我實際上就必定在懷疑。」所以，「對於我在懷疑這一點，我是不能夠懷疑的。」「對於我在思考這件事情，我是不會弄錯的，因為我正在就思考進行思考這一事實本身，就已經證明了我在思考。」近代哲學從此走上了一條特殊的道路，理性、精神和理智成為了不可動搖的阿基米德之點。

Ⅲ．身心二元論

笛卡爾提出，心靈和物質是兩個相互獨立的實體：「每一個實體都有一種主要的屬性，如思維（thought）就是人的心靈的屬性，廣延（extension，如長、寬、高、形狀等）就是物體的屬性。」「我」清楚、分明地認識到「我」作為一個在思考的東西存在，而思考的東西並不需要肉體的存在，因此「我」的靈魂與肉體有所區別。靈魂，或者心靈是精神性的，而肉體則是物質性的，它具有廣延，即占據一定的空間，有長、寬、高、大小、位置、形狀，會發生運動。將心靈和身體分開思考，就是笛卡爾的身心二元論。

不過，笛卡爾也明確提出身體和靈魂是緊密聯繫的：「我不僅住在我的肉體裡，就像一個舵手住在他的船上一樣，而且除此之外，我和它非常緊密地聯結在一起，融合、摻和得像一個整體一樣的同它結合在一起。」這個場景後來被哲學家賴爾稱為「機器中的幽靈」。這種聯繫也正是身心二元論的癥結所在：如果靈魂和身體是絕對不同的兩樣東西，那麼身體和靈魂的聯繫是如何發生的？比如你不小心劃破了手指，然後會感覺到疼痛。然而就是這麼簡單的一件事情，在笛卡爾那裡卻很難解釋。因為，人是肉身受到了損害，卻是心靈反映出了疼痛的感覺。這兩者之間是如何發生關聯的呢？由於當時的科學發展水準有限，笛卡爾把大腦中的松果腺當作溝通心靈和身體的仲介。

身心二元論的癥結也困擾了不少後世的哲學家們。笛卡爾將肉體與心靈完全區隔開，難免給人留下一種印象：思維者就像是一個個孤獨的魯賓遜，被困在自己的觀念之島中。雖然笛卡爾並沒有完全否定肉身與感知的意義，但後世的哲學家依舊看出了一種極端的理性主義具有的潛在危機。因為人是充滿感覺、欲望和激情的存在，不是嗎？正是在感知世界的過程中，在體悟萬般情感的過程中，生命才獲得了無限的豐富性與可能性。

一六五〇年二月十一日，笛卡爾去世，享年五十四歲。笛卡爾在臨死前曾經寫道：「我的靈魂啊，你被囚禁了那麼久，到了擺脫肉體重負、離開這囚籠的時候了。你一定要鼓起勇氣，快樂地接受這靈肉分離之痛。」

那麼，究竟是什麼困住了人，思維還是肉身？

延伸閱讀

1. 〔法〕勒內・笛卡爾：《第一哲學沉思集》，龐景仁譯，北京：商務印書館，1986年。
2. 〔英〕湯姆・索雷爾（Tom Sorell）：《笛卡爾》，李永毅譯，南京：譯林出版社，2014年。
3. 〔法〕皮埃爾・弗雷德里斯：《勒內・笛卡爾先生在他的時代》，管震湖譯，北京：商務印書館，1997年。
4. 〔法〕笛卡爾：《談談方法》（*Discours de la méthode*），王太慶譯，北京：商務印書館，2000年。
5. 〔義〕羅伯托・羅塞里尼：《笛卡爾》（*Cartesius*），電視電影，1974年。

— 8 —

巴克萊《人類知識原理》

存在就是被感知嗎？

— 閱讀挑戰 —

GEORGE BERKELEY

他（指巴克萊）制訂了一個在百慕達群島建立學院的計畫，抱這個目的去往美國……有一行聞名的詩句：帝國的路線取道向西方，作者便是他，為這個緣故，加利福尼亞州的柏克萊市是因他命名的。 ——羅素《西方哲學史》

引言

如果你閉上眼睛，這個世界還存在嗎？你一定會說，怎麼會不存在了呢？世界一定還是存在的，就算我消失了，世界也還是存在的。這個時候就有哲學家會問，那麼你是怎麼知道世界還存在的呢？是依靠單純的推測，還是有別的理由呢？

哲學家通常會對常識產生懷疑：你之所以知道世界存在，是因為你感覺到了它。例如你用手觸碰到桌子和書本，你用眼睛看見了手機，你用鼻子聞到了廚房裡飄來的雞湯香，你用舌頭嘗到了果汁的甘甜，諸如此類。換言之，離開了感覺，世界根本無從談起。所以與其說我們是確認世界在那裡，還不如說我們只有依賴於感官才能感覺到世界在哪裡。

西方歷史上有一位哲學家，將這個思路推向了極致，他提出一個著名的命題：存在就是被感知。這位哲學家就是喬治·巴克萊。有人為了諷刺他的這個命題，畫了一幅漫畫：一個人站在懸崖邊緣，一腳邁向前，即將踩空，而他卻雙眼緊閉，面無懼色。漫畫上還有一行字：「只要閉上雙眼，世界上就沒有懸崖。」

I・巴克萊battle洛克

一六八五年，喬治・巴克萊（George Berkeley）出生在愛爾蘭，他青年時期學習神學，後來成為了一名牧師，還當上了主教。他在一七一〇年出版了一本書，叫做《人類知識原理》，就是在這本書裡他提出了「存在就是被感知」這個命題。這本書的全名其實很長：《人類知識原理，兼對科學中基於懷疑主義、無神論和反宗教思想的錯誤與困難的主要原因的考察》。從這一全名中就能看出，巴克萊是想要對他認為錯誤的思想重新檢查，並提出自己對人類知識本質的看法。他最主要回應和反駁的對象是兩位在當時頗具影響力的哲學家——法國理性主義者笛卡爾與英國經驗主義者洛克。

那麼，笛卡爾和洛克兩個人遺留了什麼樣的問題，讓巴克萊如此不滿呢？我們主要從巴克萊對洛克的反駁說起。洛克是英國經驗論的代表人物，他有一句名言：「心靈如白板。」洛克並不認同笛卡爾那樣的理性主義者所說的，人擁有與生俱來的知識。他認為，所有人的知識都是透過後天經驗獲得的。那麼，人又是如何獲得對外部世界的觀念的呢？洛克認為，人們最直接領會到的是外部世界在心中產生的觀念，而物體所擁有的屬性使得觀念的產生成為可能。

洛克在《人類理解論》中曾經區分過物體的兩種屬性：第一屬性就是那些「不可與物體完全分離的屬性」，包括體積、廣延、形狀、運動與靜止以及數量等；第二屬性包括顏色、冷熱、味道等。洛克認為，第二屬性實際上不是物件本身所具有的某種特徵，而是透過第一屬性在人們身上產生的各種感覺。以一顆紅蘋果為例，按照洛克的區分方法，這顆蘋果的大小、重量都屬於它的第一屬性。第一屬性不會因觀察不同而發生變化，大小、重量都可以通過測量獲得客觀資料，所以在洛克看來是真切的觀念。但是，蘋果的顏色、香味和酸甜度都是它的第二屬性。

第二屬性的表達是因人而異、沒有客觀標準的，正如同樣一顆蘋果，有人吃了覺得酸，有人卻覺得甜。所以洛克認為，第一屬性才是物體本身真正的屬性，而第二屬性只是從人們心靈中產生出來的某種感覺。

處理完了外物的屬性，還有一個最緊要、最難以琢磨、最容易產生爭議的問題有待解決：實體／物質（substance）存在嗎？實體，又可以被翻譯為「基質」，這是一個十分重要的哲學概念。根據洛克的說法，實體像大樓的地基一樣支撐著我們所感受到的種種性質。如果不存在實體，那麼物體的大小、軟硬、輕重、顏色、氣味等種種性質都會如漂浮的幽靈一般不能保持在一處。然而洛克只是推理出了實體的存在，事實上並沒有人真正接觸過所謂的「實體」。他承認世界是實在的，卻無法言明實在為何物。此外，人們對世界的認識是通過外物在人們內心中表現出的觀念而間接進行的，即人們不能直接認識外物。

然而，洛克的一系列規定和證明都似乎已經預設了一點：物質與人的感覺器官接觸以後，能在人的心靈中產生觀念。這恰恰是笛卡爾的身心二元論沒有好好處理的問題。笛卡爾將物質與思維區分為兩種不同的實體，這就導致完全不同的兩種實體之間如何相互作用，成了一個無法解釋的矛盾。如果不能解決這一根本性的疑難，那麼在此基礎上搭建的所有思想大廈都有動搖的危險。在此背景下，巴克萊才提出了那個乍一看讓人摸不著頭腦的理論——存在就是被感知。

II・存在就是被感知

在《人類知識原理》的〈第一部〉第二節末尾，巴克萊說：「因為一個觀念的存在，正在於其被感知。」這被總結成了一個著名的命題：存在就是被感知（拉丁語：esse est percipi；英語：to be is to be perceived）。

這句話是存在歧義的，稍不留神就會曲解巴克萊的本意。很多人會誤以為，巴克萊的意思是：只要人感知不到一樣事物，這樣事物就不存在，彷彿它就憑空消失了；就好像人只要感受不到懸崖的存在，那麼人縱使縱身躍下，也能完好無損。這顯然是有悖常理的，聰慧如巴克萊又怎會意識不到？實際上，巴克萊真正想說的是：我們確證物體的存在，當且僅當我們獲得了對它的感受，而只要這一物體存在，任何一個人都會感受到它。巴克萊說：「我說我寫字用的這張桌子存在，只是因為我看見它，摸著它；我走出書房後，如果還說它存在過，我的意思就是說，如果我還在書房裡，我原可以看見它。或者說，有別的精神當下就真的看著它。」例如，培根看到了他書房中的椅子，那麼即使他離開了房間，作為他祕書的霍布斯也能看到這把椅子，而不會隨著培根視覺的離開而消失。但是培根能感知到椅子的存在，僅僅是基於他視覺、觸覺得來的感受。

事實上，巴克萊的創舉在於，他比洛克走得更遠。在處理「實體」問題的時候，洛克只是保持了一種不可知的態度，但巴克萊卻說：實體是無，唯有感覺存在。巴克萊在《人類知識原理》中想要做一件事情：那就是要消除洛克提出的第一屬性和第二屬性的區別。他說：例如像長度和高度、體積那樣的屬性其實並不是純粹客觀的。因為在很小的生物看來，一粒灰塵都是巨大的。第一屬性其實也是我們心靈的產物，而不是獨立於心靈之外的。由此，在巴克萊看來，區分第一和第二屬性是沒有道理的，因為一切都是第二屬性——當然，自我和上帝這兩個概念例外。他說「看不起感官的人是愚蠢的。沒有感官，心靈就根本不可能有認識，不可能有思想」「我們所感知的只是我們的感覺」。巴克萊從未否認外物的存在，他真正否認的是「實體」的存在，因為在他看來，事物就是它被感受到的性質的總和。

Ⅲ·巴克萊的「死穴」：上帝如何被感知？

巴克萊在《人類知識原理》第六節中寫道：「宇宙中所含的一切物體，在人的心靈以外都無獨立的存在。它們的存在就在於其為人心靈所感知、所認識，因此它們如果不為我所感知，不真存在於我的心中，或其他被造物精神的心中，則它們便完全不能存在，否則就是存在於一種永恆精神的心中。」永恆精神是指什麼呢？當然指的是上帝！在巴克萊看來，物體之所以能持續存在而不消失，是因為上帝時時刻刻都在關注著萬事萬物。就好像上一節中提及的椅子，老師的椅子之所以不會隨著他自己或學生視線的離開而消失，是因為上帝時刻的關照。因此，巴克萊稱上帝為「永恆的精神」。

巴克萊還認為，上帝是唯一的實體，人的所有感知都來自上帝。換言之，恰是因為上帝存在，人才具有感知，感知是上帝用來引導人們體驗萬物的明燈。不過，如果嚴格按照巴克萊自己的思路來推導，會發現一個大問題：上帝可以被感知嗎？這似乎是巴克萊的死穴，上帝的確沒有給人們任何感知，因為上帝不存在於任何可以觀察的物理物件中。不過，作為神職人員的巴克萊是堅信上帝的。對於巴克萊來說，科學研究就是對上帝作品的研究，就是閱讀神的手稿。換言之，科學家的工作都是面向上帝的，因為上帝把規律放入了萬事萬物之中。因此，科學研究的本質就是發現觀念序列中的規律性。

巴克萊當時的通信好友——英國作家撒母耳・詹森（Samuel Johnson）提出了一種簡單粗暴的反駁方法。詹森狠狠踢向一塊石頭，然後說：「我這樣反駁它！」他似乎想要表達的是：人的腳踢了石頭，一定會感到痛啊！但這種行為藝術式的反駁方式依舊不能撼動巴克萊的理論：人僅僅感覺到了痛，但並沒有感覺到石頭啊。石頭堅硬無比只是人們體會到的感覺，但不能證明這一感覺之下一定有「實體」的支撐。

還有一種反駁是讓巴克萊解釋，人為何會產生錯覺？如果一切都是人的感覺，那麼就無法區分錯覺和感覺了。例如，有人看見插進水裡的吸管發生了彎曲，但是實際上吸管還是如原初般筆直。巴克萊似乎並沒有好好處理過感官之間出現矛盾的問題。換句話說，巴克萊沒有系統地給出人的心靈總括這些感覺的方式。

法國哲學家狄德羅曾經把巴克萊比作一架「會發瘋的鋼琴」。他說：「在一個發瘋的時刻，有感覺的鋼琴曾以為自己是世界上存在的唯一鋼琴，宇宙的全部和諧都發生在它身上。」然而，狄德羅也承認巴克萊提出了「反對物體存在的那個不可克服的困難」「這種體系，說來真是人心和哲學的恥辱，雖然荒謬絕倫，可是最難駁斥」。

延伸閱讀

1.〔英〕巴克萊：《人類知識原理》，關文運譯，臺北：五南，2023年。

2.〔英〕貝克萊：《海拉斯與斐洛諾斯對話三篇》（*Three Dialogues between Hylas and Philonous*），關文運譯，北京：商務印書館，2017年。

3.〔英〕貝克萊：《視覺新論》（*An Essay Towards a New Theory of Vision*），關文運譯，北京：商務印書館，2017年。

編註：貝克萊即為巴克萊。

— 9 —

休謨《人性論》

明天早上太陽一定會升起嗎？

— 閱讀挑戰 —

DAVID HUME

心靈是一個舞臺，各種知覺在這個舞臺上不斷出現。 ——休謨《人性論》

引言

我們最近幾年可能會經常聽到一個詞，叫「黑天鵝事件」。這個詞語最初是在政治或經濟領域中，用來指涉一些未能預料到但造成了重大後果的事情。「黑天鵝事件」其實涉及一個重要的認識論問題。在地理大發現時代之前，歐洲人在歐亞非三個大陸見到的第一隻、第二隻……直到第N隻天鵝都是白色的，於是他們得出結論，所有的天鵝都是白色的。有一天，一名歐洲人來到了澳洲，在那裡第一次發現了黑色的天鵝，這讓歐洲人對天鵝的認知澈底崩塌了。這說明歸納法是靠不住的，從特稱或者單稱的命題（一個或者一些天鵝是白色的）到全稱命題（所有天鵝都是白色的），這二者之間的銜接不是必然的。換句話說，就算你已經看過了現存的所有天鵝，也不能保證未來出現的天鵝一定都是白色的。那麼同樣的，人類的祖先從有記憶開始，就看到太陽每天從東方升起，但這能夠保證太陽以後每天都會照常升起嗎？這樣的問題在哲學上叫做懷疑論。

I．為何懷疑：知識從何而來？

哲學家為什麼要對常識提出懷疑呢？是為了語不驚人死不休嗎？哲學家們的存在似乎有兩種作用：有的人寥寥數語就能解人困惑，給人以醍醐灌頂之感；有的人卻可以立刻顛覆人的三觀，激發人們去思考自己知識的可靠性。大衛．休謨（David Hume）更符合後者。才二十六歲的他就在《人性論》（*A Treatise of Human Nature*，1736年）一書中系統地提出了黑天鵝式懷疑論問題，對人類的知識來源進行質疑。後來德國哲學家康德承認，正是休謨讓他從「獨斷論的迷夢」中驚醒。

休謨在哲學傳統上，無疑是屬於經驗主義的。他認同洛克、巴克萊的傳統，認為人類的一切知識都來自經驗。休謨把人類的知識分為兩個部分，後人很形象地稱之為「休謨之叉」（Hume's Fork）。在休謨看來，人類認識的物件可以分為兩類：一類是「觀念之間的關係」（relation of ideas）；另一類是「事實」（matters of fact）。換句話說，「觀念之間的關係」指的是包括直觀、數學和邏輯演繹的知識，它們具有直觀性和邏輯必然性，因而是先驗的（a priori），即對它們的真假判斷不依賴於人的經驗。但是，另一類知識就不能單靠閉著眼睛想，而需要依靠經驗才能做出判斷，這就是關於事實的知識。這種知識既可能是真的，也可能是假的，必須經過經驗驗證才能確定。例如，上衣的口袋裡有沒有一張車票，需要伸手摸一下，或者仔細看一下上衣的口袋，才能清楚口袋裡到底有沒有一張車票。

Ⅱ・因果是心靈的習慣

休謨對知識分類的方法，會產生一個問題：人們如此堅信的因果律（例如太陽每天都從東方升起）屬於哪一種知識呢？它屬於先驗的觀念間的聯繫嗎？我們說萬物生長靠太陽，這絕對不是像「一加一等於二」一樣可以獨立於人的感覺經驗推導出來的。因此休謨給出了唯一的結論：因果律屬於後一類知識，也就是關於「事實」的知識。

在日常生活中經常會有這樣一些場景：打撞球的時候，一個球撞擊另外一個球，被撞的球的位置就會發生改變；用一枚大頭針去戳一個氣球，氣球就會破等等。每一次做相同的事情都可以得到相同的結果，人們就會下意識地認為，第一個事件是原因，第二個事件是結果，它們之間存在必然的因果聯繫。休謨拒絕接受這一結論。休謨認為，萬事萬物之間只存在著恆常的聯繫（constant conjunction），而沒有所謂的因果聯繫。他將因果聯繫歸為「關於事實的知識」這一範疇，就否定了它同先驗的知識一樣，具有獨立於經驗的必然性。這也意味著，作為「關於事實的知識」的因果聯繫也有可能被證偽。休謨認為，人們其實沒有充分的證據來證明，那些一直重複發生的事情總會那樣發生，只是假定「我們所沒有經驗過的例子，必然類似於我們所經驗過的例子，而自然的進程是永遠一致地繼續同一不變的」，卻無法為之提供證明。這一假定後來也被稱為「一律性」或者「一致性」原則。

還是用撞球的例子——其實撞球是休謨最愛用的例子——例如，你已經打了十年的撞球，在這十年裡，你無一例外地發現，當一個球撞擊另一個球時，前者會導致後者運動。休謨則會說，你其實並沒有從中看到任何因果聯繫。按照休謨的定義，你熟悉的都是球在運動的印象。有沒有可能，你用一個球撞擊另一個球，而後者巍然不動？同樣，人類一直都相信太陽每天都會升起，那僅僅是因為古往今來人們看到太陽每天都會升起。在休謨看來，這種循環往復的事件給人們的心靈造成了一種「習慣」。但這只是一種習慣，不能保證任何東西。這就是休謨的懷疑論。

Ⅲ・自我是一束感覺

休謨在《人性論》中寫道：「有些哲學家認為，我們每一剎那都真切地意識到所謂我們的自我……但是當我真切地體會我所謂的我自己時，我總是碰到這樣那樣的特殊知覺，例如冷或熱、明或暗、愛或恨、痛苦或快樂等。任何時候，我總不是能抓住一個沒有知覺的我自己，而且我也不能觀察到任何事物，只能觀察到一個知覺。」這是很要命的，休謨把懷疑的方法推到極致，甚至連「我」的存在都要懷疑一下。

自笛卡爾以來，「我」從來都被認為是不容置疑的起點。「我」是一個認識主體，這是近代哲學的基石。休謨卻說：「我」在反思「我」的時候，除了感覺到一系列的知覺之外，別無其他。既然如此，為什麼一定要保留一個實體性的「我」呢？所以休謨說：「心靈是一種舞臺；各種知覺在這個舞臺上接續不斷地相繼出現……只有接續出現的知覺構成心靈。」所謂的「我」僅僅是一系列連續出現的知覺而已。

IV・理性是激情的奴隸

休謨在《人性論》中有一句名言：「理性僅僅是情感的奴隸，除了服務和服從於情感之外，再也不能有其他的職務。」休謨在這裡用「passion」一詞來表示情感。「passion」一般會被譯為「激情」，但它的意思其實非常豐富，涵蓋了人的各種情緒，如欲望、情欲、喜好、厭惡、恐懼等。

「理性」雖然是整個十八世紀的關鍵詞，但是休謨對理性保持了一種謹慎的態度。他認為，在人的激情和理性之間，激情通常占據了優勢。人們在絕大多數情況下是根據自己的感覺做出判斷或者選擇的，很少是依據推理。即便有推理，也是在感覺之後提出一些佐證而已。在當今這個資本時代，這是再清楚不過的了。每當到了「雙十一」購物節，或是看到電視裡有明星代言的廣告，我們都會抑制不住掏錢包的衝動，甚至挖空心思找出理由來「證明」，買這樣東西是有道理的。所以，很多時候真正推動我們行動的是欲望。

雖然十八世紀是一個推崇理性的時代，但是這些哲學家們是否會高估了理性的能力呢？在休謨看來，理性僅僅是一種溫和的、不激烈的激情而已。他甚至說過一句更為極端的話：「我寧願毀滅世界也不願劃傷自己的手指，這與理性並不衝突。」換句話說，阻止我毀滅世界的力量，和不讓我劃傷自己手指的力量，都不是理性而是我的激情，僅僅是因為世界毀滅或者劃傷手指，引發了我心理上厭惡或不快的感受而已。

在《人性論》第三卷中，休謨還討論了道德的問題，他反對所謂的道德理性主義。他的立場後來被稱為道德的情感主義或者主觀主義。休謨認為，道德判斷不僅僅是憑藉理性形成的，更多是受到了主觀情感的影響。道德屬於實踐科學，而不是思辨科學，因此道德不屬於理性的對象。休謨說：「理性對於我們的情感和行為沒有影響，那麼我們妄稱道德只是被理性的推論所發現的，那完全是白費的……理性是完全沒有主動力的（inert），永遠不能阻止或產生任何行為或感情。」理性的作用是發現真或偽，但是我們的情感、意志並不完全關乎真假，或者符合不符合事實的問題。例如，我看見一個人被另一個人毆打。休謨會說，我們可以判斷一個人毆打另一個人這件事情有沒有發生，但是一個人是否應該毆打另一個人，則是另一個層面的問題。從「是」當中無法推出「應該」，因為前者是事實判斷，後者是價值判斷。這就是著名的「休謨法則」。

所以休謨認為，所謂的善惡都是人的主觀感受：「當你宣稱某種行為或品質是惡的時候，你的意思只是說，出於你本性的構造，你對它的沉思產生一種責備的感覺或者情緒。因此，惡和善可以與聲音、顏色、冷熱相比較，根據近代哲學，這些都不是客體中的屬性，而是頭腦中的感覺。」提供道德判斷的是所謂的「道德感」，而不是理性，它讓我們做令人愉快的事，規避引起痛苦的事。在道德問題中，會引起人內心愉悅或痛苦的就是同情心，是人「感同身受」的本性。這樣的解釋同樣會產生問題：如果我們扶老奶奶過馬路的動機，是因為我們想獲得助人為樂的快感，那麼做好人好事不就是一種純粹自利的行為嗎？休謨否認了這一假設。他認為，觸發了我們對道德贊同的情感的，不是自私的心態，而是人身上的德性：判斷力、謹慎、進取心、勤勞、節儉、機智、精明和洞察力。人們不是為了獲得愜意或者滿足而行道德之事，而是人們本身就有這些德性，道德的行為才能讓人們愉悅。

延伸閱讀

1.〔英〕休謨：《人性論》，關文運譯，北京：商務印書館，1997年。

2.〔英〕休謨：《道德原則研究》（*An Enquiry Concerning the Principles of Morals*），曾曉平譯，北京：商務印書館，2001年。

3.〔英〕休謨：《休謨政治論文選》（*Essays Moral and Political*），張若衡譯，北京：商務印書館，2010年。

4.〔英〕休謨：《人類理解研究》（*An Enquiry concerning Human Understanding*），關文運譯，北京：商務印書館，1997年。

5.〔英〕休謨：《自然宗教對話錄》（*Dialogues concerning Natural Religion*），陳修齋、曹棉之譯，北京：商務印書館，2002年。

6.〔美〕歐尼斯特·C·莫斯納（Ernest Campbell Mossner）：《大衛·休謨傳》，周保巍譯，杭州：浙江大學出版社，2017年。

— 10 —

康德《純粹理性批判》

為什麼說客觀性來自「我」？

—— 閱讀挑戰 ——

IMMANUEL KANT

一七八二年的《哥達學術報》……（認為）這本書……「是人類高貴而細緻的理性的典範」，但它的內容「對絕大多數的讀者而言將是難以理解」。

——曼弗雷德·孔恩《康德傳》

引言

我們經常聽到一句話，叫「戴著有色眼鏡看世界」。這樣戴著有色眼鏡看世界的做法，一般被稱為主觀的。這個說法暗含著一個假設，那就是我們可以把有色眼鏡摘下來。這樣就可以看到一個本來的、客觀的世界了。但是，我們可以不用自己的肉眼看世界嗎？似乎是不行的。因為看，就包含了用肉眼看的意思。那麼問題就來了，有沒有什麼有色眼鏡是我們人類所共有的呢？也就是說，是不是存在一副我們沒法摘下來的有色眼鏡呢？

面對這些終極問題，德國哲學家康德在其劃時代的著作《純粹理性批判》（*Kritik der reinen Vernunft*）中給出了超凡的回答。康德時常被刻畫成一個老宅男。他活了八十歲，幾乎從來沒有離開過柯尼斯堡，也終身未婚。他的生活方式如鐘錶一般精準。他一天的典型安排是這樣的：每天清晨四點五十五分，康德的僕人會把他從被窩裡叫起來。起床後，康德抽菸、喝茶，然後就開始備課。七點到九點是康德上課的時間，十二點四十五分吃午飯。康德喜歡和朋友一起吃午飯，這是他一天之中的唯一一頓正餐。他會用午餐時間進行社交活動，和朋友見面聊天。不過，和康德吃飯是有規矩的，人數不得少於三個，也不得多於九個。不僅如此，連流程都得像一個正規的學術討論會。首先討論一下最近發生的時事，然後對這些事情進行反思性的討論，最後進行總結。下午四點半，康德要在柯尼斯堡城裡散步，在主街上走八個來回，這在柯尼斯堡人盡皆知。城裡的婦女都能根據康德出現的時間來對錶。有一次，康德因為被盧梭的《愛彌兒》吸引而沉溺於書中無法自拔，以至於錯過了散步的時間，城裡的太太們反而以為教堂的鐘壞掉了。晚上十點，康德會準時上床，把自己包裹得嚴嚴實實，反覆叨念西塞羅這個名字，據說這樣可以讓他很快入睡。

I・什麼是先天綜合判斷？

康德（Kant）所處的時代主要有兩大哲學傳統：大陸唯理論和英國經驗論。唯理論以萊布尼茲為代表，是建立在數學模式上的哲學，強調的是觀念之間確定、必然的相互關係。在他們眼裡，數學一般明晰的先天知識就是萬能的靈丹妙藥。康德所接受的大學教育就是屬於這一傳統的。另一個傳統是英國經驗論，以洛克、巴克萊、休謨為主，更關注事物的實際情況，以及事物之間而非觀念之間的聯繫。他們當然不否認先驗知識的重要性，但是強調新知識必須通過人的經驗才能獲得。打個比方來形容一下這兩個陣營的對立：經驗論者好比是一群乞丐，對於世界的所有認識都要向外部世界乞討得來；而唯理論者像是紈褲子弟，他們會說：「我們怎麼可能需要向外部世界乞討呢？我們自己生下來就含著『先驗知識』這把金鑰匙啊！」

康德的任務就是要調和經驗論者和唯理論者之間的思想矛盾。「沒有理念的經驗是虛，沒有經驗的理念是空」是康德的著名論斷。康德研究專家沃爾什曾總結康德的哲學意圖：堅持科學的權威，並維護道德的自治。或者用康德自己的話說：限制理性，為信仰留下地盤。如何理解這句話呢？這就需要我們整體地來看康德的三大批判。康德在《純粹理性批判》（簡稱《純批》）的一開頭提出，哲學研究要關心三個問題：我能知道什麼？我應該做什麼？我可以期望什麼？三大批判就是分別來回答這三個問題的，而這些都是為了回答第四個問題「人是什麼」做準備。批判就是要對人的理性能力做出明確的認識，弄清楚什麼是理性能處理的，什麼是不能處理的，將能處理的說清楚，對不能處理的不要妄動。

《純批》要解決一個什麼問題呢？那就是「先天綜合判斷」何以可能。換句話說，就是科學知識何以可能。康德對判斷做出了區分：首先是我們熟悉的先天判斷和後天判斷，這是近代哲學對知識進行區分時經常採用的歸類方式。與「一加一等於二」這樣的先天判斷不同，後天判斷都是經驗性命題，例如「蘋果是紅色的」。但除此之外，康德還做出了一個極為重要的區分：分析判斷和綜合判斷。

什麼是分析判斷呢？用康德自己的話來說，就是謂詞包含在主詞之中。例如，物體是有體積的，因此我們無法想像一個沒有體積、沒有廣延的物體；「人並非不朽」，因此我們無法想像一個長生不老的人，否則人就是神了。如此看來，分析判斷之所以是真的，是因為主詞（物體／人）和謂詞（有體積／非不朽）之間存在邏輯關係，否認一個分析判斷意味著陷入邏輯矛盾。最典型的例子就是「圓是方的」。反過來，在綜合判斷中，主詞和謂詞之間不存在邏輯關係，謂詞的含義並沒有包含在主詞當中。只有透過經驗，我們才知道，「蘋果是紅的」「地球的自轉週期是二十四小時」。所以康德說，凡是經驗判斷都是一種綜合判斷。

因為分析判斷都是有邏輯必然性的，所以康德又將判斷分成三種類別：先天分析判斷、後天綜合判斷和先天綜合判斷。其中，康德最關心的是「先天綜合判斷」。問題來了，如何能說這種基於經驗的判斷是先天的呢？先天難道不正暗示了它是獨立於經驗的嗎？康德指出，在數學、物理學、倫理學和形而上學中，確實存在著一些不但是先天的，而且是綜合的判斷。例如「五加七等於十二」就是一個先天綜合判斷。毫無疑問，這是先天的，而且我們無法單純從對「五」和

「七」的分析中得出兩者相加等於十二的結論。幾何學裡的命題「兩點之間直線距離最短」也是一個先天綜合判斷，這是一個通過直觀獲得的公理。

在《純批》中，康德分別考察了三種類型的先天綜合判斷：純粹數學的、自然科學的和形而上學的。所有的理論科學中都有先天綜合判斷，甚至在形而上學中也有這樣的判斷，例如「人類可以自由做出選擇」就是一個例子，否則人的自由意志就沒有一個堅實可靠的保證。

Ⅱ・哥白尼式的革命：客觀性來自「我」

康德說明了先天綜合判斷是廣泛存在的。緊接著，我們就要問：先天綜合判斷究竟是如何可能的呢？這就涉及人的心靈與物件的關係，而康德對這一關係的解釋是革命性的。在此之前，休謨的理論僅僅解釋了，我們實際經驗到的事物的觀念是有效的。比如透過觀察，我們知道太陽是圓的。但是休謨對因果律的懷疑否定了經驗知識的恆常性和必然性，這會導致一個災難性的後果——科學知識是不牢靠的。這顯然不成立，牛頓就是絕佳的反例。人的心靈如果真的像休謨所相信的那樣，只能被動接受資訊，那麼人只能獲得一個個獨立的、不連貫的、對特定對象的認識，不可能形成普遍的科學理論。因此康德認為，休謨在「心靈與物件」關係上的處理是有問題的。

康德反其道而行之，他不認為「我們的一切知識都必須符合物件」，而應該假定「我們的物件必須符合我們的知識」。也就是說，我們認識外部事物最基本的前提，就是把它們置於時間與空間之下。換句話說，時間和空間並不是感官經驗中的材料，也不是任何物件的屬性，而是我們認知的框架。我們人類是不可能脫離了時間和空間來看待世界的。康德把時間和空間稱為「感性直觀純形式」。除此之外，康德以亞里斯多德的邏輯學為基礎，按照量、質、關係、模態將思想範疇分類，他一共提出了十二個範疇，把它們分成四組，每組包含三個。這些範疇就像是我們心靈固有的模式或者能力，將感性材料組織起來。由此我們可以認識事物的數量、事物間的關係，它是可能的還是不可能的等等。其中因果關係就是十二範疇中的一種。

康德給出的理性思想的機構就像是人們與生俱來的有色眼鏡，我們都必然地透過這副眼鏡來認識世界，心靈將自己認識物件的方式加在物件之上，而且人人皆是如此，所以我們做出的一些經驗性判斷是普遍的。所謂的客觀性並非來自外部世界，而恰恰來自內部，來自我們自己這個認知主體。康德這種處理心靈與物件的方式被稱為「哥白尼式的革命」。太陽不再圍繞著地球旋轉，心靈也不再圍繞著對象打轉，而是對象轉而對應心靈的結構。

Ⅲ．無法觸及的物自體

既然物件是符合人的心靈才被人認識的，那麼就意味著我們認識的都是經心靈處理過的物件，我們一直是透過一副有色眼鏡看世界的。那麼，世界真實的顏色是什麼樣的？對於這個問題，康德搖頭了。

康德把世界分為兩個領域：一個是所謂的物自體（德語：das Ding an sich；英語：thing-in-itself），另一個是現象。康德認為，我們人類只能認識到現象，而永遠無法認識物自體。物自體，又可以被稱為「自在之物」。它屬於超驗的領域，是時間、空間和知性範疇無法加以運用的對象。我們必須通過經驗才能認識世界，而這僅僅局限在現象領域，無法抵達物自體。

康德為什麼要區分現象和物自體呢？他其實在做一件非常重要的事情，那就是為人的認識劃界。人的知性只能在經驗中認識現象。如果人試圖用這些範疇處理感性世界以外的東西，例如認識超驗的上帝，就會出問題。

康德的厲害之處就在於他的批判性，而批判就意味著找到根據，並為之劃界。他認為以往甚至以後的很多人，其實都在說一些無意義的廢話。這樣的廢話並不是因為說話的人是話癆，而是人類的理性超出了有效使用的範圍。康德死於一八〇四年，他的墓碑上刻著一句話：「世界上有兩樣東西能夠深深地震撼人們的心靈，一是我們頭頂上燦爛的星空，二是我們心中崇高的道德準則。」

延伸閱讀

1.〔德〕康德：《純粹理性批判》（二版），鄧曉芒譯，臺北：聯經出版，2020年。

2.〔德〕康德：《未來形而上學導論》，李秋零譯，北京：中國人民大學出版社，2013年。

3. 鄧曉芒：《〈純粹理性批判〉講演錄》，北京：商務印書館，2013年。

4.〔美〕曼弗雷德・孔恩（Manfred Kuehn）：《康德傳》，黃添盛譯，上海：上海人民出版社，2008年。

— 11 —

黑格爾《精神現象學》

存在即合理嗎？

— 閱讀挑戰 —

H E G E L

黑格爾的《精神現象學》追蹤了意識的不同形式，就好像從內部考察每一種形式，並且表明較為有限的意識形式是如何必然發展成更完善的形式的。黑格爾本人則把他的任務稱為「對作為一種現象的知識的闡述」。

——彼得・辛格《黑格爾》

引言

在中國，人們最熟悉的哲學命題大概就是「存在即合理」了。這句話出自德國古典哲學家黑格爾。然而，絕大多數人引用這句話的時候，卻是在以訛傳訛。他們會認為，這句話就是對存在的一切現象的辯護，認為所有現存的事物都是對的，是道德上可以被接受的。所以即便有再多不合理之處，你都要接受。這是一種莫大的誤解，也是對黑格爾的侮辱。

其實，這個命題是黑格爾於一八二〇年在《法哲學原理》這本書裡提出來的：「凡是現實的東西都是合乎理性的，凡是合乎理性的東西都是現實的。」（德語：Was vernünftig ist, das ist wirklich; und was wirklich ist, das ist vernünftig. 英語：What is rational is actual and what is actual is rational.）這裡的「現實」不能理解為通常意義上的「存在著的東西」，而是要理解為精神外化自身、建立自身、實現自身的「過程」。「合理」（rational）是「合乎理性」的意思，而不是道德上正當或者準確的意思。黑格爾的這句話是在強調「思維與存在同一」。他是在說，歷史的現實進程中充滿了理性展開自身辯證運動的過程，具體表現為人對自由的追求。總而言之，黑格爾要說明的是絕對精神的發展過程，而不是任何一個具體的人的行為。

之所以絕大多數人誤解了黑格爾，不僅是因為對哲學命題的望文生義，更在於根本不了解黑格爾哲學體系的出發點，也就是他的名著《精神現象學》（*Phänomenologie des Geistes*）。

I・正反合：不斷運動的「體系」

黑格爾（Hegel）從一八〇五年冬天開始撰寫《精神現象學》，於一八〇六年十月十三日耶拿大戰前夕完成。馬克思說過這樣一句話：「試看一看黑格爾的體系，我們必須從黑格爾的《精神現象學》開始，《精神現象學》是黑格爾哲學真正的誕生地和祕密。」這個判斷是十分準確到位的。黑格爾用了畢生精力，來創立一個包羅萬象的哲學體系。黑格爾的著作，除了《精神現象學》之外，還有《邏輯學》（註：又稱《大邏輯》）《哲學全書》和《法哲學原理》。其他一些著作，比如《歷史哲學》《美學》和《宗教哲學》等，都是由後人根據他本人的講稿、學生的筆記整理出版的。

在黑格爾的哲學體系中，人類思維被看成是從低級向高級發展的過程。黑格爾的《哲學全書》分成三大部分：邏輯學、自然哲學和精神哲學。在第一部分「邏輯學」中，黑格爾要處理存在、本質和概念問題。

我們千萬不能把黑格爾的邏輯學理解為形式邏輯。在黑格爾這裡，邏輯學與形而上學是一致的，因為黑格爾哲學的核心觀點就是：思維與存在是同一的，主觀與客觀在理念中被統一。

在第二部分「自然哲學」中，黑格爾要處理力學、物理學和有機學的問題。但是黑格爾不是要取代科學家的工作，而是要討論理念和自然的辯證關係。在黑格爾看來，自然沒有獨立意義，它只是精神發展的一個環節，而精神是自由的，它必然要擺脫自然的桎梏，重新回到自身。

於是必然進入第三階段，即「精神哲學」。這一階段也分為三個部分：主觀精神、客觀精神和絕對精神。主觀精神異化出一個外在於自己的客觀世界。這個客觀世界不是物質的自然，而是精神、文化的世界，即法律、道德、國家。隨後精神又揚棄自身的異化，返回自身，這就是絕對精神，即藝術、宗教、哲學。

也許「三」是黑格爾最喜歡的數字，因為他的辯證法也是以三個環節構成：正題、反題以及合題。如果一定要用一個通俗易懂的例子來說明「正反合」的話，我們可以想像這樣一個場景，媽媽對兒子說：「你一定要吃蛋黃。」而兒子說：「我不喜歡吃蛋黃，只喜歡吃蛋白。」兩人誰都不肯讓步，眼看著飯就要吃不成了，這個時候外婆想出個辦法：「我給你做一碗蒸蛋吧。」在這個場景裡，媽媽讓兒子吃蛋黃是正題，兒子拒絕是反題，而外婆的解決方法就是合題。最終，小朋友既不是在吃蛋黃，也不是在吃蛋白，而是另外一種綜合了蛋白與蛋黃，形態味道又完全不一樣的蒸蛋。

黑格爾的辯證法被融合進他哲學的每一部分，這在《精神現象學》中體現得十分明顯。這本書表明了從最低意識到絕對知識要經過一個漫長曲折的過程，因此可以把《精神現象學》看作黑格爾哲學體系的導言和序幕。以往的學者在解讀《精神現象學》的時候，都不約而同地提出：讀這本書，就像是在看一個人精神成熟的過程。或者說，《精神現象學》描述的就是精神本身的發展邏輯和內在結構，而這樣一個邏輯和結構，最終要體現為它在歷史中的展開，正如黑格爾歷史哲學所展現出來的那樣。

Ⅱ・實體即主體

如果用一句話來概括黑格爾在《精神現象學》裡到底幹了什麼，可以說，黑格爾是在向我們展現整個人類的意識發展史，或者說是精神發展史。透過辯證法，黑格爾要展示意識經過矛盾發展過程，達到現象和本質的同一。

不過要明確的是，黑格爾所使用的意識和精神這兩個詞，意義相差很大，而且都有狹義和廣義的區別。廣義的意識包括一切人類的活動，自我意識、理性、精神、絕對精神都可以說是意識的各個環節。同樣，最為廣義的精神，則包括意識，自我意識、社會意識和絕對精神各個環節。黑格爾在《精神現象學》序言「論科學認識」中提出了一個非常重要的觀點：「一切問題的關鍵在於：不僅把真實的東西或真理理解和表達為實體，而且同樣理解和表達為主體。」概括成一句話就是「實體即主體」，或者又被翻譯為「絕對即主體」。

「實體」這個概念在近代西方哲學中被哲學家們無數次加以闡釋。一言以蔽之，實體就是真正實在的東西。黑格爾反對實體和思維的對立。他相信實在的內在本質是人類理性可以達到的，因為聯結實體、自然、精神的就是思想自身，而且人的思想一直處在辯證運動的過程中。由此，黑格爾將實體囊括進思維之中。不僅如此，實體不是靜止不動的，而是活的，它在自然中外化自身，並且重建自身的同一性。換句話說，實體是現實的（wirklich），是能夠在現實世界中展開自身、獲得豐富內容的。

要理解這一點必須先了解黑格爾的辯證法。以往人們不知道辯證法是用來做什麼的，這其實與黑格爾如何理解運動和變化有關係：黑格爾反對用浪漫主義的方式來理解變化。當時，德國浪漫主義和神祕主義都認為，世界的終極變化是非理性的，因此無法用邏輯的方式表達出來，甚至無法用語言傳遞，而要訴諸神祕體驗，或者神的啟示。用語言無法表達的東西就不能成為對所有人開放的知識，所以黑格爾堅決反對這種所謂啟示的知識。他要用非常形式化的語言來描述變化。這種高度形式化的語言和敘述方式，黑格爾後來把它稱作「邏輯學」。黑格爾的辯證邏輯區別於形式邏輯，它是對整體的一種把握。

黑格爾為什麼要用辯證邏輯呢？這要從形式邏輯的特點說起。形式邏輯有三個基本定律：同一律、矛盾律和排中律，它們也可簡化為三個公式：A＝A，A不是非A，A與非A。這三個定律中必有一個為真。在形式邏輯中，一個物件，例如A，要保持一定的恆定性，也就是說，一個物件始終就是它自己。但問題是，形式邏輯不太能處理變化問題。

例如，一顆種子變成一棵樹。按照形式邏輯，如果說原來的種子是A，從它長出來的樹一定不是A，但其實兩者是有關聯的，它體現的是運動的不同環節。這裡涉及黑格爾哲學中的一個重要概念——揚棄（德語：Aufheben；英語：sublation）。揚棄，既是消滅，也是保留，它使得辯證法中的「合題」成為可能。一顆種子發芽，長成了一棵樹，原來那顆種子是不是沒有了？種子是消失了，但是種子變成了大樹。它不是被消滅了，它以往的所有要素都包含在這棵樹裡面。反過來，如果種子沒有拋棄自己原來的形態，沒有進行自我否定，就不會有後來的參天大樹。

需要說明的是，辯證邏輯是用來說明精神活動的內在動力，以及人類歷史的整體發展的，所以很難直接運用在每個具體的事件上。就好像，黑格爾發明了一把大刀來解剖人類歷史，你現在卻想用來繡花，顯然是不合適的。

Ⅲ・主奴辯證法

整部《精神現象學》最有名的部分可能就是第四章中的著名概念：主奴辯證法。這也是黑格爾辯證邏輯應用的一個經典例子。

黑格爾在第四章中探討的是自我意識（self-consciousness）。黑格爾認為，人要確立自我意識只能通過有異於自身的外物反觀自身。換句話說，一個人如果一出生就生活在空無一物的房間裡，完全不接觸任何人或事物，那麼他／她是無法建立自己的自我意識的。此外，自我意識的建立還有一個重要環節，那就是得到另一個自我意識的確認，而這種承認往往是互相的。那麼是否可能只存在固定的承認者和被承認者，或者說，這種對自我意識的承認是否可能只是單向的？

黑格爾給出了一個假設：在原始社會裡發生了一場戰爭，其中戰敗的一方自願當奴隸，來保全自己的性命，獲勝的一方也欣然成為了主人。其實，奴隸與主人是相互成就的，如果主人失去了奴隸，那麼他就一無所有。但是主人的地位是獲得奴隸承認的，而奴隸卻不能得到主人的任何承認。長此以往，主人習慣了發號施令，坐享其成；而奴隸從事勞動，對外物「加工改造」，創造財富供主人享受。就在對外物進行改造的過程中，奴隸漸漸具有了自我意識。他開始在自己的創造物中認識到了自己。相反，主人完全依賴奴隸生活，奴隸不但創造財富、支配財富，也進而逐漸支配主人。最後，主人和奴隸的關係顛倒了過來，主人成了奴隸，奴隸成了主人。通過主奴辯證法，黑格爾也證明了，其實任何事物在發展過程中，由於自身內在的矛盾運動，都要變成自己的對立面。

黑格爾認為，哲學在他那裡終結了。他是最後一個百科全書式的思想家，也是最後一個體系哲學家。之後的馬克思與存在主義哲學都深受黑格爾哲學的影響。黑格爾成為了現代哲學繞不過的一座高山。

延伸閱讀

1.〔德〕黑格爾：《精神現象學》，先剛譯，臺北：五南，2019年。

2.〔英〕斯蒂芬．霍爾蓋特（Stephen Houlgate）：《黑格爾導論》，丁三東譯，北京：商務印書館／三輝圖書，2013年。

3.〔澳〕彼得．辛格（Peter Albert David Singer）：《黑格爾》，張卜天譯，南京：譯林出版社，2015年。

4.〔美〕弗雷德里克．拜塞爾（Frederick Beiser）：《黑格爾哲學導論》，王志宏、姜佑福譯，臺北：五南，2023年。

5.〔德〕黑格爾：《法哲學原理》（二版），張企泰、范揚譯，臺北：五南，2022年。

— 12 —

黑格爾《歷史哲學》

歷史有規律和目標嗎？

— 閱讀挑戰 —

H E G E L

在《歷史哲學》的導言中，黑格爾清晰闡述了他所認為的整個人類歷史的方向和目標：「世界歷史不過是自由意識的進步罷了。」這句話為全書設定了主題。

——彼得．辛格《黑格爾》

引言

BBC曾做過一個調查，詢問受訪者，如果可能的話，你願意回到西方歷史上的哪一個時代？我們中國人似乎總是有「夢回大唐」的情結，而BBC的調查結果顯示，西方人最願意回到提香生活的威尼斯。西方人認為那個時代雖然沒有大一統的帝國，但是威尼斯人生活安樂富足，物質和文化生活都非常豐富。那麼古人真的比我們生活得更幸福嗎？我們對過去的想像總是被理想化了。單純從生活品質看，我們現在的普通百姓生活得也比古代帝王要好。

這裡涉及了一個基本哲學問題：人類一直在進步嗎？我們現代人類作為一個物種存在有五、六萬年了，但是人類的所有文明幾乎都是在過去一萬年裡出現的。尤其是在過去的一百年間，人類的物質生活發生了翻天覆地的變化，但我們同樣要問，過去一個世紀中的兩次世界大戰、奧斯威辛集中營、中東戰亂、環境惡化等觸目驚心的現實又在何種意義上表達了「進步」？

哲學家對人類是否在進步有截然不同的看法。柏拉圖在《理想國》中描述了一個希臘人的退步歷史觀，他認為人類從黃金時代不斷退化成白銀時代，然後是青銅時代，最後是黑鐵時代；馬克思則提出了完全相反的觀點，他給出了人類社會發展的五階段論：原始社會、奴隸社會、封建社會、資本主義社會、社會主義社會。

其實這些問題都屬於哲學中的一個分支——歷史哲學——的核心問題。歷史哲學還要繼續提問，歷史是必然的還是偶然的？推動歷史前進的是個人還是集體？我們能從歷史中看出什麼普遍的原則嗎？又是什麼力量在推動人類歷史進程？如果德國古典哲學家黑格爾活過來，他一定會說，歷史是有規律和目標的。他在《歷史哲學》中對這些問題的回答，可能對今天的人們仍然具有啟發意義。

I・辯證的歷史哲學

黑格爾屬於典型的思辨歷史哲學的代表。在他的歷史哲學中始終貫穿了正題─反題─合題「三段式」，這是精神在歷史中展開自身又認識自身、回歸自身的迴圈。這同樣是一個「揚棄」的過程。在黑格爾眼中，歷史奔向的目的地是人類對自由的普遍認知和自由的普遍實現。

黑格爾的歷史哲學主要體現在他的歷史哲學講演中。《歷史哲學講演錄》是他從一八二二年開始在柏林大學講授歷史哲學課程時使用的底稿。

黑格爾思想的一個重要特徵就是邏輯與歷史的統一，所以黑格爾的歷史哲學是進入他宏大思想的一條路徑。歷史哲學能夠讓我們看到，在擺脫了歷史偶然性之後，那種純粹的精神發展的過程。對於人類而言，這種精神就是自由，而人類的歷史進程其實就是認識自由並實現自由的過程。最終，「自由」這一概念將徹底成為現實，精神在世界中實現自身。

黑格爾把一般說的歷史分為三類。第一類是原始的歷史，也就是對史實的真實記錄，西方歷史學家希羅多德、修昔底德就是其中的傑出代表。第二類是反思的歷史，歷史學家要從自己的立場和需要出發，去統合歷史。這也是人們現在看到的大多數歷史著作的形式。第三類是哲學的歷史，這是歷史哲學對世界歷史的思想考察。用黑格爾自己的話來說就是：「歷史哲學不外是對歷史的思維的考察罷了。」甚至有學者說，黑格爾的哲學全部都是精神哲學，也全部都是歷史哲學。兩者是相輔相成的。

II・世界歷史進程的時期

在黑格爾看來，人類整體的歷史像絕對精神的展開、演進一樣，是有內在環節與階段的，而精神的核心就是自由。黑格爾將整個世界歷史劃分為三個時期，這些不同階段是「世界歷史展現了精神的、自由意識的，以及那種自由隨之而實現的發展過程」。

第一個時期是專制時期。當時東方各國——包括中國、印度、波斯和埃及——是世界歷史的起點。所謂的專制時期有一個特徵：除了專制君主之外，所有人都是絕對不自由的。人們當時根本認識不到「自由」為何物，而君主看似自由的狀態也是非理性的自由，正如黑格爾所說：「這一個人的自由只是放縱、粗野以及熱情的獸性衝動。」在東方專制時期，臣民對君主的關係是絕對信仰和服從，主體意識尚未覺醒，個人並不知道自己擁有獨立自主的意識和判斷。安排生活的原則都是基於習俗，因此法律和道德是不加區分的。

世界歷史的第二個時期是古希臘和古羅馬時期。當時人們採用了民主政體和貴族政體，使得擁有公民權利的少部分人看似是自由的。但是在黑格爾看來，這依舊不是真正意義上的自由。古希臘城邦中的公民雖然能夠自由地參與公共事務，但這並不是源於一種抽象的自由原則而產生的自由意識，而是源於對習俗的尊崇。不論是古希臘人還是古羅馬人依舊會依靠外部的力量——神諭——來決定自己的行動。但是人們不能忘記，古希臘也是哲學的誕生地。德爾菲神廟的神諭「認識你自己」在蘇格拉底的眼中就是對批判意識和反思意識的召喚，這是自由的開端。

第三個時期是日爾曼世界的君主政體時代。黑格爾很奇怪地把中世紀以來的歷史階段統稱為「日爾曼世界」。這其實是因為黑格爾把重點放在了馬丁·路德的宗教改革上。宗教改革宣導「個人獨自面對上帝」，才使主體自由意識的普遍覺醒在接下來的三個世紀中成為可能。在黑格爾看來，那時德國就處在世界歷史發展的終點和最高峰。

在這個浩浩蕩蕩、目標明確的世界歷史大道上，各個民族好像在進行一場追逐接力賽跑。人們也可以把世界歷史的各個時期類比為人生：

東方的專制時期是童年，古希臘的民主時期是青年，古羅馬的貴族制度時期是成年，而日爾曼世界的君主政體時期則是老年。如果人類確實是在進步，那也是在「自由之實現」這一角度上而言的。

Ⅲ·時勢造英雄，還是英雄造時勢？

歷史上經常會思考這樣一個問題：究竟是時勢造英雄，還是英雄造時勢呢？黑格爾對此的基本觀點是：個人被理性所利用，去實現世界歷史的使命。好像冥冥之中，理性自有其安排。這就是著名的「理性的狡計」（List der Vernunft）——人的自私，是推動歷史的無意識動因，而「這種理性的狡計，驅使激情來為它自己工作」。黑格爾在《精神現象學》中就提出了「狡計」這個概念。一八一七年，他在《小邏輯》中明確提出了「理性的狡計」這個關鍵詞：「理性是有機巧的，同時也是有威力的。理性的機巧，一般來說，表現在一種利用工具的活動裡。這種理性的活動一方面讓事物按照它們自己的本性，彼此互相影響、互相削弱，而它自己並不直接干預其過程，但同時卻正好實現了它自己的目的。」

後來黑格爾在《歷史哲學》中進一步充實了這個觀念。普遍的理念好像一個高明的導演，他雖然不直接介入劇情的發展，卻讓每個演員在實現自己意圖的過程中，在無意中實現了他的大意圖。

黑格爾認為，歷史的現實主體只有兩類人：一類是盲目的個人，也就是普通群眾；另一類是少數的世界歷史個人。普通群眾都是為自己的私利所主導的。他們大多比較短視，只能看見自己短期內的利益，所思所想也無非是怎樣讓自己過得更舒心快活。黑格爾還有一句名言：奴僕眼中無英雄。這不是因為英雄不是英雄，而是因為奴僕只不過是奴僕。

世界歷史個人，例如拿破崙那樣的一代梟雄，本質上也並非聖人，但與普羅大眾不同，他們的激情往往要超過一般人，所以他們能夠不惜個人犧牲，願意放棄自己的幸福和快樂，在歷史的關鍵時刻發揮作用。他們把握了世界歷史運動的脈搏，或者說，他們對激情的發揮剛好和時代的進步趨勢吻合。在黑格爾看來，理性恰恰利用了人的激情，來實現它自己的目的。而反過來，如果沒有在歷史大潮中的個人，歷史本身也是缺乏動力的。

總體而言，在黑格爾看來，英雄和時勢相互造就，但它們的背後都有一個偉大而隱祕的絕對精神在起作用。法國哲學家科耶夫甚至提出，黑格爾才是拿破崙的自我意識。

黑格爾在《法哲學原理》中寫下一段十分著名的文字：「哲學是對世界的思考，只能出現在現實結束其形成過程，成為過去之後。哲學史告訴我們：唯有現實完全成熟之後，觀念之物才能變為現實的對立物……密涅瓦的貓頭鷹唯有到黃昏方能起飛。」（註：密涅瓦是羅馬人的智慧女神，在古希臘時代被稱為雅典娜。這個女神身邊總有一隻貓頭鷹伴隨，是智慧的象徵）歷史是理性自我發展過程中不可避免地達到精神自覺的過程，或者說是精神理解自身的過程。對黑格爾來說，歷史好像一張被摺成一團的紙，如果不把它徹底展開，就只能看到它的局部，這樣就沒法徹底理解歷史的完整意義。歷史不是偶然事件的疊加，也絕對不是一個毫無目標的過程，它朝著自由的方向進展。黑格爾就像是站在高山之巔注視著這一切。

黑格爾是最後一個體系哲學家，或許他創建的哲學體系也是哲學史上最為龐大的。巨人倒下之後，他的身軀化為眾多後來的批評者和繼承者。這些人中包括尼采、齊克果、馬克思、德希達、傅柯等著名哲學家，而黑格爾的死亡也成為了一個界碑式的事件，西方哲學也逐漸從近代進入現代。

延伸閱讀

1. 〔德〕黑格爾：《歷史哲學》，謝詒徵譯，臺北：水牛，1997年。
2. 〔美〕特里．平卡德（Terry Pinkard）：《黑格爾傳》，朱進東、朱天幸譯，北京：商務印書館，2015年。
3. 李秋零：《德國哲人視野中的歷史》，北京：中國人民大學出版社，2011年。

— 13 —

羅素《邏輯與知識》

「當今法國國王是禿頭」這句話有什麼問題？

— 閱讀挑戰 —

BERTRAND RUSSELL

討論當今法國國王是否是禿子。我們（指與懷特海）發現，許多複雜的不同因素都與這個有趣的問題相關，這讓我們大吃一驚。我們後來認為，儘管當今法國國王沒長頭髮，他卻不是禿子。有經驗的人可能推知，他戴著假髮，但是這樣的推論是錯誤的。

——瑞・蒙克《羅素傳》

引言

我們說的每一句話裡都包含了一些詞彙。有些語詞指向的物件往往是看得見、摸得著的，但有些詞彙所指的物件卻純屬虛構，比如聖誕老人、伏地魔等。有的時候，相同的語詞對不同的人而言具有不同的含義，甚至一個區域的人所習慣的表述在另一個區域卻無人能懂。這裡就出現了一個基本的哲學問題：語詞、句子和世界是怎樣的關係？語言能否做到精確，不產生歧義？

這個難題在英國哲學家羅素眼中就聚焦於這樣一句話：當今法國國王是禿頭。從語法上來說，這句話毫無語病，但是我們似乎也不能說這句話是對的，因為我們知道現在的法國是一個共和國，並沒有國王，所以這句話好像什麼都沒有說。那麼如何才能走出這個怪圈呢？羅素執著地要解決這個難題，甚至為此寫了一本書。為了幫助大家理解這個略微有點燒腦的難題，我們需要從二十世紀的語言學轉向開始談起。

I・語言學轉向的開端：晨星就是昏星嗎？

以前的哲學都忽視了語言本身，然而人的思想是透過語言來表達的，語言是人溝通和聯繫外部世界的橋梁，因此一些二十世紀的哲學家認為，人們以往因為忽視了語言的邏輯形式本身，造成了很多語言的「誤用」，產生了不少沒有意義的討論。為了能夠繼續有意義地進行哲學工作，人們要對語言本身檢查。就好像在工作之前，對自己的工具檢查一樣。這個發生在二十世紀哲學界的重要轉變，後來被稱為「語言學轉向」（linguistic turn）。

一般來說，語言哲學家分為兩類：一類是邏輯分析派；另一類是日常分析派。邏輯分析派認為，最重要的是要找到語言中的邏輯形式。他們中的一些人甚至有一個激進的想法：放棄我們日常使用的語言，構造出一種類似電腦語言那樣精確無誤的人工語言。伯特蘭・羅素（Bertrand Russell）就是邏輯分析派的代表人物。日常分析派的看法與之相反。他們認為，語言只是被哲學家們當作了遊戲的玩具，本身並不存在什麼問題。

在進入羅素的思維世界之前，我們需要做一點鋪墊，介紹一下被譽為「數理邏輯和分析哲學奠基人」的德國哲學家弗雷格。弗雷格最為關心的是邏輯問題。對邏輯學來說，最根本的任務就是要判斷一個句子的真假，而要判斷一個句子的真假，首先需要明白句子的含義，而要明白句子的含義，最基本的就是要明白每個詞的意思。

一八九二年，弗雷格發表了一篇重要的論文〈意義與指稱〉（德語：*Über Sinn und*

Bedeutung；英語：*Sense and Reference*）。這篇論文可以說是石破天驚，拉開了二十世紀語言學轉向的序幕。為什麼這麼說呢？首先要明確，弗雷格所說的「意義」和「指稱」分別是什麼意思。在這篇論文裡，弗雷格引入了一個天文學的例子——「晨星」和「昏星」。晨星，就是早上出現在地平線上的一顆星，而昏星則是傍晚時最早出現的一顆星。我們現在知道它們所指的其實都是金星，但是古人並不知道，他們認為在早晨和傍晚出現的是兩顆不同的星星。在這個例子裡，「晨星」和「昏星」這兩個詞，就是弗雷格所說的「意義」，也可以叫做含義或者內涵。這兩個詞指向的物件，也就是金星，是它們的指稱，也可以叫做外延。在弗雷格之前，人們普遍認為一個詞的意義就是它的指稱。也就是說，大家並沒有把一個詞的內涵和外延進行嚴格的區分，認為它們就是一回事。弗雷格卻說，雖然晨星和昏星的指稱是一樣的，但它們的意義顯然是不一樣的。

弗雷格用了一個比喻來說明意義和指稱之間的差異。比如，一個人用望遠鏡觀察月亮。月亮本身就是指稱，也就是物件，但是月亮投射在望遠鏡鏡片和觀察者視網膜上的圖像顯然不是月亮本身，而這些圖像就好比是人們使用的內涵。不過弗雷格認為，我們在使用語詞的時候，已經預設了語詞指向的對象存在。或者說，一個語詞要有意義，它要有它指向的對象。於是，當我們說出「金山」「獨角獸」「聖誕老人」的時候，都預設了它們是存在的。但是後來，羅素明確反對了這個觀點。

II・摹狀詞理論：法國國王是禿頭嗎？

羅素的哲學立場被稱為「邏輯原子主義」。羅素早年在劍橋求學的時候就發現，歷史上一些偉大的哲學家常常會讓人們陷入語言的迷魂陣，有時候他自己也不清楚自己在說什麼，所以他要回到由數理邏輯支配的常識領域裡去。羅素設想了一種原子主義的理想語言。在這種語言中，語詞和對象是一一對應的。也就是說，一個簡單物件，只能有一個對應詞，它們像原子一樣是彼此獨立，不可還原的。比如「蘇格拉底」這樣的主語、「紅」這樣的謂詞都不能再被進一步分析。當我們在陳述例如「一顆紅蘋果」這樣最簡單的事實之時，這個事實就被稱為「原子事實」，陳述原子事實的命題就被稱為「原子命題」。除此之外，在這套語言中，還需要一些邏輯詞彙（例如「和」「或者」「不」「如果」等）來搭建最基本的語言結構。羅素看到，我們日常使用的語言是含糊的、不準確的，所以他和很多邏輯學家一樣，試圖建立一種精確、不會產生誤解的語言。這樣不僅人和人之間的溝通不會再產生誤會，語言的意思甚至可以用電腦運算。

羅素的一大貢獻就是區分了日常語言中的專名和摹狀詞。這是他在一九〇五年的一篇論文〈論指稱〉當中提出來的。什麼是專名，什麼是摹狀詞呢？專名（proper name）也就是獨一無二的名稱，它只指向唯一的對象。例如，「卡爾．馬克思」「唐納．川普」或者「郁喆雋」，這些名稱都指向特定的一個人，因此它們都是專名。摹狀詞（description）不是一個特有的名字，而是對一些屬性的描述。例如「金山」這個詞就表示兩個屬性的疊加：既要是一座山，又必須是由金子構成的。金山雖然是可以想像的，但在現實中，我們還沒有發現過這樣一座金山。還有一些摹狀詞，不僅在經驗中不存在，而且是你根本無法想像的，例如「方的圓」。

我們的日常語言經常把專名和摹狀詞混淆起來。對此，羅素提出了那個著名的例子：「當今的法國國王是禿子。」「當今的法國國王」就是一個限定摹狀詞，而不是一個專名。但是很多人，錯把這樣的摹狀詞當成了專名，好像「當今的法國國王」這個短語能夠指向某一個特定的對象，但在羅素的時代法國早就沒有國王了，這個限定摹狀詞指向的物件是空的。換句話說，限定摹狀詞是可以沒有指稱的，可人們一旦把它誤認為是專名，就會自然而然預設它有所指的物件。「當今的法國國王是禿子」這句話的否定命題，並不是「當今的法國國王不是禿子」。事實上這句話有兩種否定形式。第一種是「不存在一個現在的國王」；第二種是「如果法國現在有國王的話，他不是禿子」。羅素建議，把「當今的法國國王是禿子」這句話，改寫為一個命題涵項：有這樣一個個別對象，比如說C，它使得：①有一個對象是現在的法國國王；②有且只有一個對象與C等同；③C是禿子，這三個條件能同時得到滿足，就不會造成任何誤解了。由此，羅素認為限定摹狀詞「造成了大量含混，成為諸多謬誤哲學的根源。之所以出現這種混亂局面，是因為人們被語法引入了歧途」。

Ⅲ．親知和摹狀知識

羅素把人類的知識分為兩類：第一類他稱之為「親知」，就是我們直接覺察到的東西，是直接的知識。親知既不需要推理，也不需要其他的媒介。例如，我吃了一粒糖，感覺到它的甜味，這個就是親知。羅素認為，除了感覺材料之外，人的回憶和內省歸根溯源也都是來自親知。在這一點上，羅素顯然受到了英國經驗主義的影響。第二類是摹狀知識。所謂摹狀知識，就是一種語言運算式。羅素將摹狀詞區分為模糊的和限定的。例如，「一隻貓」是模糊摹狀詞，它並沒有明確的指向，而「這隻貓」就是限定摹狀詞。

羅素有一個基本信念：一個命題只要是可理解的，就必須包含親知的成分。因為，我們只有通過親知，才能建立起和事物的直接接觸。例如，二十一世紀的人一定沒有親自見過秦始皇，我們關於秦始皇的知識全都是從史書中來。幾乎所有的歷史記載都是羅素所說的摹狀詞。但是，如果我們一直向前追溯，去找這些摹狀詞的根源，一定會找到秦始皇的近臣、宮廷侍衛、負責記錄的史官等人對秦始皇的親知。換句話說，摹狀詞傳遞的都是間接知識，但是一個摹狀詞是否有意義，取決於它是否建立在直接通過親知認識的感覺材料上。然而，一些羅素稱之為「邏輯專名」的專名是無法被摹狀詞表達出來的。比如專門用於指涉物件的「這」「那」就是如此。

羅素對知識的二分，其實本質上是要建立起一條有效的知識鏈條。摹狀詞就好像是一條環環相扣的鏈子。這條鏈子可以很長，但是如果你不斷往上尋找，這條鏈子的開端一定是親知。換言之，間接知識必然要建立在直接知識上，這樣知識大廈的根基才是穩固的。

羅素說過這樣一段話：「對愛情的渴望，對真理的追求，和對人類苦難不可遏制的同情心，這三種簡單而又強烈的感情支配了我的一生。」

對羅素而言，語言其實就是對真理的追求過程中，最重要的部分。

延伸閱讀

1.〔英〕伯特蘭·羅素：《邏輯與知識》（*Logic and Knowledge*），苑莉均譯，北京：商務印書館，1996年。

2.〔澳〕艾倫·伍德：《羅素傳》，林衡哲譯，臺北：五南，2022年。

3.〔英〕羅素：《中國問題》（*The Problem of China*），秦悅譯，上海：學林出版社，1999年。

4.〔英〕羅素：《幸福之路》，傅雷譯，臺北：五南，2022年。

— 14 —

佛洛伊德《夢的解析》

做夢意味著什麼？

— 閱讀挑戰 —

SIGMUND FREUD

這是《夢的解析》出版後不久，佛洛伊德在一封寄給朋友的信中所做的評論：

「你認為某一天一塊刻著如下字樣的大理石石碑會被放置在房子中嗎：

一八九五年七月二十四日，在這間房子中

西格蒙德．佛洛伊德博士

揭示了夢的祕密，

但目前看起來似乎沒有什麼希望。」

——喬納森．里爾《佛洛伊德》

引 言

每個人都做過夢，有些是讓人恐懼的噩夢，有些則是令人陶醉的美夢。這也是做夢的一個特點：只有當你從夢中醒來的時候，才會意識到剛才是在做夢。夢中的一切似乎都是那麼缺乏邏輯，離奇混亂，但又充滿欲望……因此，很多人將夢作為人類非理性能力的代表，認為夢境是無意義的，而且避之唯恐不及，希望自己快一點從夢中醒來。

十九世紀中後期，距離啟蒙運動如火如荼的時代已經過去了百餘年。歐洲人高舉著理性的大纛，在機械有規律的轟鳴聲和科學家們精巧的推演數算中，愈加確證，自己是命運的掌控者。直到一個人的出現，他將長久以來人們用理性編織而成的認知圖景撕開了一道裂口。他作為一名醫生，一個理性的個體，卻宣稱：人在本質上是受深層欲望驅動的非理性存在。這個人就是奧地利心理學家西格蒙德．佛洛伊德。他的《夢的解析》成為繼哥白尼和達爾文之後，發動人類思想史上第三次革命的契機。

I・佛洛伊德的夏夜之夢

一八九五年的一個夏夜，在一座能俯瞰維也納城的小山丘上，西格蒙德・佛洛伊德（Sigmund Freud）即將揭開人類夢境的奧祕。他做了一場夢，夢境中的主人公是他正在治療的一名女病人伊瑪。這個病人比較棘手，倒不是因為伊瑪得了什麼疑難雜症，而是因為伊瑪的家族和弗洛伊德的家族是故交，所以佛洛伊德倍感壓力。一段時間後，伊瑪的病並沒有獲得理想的治療效果，治療便終止了。有一天，佛洛伊德的同事奧多在拜訪了這名女病人後說：「她看起來好一些了，但仍然沒有多大的起色。」佛洛伊德覺得他好像話中有話，似乎是在指責自己是個庸醫，故而心情不佳。他雖然嘴上對奧多沒有說什麼，但是當晚他就把對伊瑪的治療過程寫了一封長信，寄給了另一位同行M，想讓這位同行知道，他的治療方法沒有什麼不妥之處。

過沒多久，佛洛伊德就做了一場夢：他站在一個大廳裡接待很多客人，伊瑪也在其中。佛洛伊德一開始抱怨伊瑪沒有按照他的方案接受治療，接著又為她檢查了口腔，發現有一塊塊白斑，於是佛洛伊德又叫來了M醫生，讓他重新為伊瑪檢查。M醫生得出的診斷結果是，伊瑪身上的異常是由細菌感染導致的，而細菌感染的原因竟是奧多用不夠乾淨的針筒給伊瑪打過一針。

醒來之後，佛洛伊德立刻把自己的夢記錄了下來，並進行了自我剖析。他發現，那場夢其實是前幾天所思所想的變形和補償。因為對奧多那一句「弦外之音」耿耿於懷，他內心非常想把沒有治好伊瑪的責任歸咎到奧多身上。於是在夢中，佛洛伊德把責任轉嫁給了奧多，為自己開脫，實施了夢境中的報復。正是對自己夢境的分析，使得佛洛伊德意識到夢是具有意義的，而且絕不是一般作者所說的，夢只是腦細胞不完整的活動產品。相反，一旦釋夢的工作能夠完全做到，就會發現夢代表了一種願望的達成。

Ⅱ・意識是一座三層樓房

一八九九年，曠世奇作《夢的解析》（The Interpretation of Dreams, Die Traumdeutung）德文初版問世。在佛洛伊德以前，人們一直都認為夢境與超自然力量間有剪不斷、理還亂的關係，或說夢境的內容來源於鬼神，或說夢境是對未來的預兆，在中國民間也經常能聽到「托夢」的說法。佛洛伊德卻試圖對光怪陸離的夢境做出分析。《夢的解析》扉頁上有一句題詞，是來自維吉爾《艾乃伊特漂泊詠》敘事詩第七卷第三一二行的詩句：「假如我不能上撼天堂，我將下震地獄。」然而佛洛伊德引用這句話，和宗教中的天堂或地獄沒有關係，這裡的天堂和地獄指的是人的意識結構以及意識的壓抑作用。

精神分析的大廈就建立在佛洛伊德的一個偉大發現之上：人類的意識中存在壓抑現象，壓抑的物件就是原欲。所謂原欲也就是大家耳熟能詳的力比多（libido）。人們常常對力比多有一個過於狹隘的理解，以為力比多所指的僅僅是性欲，然而性欲是力比多的核心，但絕非全部。一方面，力比多被認為具有特定的數量，它的運作也是符合一定規律的；另一方面，力比多來源於「生之本能」（life drive），這種本能不單單指滿足口腹之欲或者性欲的本能，還指涉人與人之間相愛、相互聯結以及繁衍的本能。或許你會問，既然力比多源自生之本能，是人類行為的驅動力，那麼我們為何要壓制它呢？因為力比多最大的特性就在於無所顧忌，永不知足。在現實生活中，人怎麼可能每時每刻只想著滿足自己的欲望呢？顯然，任何一個具有正常社會功能的人，他的力比多都處於被壓制的狀態。

為了更好地表述他的意識結構理論，佛洛伊德給出了一個非常形象的比喻。人的意識好比是一幢三層樓的房屋。最高一層住著人類意識中最安靜、最守秩序、最高尚的一家人；住在二層的是前意識一家，也同樣是安靜本分的一家人；最底層住的卻是非常鬧騰的潛意識一家，他們異常粗魯、沒有文化教養，容易衝動，而且經常吵鬧不安。不過，在一層通往二層的樓梯上有一個看門人，他的主要任務就是防止潛意識跑到樓上去打擾意識。但是，這個看門人有時會因為比較勞累，就放鬆了警惕，讓潛意識有了可乘之機；潛意識有時還會將自己喬裝打扮一番，便可以騙過看門人跑上樓了。這個看門人被佛洛伊德叫做「壓制作用」。

為了理論的完整性，佛洛伊德將意識結構同他著名的人格結構一一對應：這三層樓就分別對應超我、自我和本我。對應著前意識的自我（ego）逐漸形成於一個人的童年時期，是精神運行的結構。通過自我的規範，人才能不脫離於社會現實。在最底下一層的是本我（id）。

力比多就包含於本我之中，因而本我包含著極為不合理、荒謬的成分。在最上面一層的是超我（superego），它代表了社會規範、倫理道德、價值觀念等，像是孩子們心中的嚴父。佛洛伊德有這樣一個著名的比喻：「自我和本我的關係可以比作騎手和馬的關係。馬提供運動的動力，而騎手有權決定目標並引導強大動物的運動。但在自我與本我之間卻常常產生以下不大理想的情況：騎手被迫按照馬想走的方向前進。」

Ⅲ．夢是願望的達成

了解了佛洛伊德的基本理論就會明白，夢境其實是一種「無意識觀念」，它們具有當事人並不知曉的意義。佛洛伊德在《夢的解析》第三章裡說：「夢，並不是空穴來風，不是毫無意義的，不是荒謬的，也不是部分昏睡、部分清醒的意義的產物，它完全是有意義的精神現象。實際上，它是一種願望的達成，它可以說是一種清醒狀態精神活動的延續，它是高度錯綜複雜的理智活動的產物。」在夢境中，被壓抑許久的潛意識好不容易逮到機會繞過看門人，放肆了一回，這就是佛洛伊德所說的：「一個夢是一個被壓迫的願望之假裝的滿足，它是被壓制的衝動與自我檢查力的阻撓之間的一種妥協。」

事實上，佛洛伊德是透過自己的體驗，得出這個結論的。他在當醫生的時候，工作非常繁忙，所以一直想能夠多睡一會兒。就是在那個時候，他經常夢見自己已經起床梳洗，不再因為沒有起床而焦急，也因此能繼續酣睡。他說：「夢形成的動機往往是一個想要獲得滿足的願望；而它們不被認為是一種願望的原因及其具有的很多特點以及荒謬性，都是緣於在夢的形成過程裡受到精神審查作用的影響。」這個原則被稱為「夢是願望的達成」。

Ⅳ・欲望不得滿足才會有文明

透過壓制作用，佛洛伊德推導出了一個令當時的人們跌破眼鏡的結論：兒童是具有性意識的存在。他還進一步提出了一個重要假設：人的性欲始於嬰幼兒時期，只不過兒童的意識與無意識還尚未分開。隨著孩子接受父母的教化，他們的性心理也相應進入了不同的階段，那就是佛洛伊德的性心理五階段模型：口腔期、肛門期、性器期、潛伏期和生殖期。性器期標誌著兒童的性本能從無目標性（即沒有具體物件）發展到穩定地指向一個外在事物，也正是在這一階段開始出現伊底帕斯情結（Oedipus complex）。借用古希臘伊底帕斯王的神話原型，佛洛伊德描述了這一階段男孩愛戀母親、嫉恨父親，以至於想弒父並取而代之的欲望。出於對父親的強力的恐懼——閹割焦慮，男孩只能壓抑對母親的性欲，並將父親內化為超我的一部分。

如果用佛洛伊德的理論來看人類的文明，會得出很多有意思的觀點。例如，佛洛伊德認為，沒有得到滿足的欲望，在昇華後就產生了藝術和文學。藝術家將他們嬰兒期的性欲，以一種不是本能的方式加以使用和釋放。以往被認為十分高大上的藝術，例如音樂、雕塑和繪畫，在佛洛伊德看來，它們的基本動力依然來自原欲。仔細想想，弗洛伊德的觀點也不無道理，因為真正天才的藝術家正是在用圖像、音樂去表達人類用語言無法表達的內容。佛洛伊德的最後一部著作《摩西與一神教》提出了一種宗教起源的理論。他認為，宗教起源於人類的無助感。人在面對無助的時候，會自然地從父親的形象那裡尋找保護和幫助。正是因為這種深層次的心理需求，人類才會創造出宗教中神的形象。

延伸閱讀

1.〔奧〕佛洛伊德：《夢的解析》（新版），孫名之譯，臺北：左岸文化，2019年。

2.〔奧〕佛洛伊德：《精神分析引論》，高覺敷譯，臺北：五南，2021年。

3.〔奧〕佛洛伊德：《精神分析引論》（新版），彭舜譯，臺北：左岸文化，2018年。

4.〔奧〕佛洛伊德：《摩西與一神教》，張敦福譯，臺北：臉譜，2004年。

5.〔奧〕佛洛伊德：《一種幻想的未來／文明及其不滿》（*The Future of an Illusion/ Civilization and Its Discontents*），嚴志軍、張沫譯，上海：上海人民出版社，2007年。

6.〔美〕喬納森．里爾：《佛洛伊德》，邵曉波譯，北京：華夏出版社，2013年。

7.〔英〕厄內斯特．瓊斯（Ernest Jones）：《佛洛伊德傳》，張洪量譯，北京：中央編譯出版社，2018年。

8.〔美〕彼得．蓋伊（Peter Gay）：《佛洛伊德傳》（共三冊），梁永、李宜澤等譯，臺北：立緒，2002年。

9.〔英〕安東尼．斯托爾（Anthony Storr）：《佛洛伊德與精神分析》，尹莉譯，北京：外語教學與研究出版社，2008年。

10.〔英〕貝特妮．休斯（Bettany Hughes）：《當代聖賢》第三集，BBC，紀錄片，2016年。

— 15 —

維特根斯坦《邏輯哲學論叢》《哲學研究》

好好說話為什麼這麼難？

—— 閱讀挑戰 ——

LUDWIG WITTGENSTEIN

「學哲學有什麼用，」維特根斯坦問道，「如果它給予你的一切，就是使你能夠就深奧的邏輯問題談論一些似是而非的道理，如果它不能使你更好地解決日常生活的重要問題的話？」

——瑞・蒙克《維特根斯坦傳》

引言

馬三立先生講過一段著名的相聲「逗你玩兒」。有一戶人家，只有媽媽和小孩在家。小孩年紀不大，也就是五歲的樣子。媽媽對小孩說：「我在屋子裡幹活，如果外邊有人來，你就問他叫什麼名字，然後來告訴我。」小孩說：「誒，我知道了。」有一天家裡來了一個小偷，到院子裡偷晾著的衣服，被小孩看見了。小孩就問他：「你叫什麼名字？」賊回答說：「我叫『逗你玩兒』。」於是，孩子跑進屋子裡告訴媽媽：「院子裡有個人。」媽媽問是誰，小孩回答說：「逗你玩兒。」媽媽以為孩子真的在和她鬧著玩，就沒當回事。等過了一會兒，媽媽來院子裡收衣服時，才發現賊已經跑了，衣服也已經被偷走了。

這段相聲的核心是語言和理解。語言在我們的生活中無處不在，但是很少有人深入思考過語言的本質和功能。我們經常會詞不達意，也容易掉入語言的陷阱。那麼，語言對我們而言意味著什麼呢？它僅僅是一種溝通的工具嗎？語言除了描述對象之外是否還有別的功能？語言是否有邊界？在二十世紀，奧地利哲學家維特根斯坦大概是對這個問題思考得最為深入的哲學家。

I・《邏輯哲學論叢》和語言圖像論

路德維希．維特根斯坦（Ludwig Wittgenstein）可謂是二十世紀哲學史上的傳奇人物：他出身於奧地利鋼鐵大王之家，小學時和希特勒同班；第一次世界大戰後他繼承了巨額遺產，但又全部送人；他師從著名英國哲學家羅素，在論文答辯會上嘲笑羅素不懂他的論文，最終卻輕鬆獲得博士學位；他一直在思考自殺的問題，當過鄉村小學教師、園丁、看門人，還有一段時間逃離人群，獨自隱居了起來……

維特根斯坦生前只出版過一本學術專著，那就是首次發表於一九二一年的《邏輯哲學論叢》（*Tractatus Logico-Philosophicus*）。這本書中的大部分是維特根斯坦在戰壕裡寫成的，全書的篇幅很小，只有兩萬多字，中文的翻譯本也只有薄薄的幾十頁。但就是這麼一本小書，凝結了維特根斯坦一生的心血。他一輩子都試圖穿越語言的迷宮。他意識到人是無法脫離語言來思考的，或者說，語言就是我們思維的邊界。

《邏輯哲學論叢》的主要思想被概括為「語言圖像論」。整本書都在回答一個基本的問題：語言是什麼？維特根斯坦的答案是：語言是對一件事情圖像式的描摹。那麼，維特根斯坦為什麼會得出這樣一個答案呢？據說，有一天維特根斯坦在讀報紙。報紙上說，法庭用模型汽車來重現交通事故發生的過程。例如，用一輛模型卡車和一輛模型自行車來表示兩者相撞。

在這個模擬過程中有兩組對應關係。首先，模型對應現實中的物件，即模型卡車對應現實中的卡車，模型自行車對應現實中的自行車；其次，模型之間的關係對應現實事件中的關係，即模型卡車撞倒模型自行車對應卡車撞倒自行車。維特根斯坦由此想到，這裡模型所呈現出來的圖像就等於是語言中的命題。命題中的各個部分和圖像中的每個部分一一對應。換句話說，維特根斯坦認識到，語言、思想和世界三者之間具有同構性。因為具有相同的結構，所以語言才能用來描繪世界和思想。

不過維特根斯坦的思考不僅僅局限於簡單的描繪，他還考慮到了邏輯中的可能世界。維特根斯坦區分了「事態」（Sachverhalt）和「事實」（Tatsache）。在他看來，任何一個圖像僅僅是世界中的一種可能性。命題可能組合起來的方式（即事態）要遠遠多於現實發生的情況（即事實）。事態構成了一個邏輯空間，裡面裝著所有可能發生的事件，那是一個思想的世界，而事實才構成了一個現實的世界。我們還是用法庭上模型的例子來加以說明。例如，卡車可能撞倒了自行車，也可能沒有撞倒自行車。但在現實中，兩者必居其一。假使卡車撞倒了自行車，我們依然可以設想一個與事實相反的情況。我們同樣也能想像其他可能的情況，例如，卡車上裝了一輛自行車，或者卡車拖著自行車。不過，我們無法想像「卡車欺騙了一輛自行車」這句話的圖像。由此，維特根斯坦給出了一種完全不同的本體論：世界的本質不是物，也不是精神，而是「事態」，也就是物件之間的關係連接。

維特根斯坦認為，語言是事態的圖像，而不是語詞所指的對象的圖像。因此，基本的意義存在於圖像之中，也就是在命題之中。我們之所以能與他人溝通，正是因為他人也能在腦海中「看到」我們用語言呈現的圖像。人與人之間之所以會產生誤會，或許就是因為他人沒有辦法理解我們語言所呈現的圖像，這也有可能是「過分解讀」所致。在「逗你玩兒」的相聲中，小孩傳達出了語詞，但是沒有傳達出那個圖像來，因此造成了媽媽的誤解。

II・可說的和不可說的

正如人雖然無時無刻不在呼吸，卻常常注意不到空氣的存在，我們在日常交流的過程中也甚少關注語言本身，以至於忽略了一個重要的事實：語言本身是有其邏輯結構的。語言是我們理解、描繪世界，並與他人相處的工具，甚至可以說是唯一的工具。對此，維特根斯坦提出了另一個基本問題：語言的邊界在哪裡？作為對這個問題的回答，他在《邏輯哲學論叢》裡區分了「可說的」和「不可說的」。他在全書的前言中寫道：「對可以說的，要說清楚；對不可說的，要保持沉默。」而全書的第七個命題就是：對於不可說的東西，我們必須要保持沉默。（Wovon man nicht sprechen kann, darüber muss man schweigen.）那麼究竟什麼才是「可以說的」而要說清楚的呢？維特根斯坦在《邏輯哲學論叢》中設想了一種排除了所有無意義的廢話和邏輯錯誤的語言。只有這種語言能夠被描述為事態或事實的，才能被稱之為「可以說的」語言。

那麼什麼又是「不可說的」而必須保持沉默的呢？維特根斯坦為此區分了「說」（saying）和「顯示」（showing）這兩個概念，他認為，被顯示的都是不可說的，換句話說，一切不能呈現其圖像的只能被顯示。第一類不可說的，是命題本身的邏輯形式。我們可以用邏輯詞聯結語詞，組成一句完整的話，這句話可以呈現對應的圖像，但是邏輯形式本身不能呈現任何圖像。我們的一切語言和思想都離不開邏輯的組織，因此邏輯就成為了語言的界限，也為人的世界劃定了邊界。另一些不可說的包括：倫理、美學和宗教的觀念。因為在這些領域中，語言不是在描述事態，而是在進行評價、給出規範，以及對生活給出意義和目標。維特根斯坦並不是認為這些領域不重要，只是在強調我們的語言不能對它們產生有效的圖像而已。

維特根斯坦說：「我語言的界限，就是世界的界限。」他甚至說過：「世界的意義是在世界之外的。」在《邏輯哲學論叢》的結尾處，他也有類似的表達：「即使一切可能的科學問題都已得到解答，我們的生命問題還是完全沒有觸及。」因此，很多哲學家認為，維特根斯坦的哲學中帶有大量的神祕主義元素。

對於維特根斯坦來說，哲學不是一套學說而是一種活動。在他看來，哲學的根本任務是使得思想清晰，為思想本身劃定界限。但是在維特根斯坦的後期作品《哲學研究》中，他澈底顛覆了自己的這種看法。

Ⅲ・《哲學研究》和語言遊戲

維特根斯坦的《邏輯哲學論叢》出版後，當時的很多哲學家對他採取了頂禮膜拜的態度。然而那時的維特根斯坦早已隱居鄉間，一些邏輯實證主義的學者千方百計要找到他一問究竟。但就在這個時候，維特根斯坦突然否定了自己前期的思想，他意識到他對語言的思考犯下了巨大的錯誤。這要回到維特根斯坦還在劍橋的日子。有一次，劍橋的一位義大利經濟學家在和維特根斯坦討論哲學的時候，突然向他豎起中指，然後問道：「你說，這個手勢的邏輯結構是什麼？」維特根斯坦頓時無言以對。他後來回憶時說，那一刻他感覺自己像是一棵被砍光了枝條的樹。他突然意識到，他先前僅僅關注到語言的一個功能，那就是用來描述世界，但是忽略了並不是所有的語言都有明確的邏輯結構。語言其實還有另一個重要的功能，那就是「做事情」。在「逗你玩兒」的例子中，小偷恰恰利用語言「做事情」的功能，故意用「逗你玩兒」作為名字來誤導小孩和他的媽媽。

在《哲學研究》中，維特根斯坦提出了著名的「語言遊戲」（language game）概念。要理解一場遊戲，就必須要理解它的規則。例如，我們了解象棋中的馬是什麼，就是要明白它的規則和用法。語言也是如此。語言和語詞的意義取決於在一定語境中的用法和規則。西方語言中的「遊戲」意義比較寬泛，像打牌、下象棋、跳格子、躲貓貓等都是遊戲。語言不是一個統一的意義系統，正如遊戲一樣，它的形式也是極為多樣的。「語言的用法包括，演戲、唱歌、猜謎、開玩笑、講故事、翻譯、請求、感謝、謾罵、打招呼、祈禱等——並不都是命題，也沒有一致的本質。」維特根斯坦已經看到了先前設想的「理想語言」的局限，並在《哲學研究》中向日常語言的研究過渡。因為他明白，語言的言說乃是某種行動的一部分，或者某種生活形式的一部分，「言語即行為」。

維特根斯坦還提出，語言的用法「沒有一致的本質」，這又要怎麼理解呢？對此，維特根斯坦提出了「家族相似」概念。如果我們仔細觀察一大家子，就會發現他們一定有一些相似的特徵，例如他們都有鷹鉤鼻，或者有線條輪廓相似的下巴，但是我們很難說，這一大家子的人共有某種特徵。維特根斯坦試圖用這個比喻表明，在語言極為廣泛的用途中會有許多的相似之處，否則我們不能將它們都歸結為「語言」。但是我們不能認為所有語言本質上都擁有同樣的規則、功能和意義。由此，維特根斯坦才提出了這樣一種反對本質主義的看法。

大家現在知道我們每天都在說的話，在哲學家眼中是多麼複雜了吧。你以後還會「好好」說話嗎？

延伸閱讀

1.〔奧〕維特根斯坦：《邏輯哲學論叢》，韓林合譯，臺北：五南，2021年。

2.〔奧〕維特根斯坦：《哲學研究》，陳嘉映譯，臺北：五南，2020年。

3.〔美〕諾爾曼・馬爾康姆（Norman Adrian Malcolm）：《回憶維特根斯坦》，李步樓、賀紹甲譯，北京：商務印書館，1984年。

4.〔英〕瑞・蒙克（Ray Monk）：《維特根斯坦傳》，王宇光譯，杭州：浙江大學出版社，2011年。

5.〔英〕羅傑・M・懷特：維根斯坦與《邏輯哲學論》，張曉川譯，臺北：五南，2020年。

6. Christopher Sykes, A Wonderful Life, Christopher Sykes Productions, Documentary, 1989.

— 16 —

湯瑪斯・孔恩《科學革命的結構》

科學為何也會發生革命？

—— 閱讀挑戰 ——

K U H N

在革命之後，科學家們所面對的是一個不同的世界。

——湯瑪斯・孔恩《科學革命的結構》

引言

水星是太陽系八大行星中距離太陽最近的行星，它的公轉速度最快，軌道也最扁。一八五九年，法國天文學家勒威耶發現了一個奇怪的現象，叫做「水星近日點進動」——水星的近日點並不是固定的，而是在不斷移動。但是，天文學家通過望遠鏡觀察到的水星近日點進動，要比根據牛頓力學算得的理論值每世紀快38角秒。當時的科學家認為，小到微粒、大到星體，它們的運動規律都能依靠牛頓力學解釋，因此勒威耶認為牛頓是不會錯的，於是他猜想一定存在一個比水星更近的行星，是它引起了水星軌道的變化。勒威耶還把這個看不到的行星命名為「火神星」。全世界的天文學家都瞪大了眼睛，觀察了很多年，但都沒有發現這個傳說中的星球。

一九一六年，愛因斯坦發表了著名的廣義相對論。按照他的理論，太陽因為品質很大，所以附近的空間會發生彎曲，因此水星實際上是在一個略帶彎曲的空間中運動的。按照相對論的預測，水星近日點要比根據牛頓力學算得的理論值每世紀快43角秒，這個計算和實際觀察的結果十分接近。一九一九年年底，英國皇家學會宣布，在巴西北部和非洲西部沿海的普林西比島進行考查的幾隊英國天文學家觀察到，五月二十九日的日食表明，光線接近太陽時的彎度和愛因斯坦預測的完全一樣。從此，愛因斯坦的相對論戰勝牛頓力學，登上了科學的舞臺。

牛頓力學是科學，愛因斯坦的相對論也是科學。在很多人心目中，科學就代表了真理，而這段歷史提出了一個難題：難道人們堅信了幾個世紀的牛頓力學是錯的？科學史難道也是一部成王敗寇的歷史嗎？二十世紀哲學家湯瑪斯．孔恩的《科學革命的結構》就能夠很好地說明科學史上的這種「王朝更替」。他認為，科學的發展史並不是堆積知識的倉庫，單純「量」的堆積並不能必然促成科學的飛躍。科學的進步需要積累，更需要「階段性的革命」。

I・湯瑪斯・孔恩：從理科男到科學哲學家

孔恩（Kuhn）出生在美國俄亥俄州辛辛那提。他最開始是一個正經八百的「理科男」，從十七歲起進入哈佛大學學習物理學後，又順利獲得了物理學碩士和博士學位。但是在一個偶然的契機下，孔恩開始「由理轉文」。

他在哈佛大學攻讀博士期間，教授給了他一項任務，要他講授十七世紀力學起源的問題。為了完成這個任務，孔恩開始學習科學史，後來又研究了亞里斯多德和中世紀的物理學。對於一個二十世紀的物理學者來說，他們接受的是牛頓和愛因斯坦的理論，而亞里斯多德的物理學更接近於玄想或者巫術這類「前科學」的假說，幾乎稱不上是科學。但是，在閱讀了亞里斯多德的著作之後，孔恩突然覺得，亞里斯多德說得很有道理。他意識到，亞里斯多德的那些概念，例如運動、品質等，和牛頓的基本概念截然不同。但亞里斯多德的物理學並不是「壞的」物理學，而是與牛頓不同的物理學。人們以往認為，科學是一個不斷積累的過程。但是，孔恩卻認為這種看法不對，科學史中出現更多的是「斷裂」。亞里斯多德的力學體系與牛頓的體系之間關係是如此，牛頓體系與愛因斯坦體系的關係亦是如此。於是，他開始投身於科學哲學和科學史的研究。

孔恩從事的研究是哲學的一個重要分支——科學哲學。生活中很多人言必稱科學，常把「你這個說法很科學」「這很不科學」掛在嘴邊。那麼到底什麼是科學呢？我們還會遇到這樣的人，他們宣稱自己的研究解決了人類有史以來所有重要的問題。那麼我們又如何能夠知道，他們的研究是有價值的，有方法論保障的呢？科學哲學就是要解決這些問題：

究竟什麼才是科學？科學的基本標準是什麼？換句話說，究竟是什麼，使得科學成為了科學？科學與非科學，例如科學與宗教、哲學、藝術的差異，究竟在什麼地方？為什麼你會認為科學比其他東西（例如算命、星象）更可靠？

Ⅱ・科學中也會發生「革命」

一九六二年，孔恩的《科學革命的結構》（*The Structure of Scientific Revolution*）由芝加哥大學出版社首次出版。全書只有十萬字，卻成為有史以來引用率最高的著作之一。孔恩在《科學革命的結構》中批判性地吸收了歸納主義和證偽主義的思想。他認為，科學在人類歷史中的發展並不是線性的，而是經歷了「階段革命」，即一種理論結構對另一種理論結構的徹底替代。簡單來說，孔恩認為科學經歷了幾個階段：前科學—常態科學—危機—革命—新的常態科學，然後再次經歷新的危機，有如歷史上王朝更替一般循環往復。

孔恩提出，「科學共同體」要有一套被所有人都接受的信念，他把科學共同體一開始共同遵守的規範和信念，叫做「範式」（paradigm）。當科學家們在這套範式裡做出共同的預設，用共同的方式一起從事的研究，就是「常態科學」（normal science）。能不能為研究提供一個「範式」，是科學區別於前科學的標誌。換句話說，取得一種範式，是一門科學領域發展成熟的標誌，例如牛頓的力學、馬克士威的電磁學，都曾經提供過這樣的範式。相比之下，非科學，例如巫術、星象，就不能提供一套範式。孔恩認為，沒有範式也就沒有科學，「科學家不能一面拒斥範式，一面仍然是科學家」。一旦有了一套範式，這門學科便可以進行「跑馬圈地」的活動，例如，建立系科、創建刊物、爭取科研經費、開設課程、建立學會等等。這個時候大家一致認為，不必再為這個科學的一些基本概念和規範辯護了。

按照孔恩的範式論，科學史上可以區分出兩個不同的階段：一個階段是常態的或者普通的科學；另一個階段是革命的科學。如果說一個領域裡所有人都認為，某種形而上學和研究方法是合適的、不必懷疑的，那麼這個領域的人們從事的就是常態的科學。他們所要做的就是按照已經確定的範式繼續研究下去。正如在牛頓體系建立之後，白努利和歐拉等人建立起流體力學，拉格朗日發展了分析力學等等。一般來說，在常態階段，科學發展會比較順利，用孔恩自己的話來說，就是「把自然界塞進範式的盒子」。

在革命階段，人們開始對該領域內的範式產生懷疑，甚至要提出挑戰。「一種範式通過革命向另一種範式的過渡，就是成熟科學通常的發展模式。」先前提到的對水星近日點偏移的研究，就可以說是愛因斯坦相對論範式擊敗牛頓力學範式的一場關鍵戰役。但是孔恩的一個核心觀點是，從一個老的範式到一個新的範式，兩者之間的轉換、過渡不能用傳統的理性主義來加以說明。那麼我們該如何解釋出現在常態科學中的革命呢？

Ⅲ・「科學革命」起於反常

按照孔恩的理論，任何一個範式裡面都會出現一些難題，孔恩稱之為「反常」（anomaly）。出現反常，並不一定意味著需要拋棄或者否定整個範式，但是如若一個範式無法解決的問題太多，人們對這一範式的信心也就會開始動搖。孔恩認為這種信任危機一旦產生，就會導致三種結果。第一種結果是，常規科學最終能夠解決危機，然後一起回歸常態；第二種結果是，問題無法解決，科學界只好把問題記錄下來，擱置在一邊，等待日後解決；第三種結果是，新範式和老範式並存，它們相互競爭，進入所謂的「範式戰爭」。例如，在拉瓦錫之前，人們提出「燃素說」來解釋燃燒的原理。後來拉瓦節用氧化來說明燃燒，根本就不需要借助對「燃素」的假設；在牛頓力學出現之前，人們認為力的作用只有通過接觸才能發生，但是牛頓的萬有引力定律告訴我們，物體和物體並不需要直接接觸，也能相互之間產生引力。

簡言之，科學革命就是通過「範式轉移」（paradigm shift）而得以實現。孔恩把這種範式轉移叫做「格式塔轉換」。按照孔恩的說法，新範式並不是逐漸出現，而是「一下子突現出來的，有時是在午夜，在一個深深陷入危機的人頭腦中」。也正因為它的出現會顯得有些離經叛道，所以堅持著原先範式的科學家們往往會以「正統」自詡，抗拒新範式的出現。沒有一定的膽量、勇氣和執著的探索精神，後人是很難打破舊有的框架的。有人會把孔恩放入後現代的思想陣營裡面去，因為孔恩對「科學是線性發展的，是持續和累積的」這樣的觀點持深深的懷疑態度。相反，在孔恩眼中，科學的進展是不連續的、不可通約的，也不是統一的。

愛因斯坦曾經把科學家分為三種類型：痴迷型、表現型和蜜蜂型。痴迷型的科學家，把科學當作自己的信仰，他們有狂熱的獻身精神；表現型的科學家，好像是在參加一場運動會，他們從事科學研究，是為了證明自己的聰明才智，科學研究對他們來說是一場高級的智力遊戲；而蜜蜂型的科學家覺得，科學不過是一種職業，一種謀生手段，他們只是在勤勤懇懇地埋頭苦幹。按照孔恩的理論，在常態科學中，大部分科學家可能都是蜜蜂型的，但是在革命階段，痴迷型和表現型的科學家就更可能大放異彩。

無論你是否贊成孔恩的觀點，他的一些術語，例如範式轉移，已經成為被廣泛使用的概念。仔細想來，有時科學歷史上真正引人入勝，甚至是激動人心的時刻，就是科學家們驚呼「啊，我想到了」的時刻。

延伸閱讀

1.〔美〕湯瑪斯．孔恩：《科學革命的結構【50週年紀念修訂版】》，程樹德、傅大為、王道還譯，臺北：遠流出版，2021年。

2.〔英〕薩米爾．奥卡沙（Samir Okasha）：《科學哲學》，韓廣忠譯，南京：譯林出版社，2013年。

3.〔德〕萊興巴哈（Hans Reichenbach）：《科學的哲學之興起》，吳定遠譯，臺北：水牛。

4.〔美〕托馬斯．庫恩：《結構之後的路》（*The Road Since Structure*），邱慧譯，北京：北京大學出版社，2012年。

編註：托馬斯．庫恩即為湯瑪斯．孔恩。

— 17 —

約翰・塞爾〈心靈、大腦與程式〉

人工智慧為何無法取代人？

—— 閱讀挑戰 ——

JOHN SEARLE

我並不認為我們是生活在精神的和物理的兩個世界之中，更不認為我們是生活在三個世界——精神的、物理的和文化的世界——之中。我相信我們是生活在一個世界之中，而且，我打算對這一個世界的諸多組成部分中某些部分之間的關係進行描述。

——塞爾《心靈、語言和社會》

引言

二〇一六年，人工智慧程式AlphaGo以絕對優勢戰勝了韓國圍棋九段李世乭。很多人驚呼，人類在智力上的高峰被人工智慧超越了。我們日常生活中越來越多的活動其實都和人工智慧有關，例如手機上的語音指令、導航軟體等等。那麼人工智慧對人類而言是禍是福？

有不少人擔心，雖然人工智慧的能力有限，只能在特定領域中按照人設定的程式完成一些工作，但是終有一天會出現所謂的「強人工智慧」，甚至會出現像神一般絕對輾壓人類的超級智能。於是，史蒂芬・霍金、伊隆・馬斯克和比爾・蓋茲都提醒大眾，要警惕超級智慧出現的那個時刻——奇點。但是反對的觀點認為，雖然可以想像未來的對話程式會越來越「聰明」，但它們真的具有智慧，甚至和我們人類一樣擁有心靈和意識嗎？人工智慧真的會像在電影《魔鬼終結者》和《機械公敵》中那樣，反奴為主，反過來控制人類嗎？倘若那時真的到來，我們還能有效地區分人和人工智慧嗎？

對於這個問題最有發言權的當然是人工智慧領域的從業者，但是哲學家也進行過思考。美國哲學家約翰・塞爾就堅定地站在反方。他認為，人工智慧再聰明也不可能獲得意識，或者說心靈。

I・模仿遊戲和圖靈測試

十七世紀的法國哲學家笛卡爾認為，語言是人類特有的能力，任何機械裝置都無法對人提出的問題做出恰當的回答。然而近四個世紀後，當人們拿著自己的手機，通過語音指令和它互動的時候，似乎對笛卡爾的這個看法就沒有那麼確定了。這一切的進展都要歸功於英國數學家，被譽為「人工智慧之父」的艾倫．圖靈（Alan Turing）。

圖靈曾經給「智慧」設置了一個重要的檢測標準，那就是著名「圖靈測試」。圖靈發明這一測試，也是為了回答這樣一個問題：機器能夠思維嗎？一九五〇年，在一篇名為〈計算機器與智慧〉的論文中，圖靈提出了這樣一個思想實驗：一個男人、一個女人和一個提問者共同做一個遊戲。提問者待在一間房間裡，和男人、女人分隔開來。提問者在遊戲中的任務是，要確定另外兩個人，哪一個是男人，哪一個是女人。為了不讓提問者通過對方的聲音進行判斷，他們之間的對話是透過電傳設備來進行的。圖靈讓我們設想，如果我們在這個遊戲中用一臺機器，也就是我們現在所說的電腦，來代替男人或女人中的一個，那麼提問者不僅無法區分對方的性別，甚至連對方是人還是機器都分不清，這是否就意味著這個機器以假亂真了呢？然而圖靈同時也意識到，要讓機器完全代替一個人說話，似乎要求過高了。

一九五二年，圖靈在接受ＢＢＣ訪談的時候，降低了標準：如果超過30％的人類裁判，誤以為在和自己說話的是人而非電腦，那就算作測試成功。從此之後，很多從事軟體發展的人，都想突破圖靈測試。

二〇一四年六月七日，一款叫做「尤金．古斯特曼」（Eugene Goostman）的聊天程式據稱已經通過了圖靈測試。那麼它是否已經具有和人一樣的智能了呢？

Ⅱ．中文屋思想實驗

一九八〇年，美國哲學家約翰．塞爾（John Searle）發表了一篇論文。塞爾是美國加州大學柏克萊分校的哲學教授，研究專長是語言哲學。他在牛津大學求學時，曾師從哲學家約翰．奧斯丁。塞爾這篇論文的題目是〈心靈、大腦與程式〉。在這篇論文裡，他提出了一個著名的思想實驗——「中文屋論證」（Chinese room argument），對人工智慧提出了一個有趣的質疑。

塞爾在文章一開始就區分了兩種人工智慧。第一種人工智慧稱為「弱ＡＩ」。弱ＡＩ可以在心靈研究中為我們提供一個強有力的工具。例如，它能夠使我們以更嚴格、更精確的方式對一些假設進行系統的闡述和檢驗。第二種人工智慧稱為「強ＡＩ」。持「強ＡＩ」立場的學者就主張，經過恰當程式設計的電腦其實就是一個心靈，可以被認為具有理解和其他認知能力。這種觀點在當時美國的人工智慧研究者中占據主流。塞爾的中文屋論證，其實就是要反駁強ＡＩ的觀點。

塞爾假設他自己被鎖在一間房間裡，房間中有一些中文文本，而塞爾本人其實對中文一竅不通。對他來說，中文文字就是一些非常有趣的線條。他接著假設，房間外面的人又給了他第二批中文文本，以及一些用英文寫的規則。這些規則可以讓塞爾把第一批中文文本和第二批中文文本聯繫起來。簡單來說，這就是一些中英、英中詞典及其使用方法。

接著外面的人又給了他第三批中文的符號和英文規則，使得他把第三批中文和前兩批聯繫起來。大家可以發現，塞爾能夠理解的僅僅是用英文寫的指令，縱使他能夠根據規則將這些文字排列成一段通暢的文字，他依舊不懂這些文字是什麼意思。例如，塞爾可以根據規則，在「恭喜發財」的文字下搭配「紅包拿來」，但他並不能明白這些字代表了什麼意思，以及為什麼要這樣搭配。但是房間外面的人可能會誤以為裡面的人懂得中文，所以才能給出恰當的回答。

塞爾想要通過中文屋論證來說明，就算一臺安裝了恰當程式的計算機能夠按照一定的指令和程式來恰當地完成一些工作，我們依然不能說這臺電腦理解了一門語言，換言之，不能說電腦擁有了心靈或者意識。塞爾的這篇論文發表之後，引起了廣泛的討論。有學者把這篇論文稱為「二十五年以來對認知科學和人工智慧影響最大的論文」，當然在讚美聲中也不乏激烈的反駁。

Ⅲ・對塞爾中文屋論證的反駁

柏克萊分校的「系統的回答」對塞爾的中文屋論證做出了一個強有力的反駁。該反駁指出：被鎖在房間裡的塞爾的確不懂中文。但是，塞爾和這個房間，還有房間裡的工具書，一起構成了一個系統，塞爾這個人只不過是這個系統的一部分。雖然塞爾不懂中文，但整個系統「明白了」或者說「理解了」中文。所以最終給出恰當回答的並不是塞爾，而是這個系統。

此外，人工智慧哲學的研究者博登在另一篇論文〈跳出中文屋〉中反駁說，塞爾認為大腦的因果能力和神經蛋白的特性有關，而金屬和矽則不具有這樣的特性。塞爾這樣做依然是在把大腦的思考還原到大腦的生物化學特性上。所以，博登指出，塞爾在這裡犯了一個範疇錯誤：大腦應當是智慧的因果基礎，而不是因果的承擔者。也就是說，如果人類能夠研究清楚思維中因果機制運作的原理，那麼我們即使是用金屬，也能創造出一個與人腦擁有同樣機能的大腦。

可以說，塞爾的中文屋論證在人工智慧領域引起了很大的爭議，有許多人並不買塞爾的帳。在突破了圖靈測試之後，他們想挑戰更高的標準。

Ⅳ・意向性難題

在人工智慧領域中，更高的標準意味著什麼呢？塞爾曾經提出，到目前為止，只有人才具有意向性，而這個意向性（intentionality）就是更高的標準。什麼是「意向性」呢？每當我們說出一個詞的時候，我們的意識總是指向一個物件的，而當一臺機器發出一個聲音，甚至能模仿人說出「月亮」二字時，它並沒有指向「月亮」這個物件。再比如說，我們在電腦的作業系統上修改一份檔案的名字，雖然內容不曾改變，但是電腦就會認為這是兩份不同的檔案。而人類由於具有意向性，所以可以判斷一個物件的同一性。意向性是歐洲中世紀經院哲學提出的一個概念，指意識所具有的某種指向性，或者說是相關性，它也是意識和心靈的根本特徵。

這種意向性一定要以生物的特性為基礎嗎？一臺在數錢的點鈔機和一個在數錢的人又有什麼差異呢？美國哲學家丹尼爾・丹尼特認為，點鈔機不能進行真正的計算，它們只會轉動齒輪。但是點鈔機實際上也不能真的轉動齒輪，它們只是在遵守物理規律。不過這個說法也同樣適用於人類：或許人類並不能進行真正的計算，而只能操縱心理符號；然而人類實際上並不能真的操縱心理符號，只是能啟動各種各樣的神經元而已；更殘酷的事實是人類並沒有能力自行啟動神經元，只能遵循物理學定律來啟動神經元。丹尼特的這種立場完全不同於塞爾，是一種典型的自然主義。在他的理論中，人類的意識、智慧和心靈很大程度上可能和機器沒有本質的差異。

不管人類的意識與機器有多大差異，人工智慧都已經和我們的生活息息相關了。在機器翻譯、自動駕駛、人臉識別、股市的高頻交易等領域，都有人工智慧技術的應用。我們期待人工智慧技術的發展能帶來一個更美好的未來，而它的發展速度卻已經超出了我們在倫理與法律領域對它的審查和限制。例如，二〇一六年一月，在中國河北發生了全球第一例特斯拉Model S自動駕駛導致的死亡事件。Model S的自動駕駛軟體沒有能讓車及時避讓前方的一輛工程車。問題是，誰要為此負責呢？迄今為止還沒有法律對此做出詳細的規定。所以法院雖然已經開庭審理了案件，卻遲遲不能宣判。我們還可以設想一個類似「電車難題」那樣的場景：一輛由人工智慧操控的汽車行駛在公路上，此時突然出現了五個小孩子。如果按照當時的車速已經不可能制動停車，而車內又正坐著一個媽媽和她剛出生的寶寶，自動駕駛軟體應當首先考慮保護車內的人，還是車外的人呢？

所以說，圍繞人工智慧的討論絕對不僅僅是一個技術問題，它還涉及人類生活的方方面面，甚至可以說關乎整個人類的未來。這就需要技術專家、科學家乃至社會科學家、法學家一同參與討論。當然哲學家也不能缺席。

延伸閱讀

1.〔美〕約翰·塞爾：〈心靈、大腦與程式〉（*Minds, Brains, and Programs*），載於《人工智慧哲學》，上海：上海譯文出版社，2006年。

2.〔美〕約翰·塞爾：《心、腦與科學》（*Minds, Brains and Science*），楊音萊譯，上海：上海譯文出版社，2015年。

3.〔美〕約翰·塞爾：《心靈、語言和社會》（*Mind, Language and Society*），李步樓譯，上海：上海譯文出版社，2006年。

4. 徐英瑾：《心智、語言和機器》，北京：人民出版社，2013年。

— 18 —

丹尼爾·丹尼特《意識的解釋》

你的頭腦裡有一個「小劇場」嗎？

— 閱讀挑戰 —

DANIEL DENNETT

有些思想實驗的小故事設計得令人感到心有靈犀、拍案叫絕，無論辯護的是哪個論題，人們看過都會覺得「是，當然，一定是這樣！」我把這些思想實驗稱作「直覺泵」。我在第一次公開評論哲學家約翰·塞爾的思想實驗「中文屋」時發明了這個術語。

——丹尼爾·丹尼特《直覺泵和其他思考工具》

引言

動畫片裡經常能看到這種場景：主人公的頭腦中好像住著很多小人，他們分別負責一種情緒或者能力。一個勤奮的小人戰勝了一個懶惰的小人，於是主人公決定離開溫暖的被窩，老老實實去上學。也有可能是懶惰的小人最終戰勝了勤奮的小人，所以主人公決定按掉鬧鐘，再睡一會兒回籠覺，結果不幸上班遲到。你的大腦裡也曾有過這樣一個內心小劇場嗎？這樣的假想會有什麼問題嗎？

二十世紀美國哲學家丹尼爾·丹尼特就曾經反駁過這種形象而又充滿誤導的類比。他在《意識的解釋》一書中重新審視了人類的心靈和意識活動。他研究的領域是哲學中一個新興而前沿的方向——心靈哲學（philosophy of mind）。「心靈」一詞包含的內容很廣泛，例如我們的感受，每時每刻的所思所想，情緒體驗等，幾乎包含了人腦經歷的一切。當代的一些技術發展需要心靈哲學來處理一些棘手的問題。例如，虛擬實境技術對人來說意味著什麼？人工智慧是否也能獲得類似人的心靈？這些問題依靠單純的技術是無法被徹底解決的，所以需要心靈哲學的參與。

I・你腦子裡沒有一個小劇場

《意識的解釋》這本書出版於一九九一年，英語書名是*Consciousness Explained*，直譯過來就是意識問題都已經被解釋清楚了，可見丹尼爾・丹尼特（Daniel Dennett）的自負。《意識的解釋》這本書的寫作思路可以被概括為「先破後立」。首先，丹尼特反駁了或者說推翻了一種意識問題研究中的模式。他認為，以往的研究把人的大腦設想成這樣一套機制：大腦裡有一個中心思考區，類似於電腦的CPU，而人的知覺系統，例如眼睛、耳朵負責把外部的資訊輸入這個中心思考區，再由中心思考區把控制和指令提供給運動系統。除此之外，過去人們還相信，我們的各種記憶也儲存在這個中心思考區裡。丹尼特把這個中心思考區稱為「笛卡爾劇場」。因為在十七世紀的時候，笛卡爾曾經把這個中心設想為大腦中的松果腺。松果腺要處理來自外部的資訊，而且要進行一種充滿魔力的互動和轉換，使得物質和精神能夠發生關聯。雖然解剖學在不斷發展，人們逐漸認識到大腦不同部位承擔的不同功能，但是「大腦有一個中心」的設想始終存在，只有透過這個中心，人才能體驗到一個完整統一的，區別於外部世界的「我」。

丹尼特反對笛卡爾劇場的立場，認為它是導致很多誤解和問題的根源。現代的生理學和腦神經科學研究發現，人腦當中並沒有一個像CPU那樣的中央處理器。與此相對，丹尼特提出了自己的「多重草稿模型」。

丹尼特認為，各種各樣的知覺能夠在大腦中完成，靠的是平行的、多軌道的對感覺輸入的詮釋和細化過程。不論是視覺、嗅覺還是聽覺，都有一套獨立的機制，每一種感官都是一套獨立的神經活動而已。也就是說，在我們大腦中，資訊加工並不是以串聯的方式進行的，而是並聯、並行的。例如，你在看一部電影的時候，你的視覺和聽覺同時工作，共同加工資訊。不僅如此，視覺和聽覺還在相互競爭。例如，你在聽到一段電影臺詞時發現字幕打錯了，但是這並不會影響你看電影。這說明，在眼睛和耳朵的競爭當中耳朵勝出了。

丹尼特的「多重草稿模型」強調，大腦的資訊加工沒有一個中心，也沒有自我意識產生的時間，一切都是並行的、混亂的。在多重草稿模式當中，意識不斷流動，很多記憶都會被迅速覆蓋，隨之消失。

II・史達林模式和歐威爾模式

丹尼特為什麼要反對笛卡爾劇場呢？他的理由又是什麼？這可能還要從一個心理學的現象談起。這個現象的英文名叫做phi phenomenon，中文翻譯為「飛現象」，又叫做「似動現象」。所謂的似動現象，就是人以為在動，但實際並沒有動。這是德國心理學家馬克斯・韋特海默（Max Wertheimer）在一九一二年的一篇期刊文章中，所提出的知覺錯覺現象。舉個例子：如果有一個紅點和一個綠點在你的眼前，分開四度，然後，這兩個點交替閃爍。這兩個閃爍的點的位置並沒有發生任何變化，但你會感覺到，紅點在向綠點靠近，而且紅點在運動過程中居然變成了綠點。如果紅點和綠點的物理位置並沒有發生改變，那麼人為什麼好像看見了運動呢？那一定是因為人的大腦對外部的信號進行了加工。

丹尼特認為，按照笛卡爾劇場的解釋，存在兩種對外來信號進行加工的方式。他把它們分別命名為歐威爾模式——名稱來自反烏托邦小說《一九八四》的作者喬治·歐威爾——和史達林模式。歐威爾式的加工方式是指，大腦在意識已經形成之後修改了記憶，即大腦編造了一個中途改變顏色的過程。所以，每當你回憶起這個過程時，都會以為自己看到了一個紅點向綠點移動並且變成了綠點的過程，但這其實是一段被修改的記憶，而且這一修改的動作是發生在意識之後的。史達林式的加工方式則是指，大腦的編輯室發生了延遲。代表紅色的畫面A先到達，代表綠色的畫面B後到達，而在編輯室的監察員可以製造一些中間畫面。

他們把紅點變成綠點的畫面插到了A和B中間，然後再進入意識當中。

不過丹尼特認為，我們是無法區分歐威爾模式和史達林模式的。換句話說，笛卡爾劇場的根本問題在於，它無法對「前經驗」的內容和「後經驗」的內容區分。丹尼特提出的多重草稿模型則不用面對這樣的問題。

丹尼特舉過一個例子，來說明多重草稿模型的優勢。你一定有這樣的經驗：同時做完兩件事情後，卻完全不記得其中一件事情是怎麼完成的了。例如，你一邊走路一邊在和別人聊天。過了一段時間之後，你可能還記得和身邊的人說了什麼，卻完全不記得剛才是怎麼走過那段路的。按照笛卡爾劇場的解釋，走路的過程完全是在無意識中進行的。但按照多重草稿模型的解釋，人在走路的過程中一定是有意識的，只不過在同一個時間點上，我們的大腦當中有多個敘事草稿。很多意識流或者說敘事草稿，都被後來的意識覆蓋了。

Ⅲ・為何會出現「哲學家的殭屍」？

丹尼爾・丹尼特把自己的方法叫做「異現象學」（heterophenomenology）。傳統的哲學都是以第一人稱去研究一些內在體驗，例如一個人對時間的體驗，對音樂的感受等。也就是說，從「我」的視角來進行研究的，然後上升到第一人稱複數，也就是「我們」。與此對立的是激進科學主義的立場。這個立場認為，第一人稱是沒有意義的，要對它徹底取消或者還原。

丹尼爾・丹尼特之所以要提出異現象學，是因為要對上述這兩種方法進行批評，並為一種功能主義立場辯護。功能主義認為，心靈和意識本身沒有什麼神祕的地方，它們僅僅是我們生理活動的結果。丹尼特說：「一個系統是由有機分子組成，還是由矽構成，這在原則上沒有區別，只要它可以做同樣的事情。」「大腦可以說是一個機器，就像心臟、肺或腎是機器一樣，這些器官的所有功能都可以有一個最終是機械的解釋。」我們一般認為，在每一種行動背後都有一個有意識的心靈，否則就沒有為這個行為負責的實在的行動者。彷彿我們發現了一個內在的我，而不是在說我的大腦。但是丹尼特提出，我們要改變思路：以往的哲學家往往會問，我怎麼會聞到臭雞蛋的氣味？但是異現象學要問，為什麼一個人會說「我聞到了臭雞蛋的氣味」？為了回答這個問題，我們需要收集大量的資訊，例如這個人所處的環境，他的生理狀況，還有一系列的生化反應等。因為歸根究柢，意識只是一系列生理活動綜合而成的。丹尼特提出「異現象學」就是要徹底改變現象學，用第三人稱來研究人的意識問題。但是採用「第三人稱」的立場並不是研究的全部，最終還是要迂迴地獲得關於第一人稱的真相。

異現象學的方法無疑是富有創見的，但丹尼特意識到這種立場也會導致一個問題。他自己把這個問題叫做「哲學家的殭屍」。哲學家的殭屍和我們在影視作品裡見到的身體僵直、行動遲緩的殭屍可能有點不一樣。丹尼特假設有這樣一種存在物，它在各個方面表現得和我們一樣。它行動起來和我們一樣敏捷、靈活；看悲情電影的時候也會落淚；見到旭日東升也會興奮；吃霜淇淋時也會感到滿足和快樂。但是它沒有意識，或者說沒有心靈。

丹尼特提出這樣的假設，是為了提出一個更激進的看法。按照丹尼特的理論，我們人類所堅持的「我」，其實是一套在大腦這個硬體上運行的虛擬機器，而這套虛擬機器是在漫長的演化過程中產生出來的。反過來說，丹尼特認為，一個經過適當「程式設計」（用基於矽片組裝的電腦）的機器人就應該具有意識。如果這一說法成立，那麼創造一個擁有自我意識的機器人將成為可能。當然，很多人無法接受丹尼特的這個說法，提出了很多反駁，而丹尼特回應道：「不是你無法想像一個有意識的機器人，而是你無法想像一個機器人如何能有意識。」

延伸閱讀

1.〔美〕丹尼爾・丹尼特：《意識的解釋》（*Consciousness Explained*），蘇德超、李滌非、陳虎平譯，北京：北京理工大學出版社，2008年。

2.〔美〕丹尼爾・丹尼特：《直覺泵和其他思考工具》（*Intuition Pumps and Other Tools for Thinking*），馮文婧、傅金岳、徐韜譯，杭州：浙江教育出版社，2018年。

3.〔美〕丹尼爾・丹尼特：《意識的錯覺》（Dangerous Memes），TED演講，2002年。

4.〔美〕丹尼爾・丹尼特：《回應華理克》（Responding to Pastor Rick Warren），TED演講，2006年。

PART THREE

何為公平，何為幸福

我們理想中的幸福生活

— 19 —

柏拉圖《理想國》

你想生活在什麼樣的城邦中？

—— 閱讀挑戰 ——

P L A T O

他說哲學家中的最優秀者對於世人沒用，這話是對的；但同時也要對他說清楚，最優秀哲學家的無用，其責任並不在哲學本身，而在別人不使用哲學家。

——柏拉圖《理想國》

引言

如果可以自由選擇，你會選擇生活在哪一個時代的什麼地方呢？有人可能會說我想回到唐代的長安城，有人會說我想去南宋的臨安……其實，問這個問題並不是想讓大家穿越到歷史裡去，而是要問一個更為根本的問題：對任何一個地方和時代而言，最根本的是人與人的關係——誰來統治？一個人說了算，還是一群人說了算？有沒有壓迫和奴役？大家會追求財富還是榮譽？願意和平還是到處征戰？這在政治哲學中叫做「政制」。我們不僅要能夠空想，還要能夠在現實中持續，做到符合人性、長治久安。

西方哲學史上對這個問題最著名的思考，莫過於古希臘哲學家柏拉圖的《理想國》了。他想為自己的祖國——希臘城邦雅典提供一個理想的政制藍圖。

I・在《理想國》中讓蘇格拉底活下去

二十世紀英國哲學家懷特海（Alfred North Whitehead）曾說：「西方哲學只不過是柏拉圖哲學的一系列注腳而已。」可以說，在西方歷史上還沒有一個哲學家享有這樣高的評價。但這樣的評價也可以說是中肯的，因為在柏拉圖（Plato）的各篇對話錄中，西方哲學的各種問題，例如本體論、認識論、政治哲學、道德哲學等均已被提出，後世的哲學家們不過都是在用自己的方式來回答那些問題而已。柏拉圖最著名的一篇對話錄就是《理想國》（The Republic，亦被譯作《王制》《國家篇》），大致寫於西元前三八〇年，主要敘述理想城邦的形態和組織方式，其中涵蓋了許多哲學、政治、外交、教育的根本問題。

那麼柏拉圖為什麼要創作《理想國》呢？柏拉圖對政制的思考首先出於他對雅典盛極而衰的命運的深切憂思。柏拉圖出生時恰逢伯羅奔尼撒戰爭時期。這場戰爭在以雅典領導的提洛同盟與以斯巴達為首的伯羅奔尼撒聯盟之間展開，從西元前四三一年起，持續了近三十年，可以說是當時的「世界大戰」。最終，斯巴達戰勝雅典，雅典也因此由盛轉衰。

緊接著出現的「三十僭主」制度又給了雅典致命一擊。僭主實際上就是聽命於斯巴達的傀儡政權，而持續了八個月的僭主統治澈底葬送了雅典民主，取而代之的豪權政治使人民大量流離逃亡。

另一項引起柏拉圖對政制思考的事件便是恩師蘇格拉底之死。公元前三九九年，蘇格拉底接受雅典城邦的審判，最終被判處死刑，柏拉圖見證了這個過程。這個事件可以說是雅典由盛轉衰的一個縮影：城邦不再大度和寬容，而要刻意尋找一個「內部的敵人」。這些事件累積在一起，使得柏拉圖對當時的雅典政治澈底絕望，於是他開始外出遊學十餘年，足跡遍布義大利半島、西西里、埃及、昔蘭尼加等地，最終於西元前三八七年返回雅典，開辦學園，寫成了《理想國》一書。柏拉圖在《理想國》中嘗試通過蘇格拉底之口說出自己的想法，或者說他嘗試在書中構建出一個不會讓哲人犧牲的理想城邦，讓蘇格拉底繼續活在其中。

Ⅱ・為什麼應該讓哲學家統治？

雖說《理想國》的重頭戲是蘇格拉底（對話的主人公）用語言建構一個正義的城邦，但他並沒有在一開始就進入對城邦的討論。相反，書中的蘇格拉底與他的夥伴們最初談論的是個人的正義，然後又談論了人的靈魂問題。

柏拉圖為什麼要先談論靈魂呢？他借蘇格拉底之口表示，人的靈魂與城邦的內部結構之間存在某種對應。人的靈魂由理性、激情（意氣，主要指人憤怒的情緒）和欲望三部分組成，這些部分如果發揮的作用恰當，那就會產生人類的三種德性（arete）：智慧，即用理性統攝激情和欲望；勇敢，即在擁有激情的同時不會陷入魯莽；節制，即在滿足欲望的同時點到為止。

在柏拉圖的理想城邦裡有三個階層：統治者、輔助者和生產者，他們分別對應上述三種美德。統治者需要用理性來治理城邦，軍人、武士等輔助者要足夠勇敢才能護衛城邦，而生產者需要來滿足人的基本欲望。這樣的安排是十分巧妙的。仔細想想，如果讓激情主導城邦，那麼這個城邦必然好戰，結果只能是生靈塗炭；而如果一個城邦被欲望所掌控會怎樣呢？

那就會成為「豬的城邦」（只有飲食男女等一些人的基本欲望，而沒有法律和政府）和「發燒的城邦」（存在不必要的欲望，驕奢淫逸的城邦）。

在這裡要明確的是，柏拉圖並不具備「人生而平等」的信念。恰恰相反，通過化用詩人赫西俄德的詩作《工作與時日》，柏拉圖按照天賦秉性將人劃分為金種、銀種、銅種、鐵種四個類別。不同種的人在城邦中應該從事適合自己的職業，這叫做「一人一事，各從其性」。在柏拉圖看來，這就是城邦的正義。

明確了理想城邦的形態後，柏拉圖反觀現實，對當時整個希臘世界考察，並概括出五種基本政制。第一種是賢人政制，即所謂貴族政制，是所有政制中最理想的一種；第二種是榮譽政制，由勇猛的武士擔任統治者，當時的斯巴達和克里特就是這樣，但同時因為缺乏理性、激情過度而非常好戰；第三種是寡頭政制，由少數富人進行統治，他們信奉金錢至上而輕視美德，導致城邦的放縱；第四種是所謂的民主政制或庶民政治，同我們今日理解的民主不同，雅典式的民主只是「成年男性公民輪流當家做主」的直接民主制度，其可能的惡果便是「多數人的暴政」，蘇格拉底之死就是最直接的體現；最後一種是蘇格拉底認為最差的政治制度——僭主制。「僭主」是不具備合法性的政權篡奪者。

希臘的僭主都用一些謙遜的稱號，如「終身執政官」「全權將軍」等，實際上卻施行專制統治。這五種政制之間存在著承上啟下的聯繫，每一種政治制度之下皆有其「善」的依據，但對這一依據過分追求的結果便是制度與城邦的崩潰，進而蛻變為下一階段的制度。

那麼在理想國中，誰應當來行使統治權呢？在柏拉圖看來無疑是「哲人王」（philosopher-king）。柏拉圖在《理想國》第四七三節中寫道：「除非哲學家作為國王統治城邦，或者那些我們稱之為王或統治者的人真正充分地學習哲學，直到政治權力與哲學相互聯合，城邦將不能脫離罪惡，我們所描述的城邦也不可能實現……在任何城邦也不會有幸福，無論是公共幸福還是個人幸福。」哲人王具有一些基本的品質：好學、強於記憶、勇敢、大度，可這些都不是讓哲人為王的充分條件。哲人之所以能夠且必須成為城邦的統治者，是因為他們是唯一看得見理念（idea）世界的人。

柏拉圖哲學中最具特色的就是「理念論」（又稱「理型」或「理式」）。柏拉圖把世界一分為二：一個是由個別事物組成的、我們用肉眼可以看見的現象世界，他稱之為「可感世界」；一個是由理念組成的、不可被人感覺到但可被人知道的理念世界，他稱之為「可知世界」。他認為這兩個世界的關係是原本和摹本的關係，理念世界是原型或原本，現象世界是理念世界的影子或摹本。因為我們的感官所感知到的一切事物都是變動不定的，所以都不是最本初、最「真」的。真正實在的東西（存在）是不動不變的，而這種真實的存在就是絕對的、永恆不變的概念。這樣，在柏拉圖那裡就出現了真實世界（理念）與幻影世界（具體事物）之間的對立。

III・人為何要走出洞穴？

《理想國》第七卷中，柏拉圖借蘇格拉底之口提出了著名的「洞穴隱喻」。它原本是對理念論的一個闡釋，如今讀來卻別有一番風味。柏拉圖讓我們想像，在一個洞穴式的地下室裡住著一群「囚徒」。他們從小就住在這裡，因為頭頸和腿都被捆綁住，所以他們不能走動，也不能轉頭，終其一生只能看著面前的一堵石牆。在他們身後遠處高些的地方，有一堆燃燒的火，那是洞穴裡唯一的光源。在火光和這些囚徒之間有一條通道，通道可以通向洞穴外面。在火堆前面，有一群人舉著木偶舞動著。我們可以稱他們為「表演者」。木偶經由火光投射在石牆上的影子，就是囚徒們一輩子看到的所有東西了。然而，囚徒中有一個人掙脫了鐵鍊的束縛。他轉過身了！他看到了那些表演者和火堆，頓時明白，原來他從小到大看到的光影是這麼來的！這些光影是如此虛假！這個囚徒最終通過那條長長的過道，走出了那個洞穴。當他看見洞穴之外的世界，肯定會更為震撼。一開始，他一定會因為光線過強而睜不開眼睛。但逐漸適應之後，他會看清洞穴外的世界：藍天白雲樹木陽光……正所謂山外有山，天外有天，洞穴中的一切都顯得如此局限。

離開了洞穴的人，可能有兩種選擇——繼續留在洞穴外的世界，或者返回洞穴。但親眼看見理念世界，擺脫蒙昧的人怎麼會願意重新下降到昏暗的洞穴呢？可是對於哲人王而言，這幾乎是「義不容辭」的事情。因為，洞穴就是政治生活本身。哲人返回不僅是為了「洞穴整體的幸福」，更是出於一種無法推脫的責任感，因為「洞穴培養了你」。可是啟蒙大眾無疑是一項危險的工作，洞穴裡的人可能不僅不明白你說的一切，而且會殺死你，就像雅典人殺死了蘇格拉底。

洞穴隱喻作為一個「母題」其實已經滲入了生存思考之中。魯迅在《吶喊》中的「鐵屋子」就是對洞穴隱喻的改寫和一種回答。那種被先天給定，難以被意識到的局限性，就是洞穴。我們每個人都有一個洞穴：童年、家庭、教育、職業、種族－民族、集體記憶、家國情懷、語言……問題是，你能意識到你所處的洞穴嗎？以及你打算怎麼面對洞穴，遠走高飛，還是就此返回？

延伸閱讀

1.〔古希臘〕柏拉圖：《理想國》，葉海煙譯，臺北：五南，2018年。

2.〔美〕阿蘭．布魯姆（Allan Bloom）：《人應該如何生活》（*The Republic of Plato*），劉晨光譯，北京：華夏出版社，2009年。

3.〔古希臘〕柏拉圖：《會飲篇》，朱光潛譯，臺北：五南，2022年。

4.〔美〕戴維．羅比森（Dave Robinson）：《柏拉圖》，盧修斯譯，北京：生活．讀書．新知三聯書店，2018年。

5.〔美〕理查德．克勞特編：《柏拉圖：劍橋哲學研究指針》，北京：讀書．新知三聯書店，2006年。

— 20 —

亞里斯多德《尼各馬可倫理學》

什麼才是「幸福」生活？

—— 閱讀挑戰 ——

ARISTOTLE

既然幸福是靈魂的一種合於完滿德性的實現活動，我們就必須考察德性的本性。這樣我們就能更清楚地了解幸福的本性……我們所尋求的是人的善和人的幸福。人的善我們指的是靈魂的而不是身體的善。人的幸福我們指的是靈魂的一種活動。

——亞里斯多德《尼各馬可倫理學》

引言

前幾年電視臺的記者曾做過一個街頭採訪，問題是「你幸福嗎」。

受訪者的回答不一而足，但幾乎每個人都認為幸福是好的，是值得追求的。不過問題是，「幸福」到底意味著什麼呢？幸福是品嘗美食時那一瞬間的感受，還是賺到錢的那種滿足？幸福生活就是快樂瞬間的疊加嗎？

很多人感慨「明白很多道理，卻依然過不好這一生」。哲學家們不能替你去生活，但可以引導你去思考為什麼過不好這一生，以及什麼才是幸福。兩千多年前的古希臘哲學家亞里斯多德就在《尼各馬可倫理學》中論述了何謂幸福，以及如何尋找幸福。

I・如何過著好的生活？

亞里斯多德一共寫過三本倫理學著作，分別是《尼各馬可倫理學》、《歐臺謨倫理學》和《大倫理學》。其中影響最大的當數《尼各馬可倫理學》。相傳，亞里斯多德的兒子小尼各馬可將父親在呂克昂授課時的講稿整理編輯成冊，這本書便由此得名《尼各馬可倫理學》。書中涉及的主題非常多，包括了善、德性、公正、自制、友愛等，而對這諸多主題的探討圍繞的其實是亞氏實踐哲學的核心問題：人如何過一種好的生活？

在《尼各馬可倫理學》中，幸福這個詞是eudaimonia，英語翻譯為happiness。但是對哲學家來說，這兩個翻譯都沒能涵蓋它的全部含義，比如陳嘉映教授就建議翻譯為「良好生活」，我們姑且稱之為「好的生活」。亞里斯多德對「好的生活」有三個基本判斷。

第一個判斷就是，幸福只有在人的實踐活動中才能獲得。亞里斯多德把有生命的東西分為三類：植物、動物和人。植物所特有的活動就是營養和發育；動物所特有的活動就是感覺和運動。那麼人呢？《禮記》中有一句話：「飲食男女，人之大欲存焉。」在亞里斯多德看來，這種欲望和本性都是動物性的活動，並非人的特徵。人之所以高於前兩者，是因為人類靈魂中特有的邏各斯，也就是理性的活動與實踐。換句話說，人要實現自己的目的，不是聽憑一種自然的本能就可大功告成，而是要依靠理性能力，使自己具備「實踐智慧」（phronesis），在每一個具體的生活場景中都能明辨是非。

亞里斯多德的第二個判斷是，幸福並不是一種主觀感覺，也就是說，不是一種享樂。冬日裡一頓熱氣騰騰的火鍋，夏日裡一杯冰冰涼涼的啤酒，都能給人很大的滿足感，但是這些都只是「感受」而已。感受不僅會稍縱即逝，而且是相對的，不具備規範性，換句話說，很可能是不道德的。然而，幸福是不會被別人輕易拿走和剝奪的東西，它是以理性和道德為支撐的，關於生活本身的實踐，它充實了生活的內容。

亞里斯多德的第三個判斷是，區分內在的幸福和外在的幸福。亞里斯多德承認，外在的狀況會影響幸福的實現，例如貧窮、疾病等都會干擾幸福。但是，外部的境況並不等於幸福本身。健康、友誼、財富等自然都是好的，但人很容易在不遺餘力追求外在幸福的過程中，忽視內在的幸福。真正的幸福在於內在的完善，在於對自己品格、品性的鍾煉。

其實回過頭來想一想，如果我們不能完善自身的品性，那又如何能期望自己獲得可貴的友誼和其他美好的事物呢？

亞氏的倫理學在某種程度上而言也是追求知行合一的學問，他對自己、對道德的態度建立在對世界乃至宇宙的認識之上。他告訴我們，如果生活是值得過的，那麼它一定是作為目的本身的東西，而幸福就是人對這種良善生活的肯定和確證——我想如此這般而活。

我們現代人往往這樣看待幸福——幸福是一種結果或者目標，例如升官發財，還清房貸、看著兒女結婚生子等。但幸福能被設定為一種目標嗎？如果是這樣的話，被家長逼婚的青年男女們可就麻煩了！因為你們能否儘快結婚，直接影響到諸位高堂能否儘快實現「幸福目標」。亞里斯多德一定會反駁這種說法，因為他認為幸福肯定不是活動的結果，或者說，生活不是為了別的目的，就是為了生活本身。

Ⅱ・幸福與德性

亞里斯多德在《尼各馬可倫理學》中認為，有兩樣東西是緊密相關的：那就是幸福和德性（arete）。「德性」這個詞在希臘文中最初被用來指戰士的高貴行為，後來也被用來指那些卓越的公民在城邦生活中表現出來的美德或品質，並逐步用來指任何人甚至器物所具有的顯著優點。

關於德性培養的爭議，其實由來已久。在柏拉圖的對話集《普羅泰戈拉篇》中，壯年時期的蘇格拉底和當時聲名在外的智者普羅泰戈拉就「德性是否可教」這一問題進行了辯論。普羅泰戈拉認為美德是可以被教授的，因為美德不是天生的（physis），而是來自人們的習俗和約定（nomos）。每一個孩童在成長的過程中都會被教導什麼是正義的、什麼是卑劣的，而判斷標準就來源於人們約定俗成的道德和法律。這看起來非常符合常理，蘇格拉底卻看出了這一理論的致命弱點：德性來自約定。這意味著德性是人為的，是相對的，是沒有絕對標準的，這非常符合普羅泰戈拉的名言「人是萬物的尺度」。但如果某個城邦民風剽悍，民眾崇尚野蠻，難道這種德性也能被稱作「美德」嗎？蘇格拉底堅決認為，美德應該有共同的、客觀的、絕對的價值標準，而這種標準出自人的理智本性。美德可教並不是因為它來自人們的習慣或者約定，而是因為它是一種有整體性的、有普遍根據的知識。

亞里斯多德發展了對德性的討論。他認為，德性被分為道德德性和理智德性兩種。其中，理智德性是屬於思維的道德品質，是可以透過學習獲得的，而道德德性只能通過習慣來養成。換句話說，沒有單獨存在的抽象德性，德性只生成於有德的活動中。正如亞里斯多德舉的例子，我們透過造房子來成為建築師，通過彈奏豎琴來成為豎琴手。同樣，我們通過做公正的事情才能成為公正的人，通過做勇敢的事情才能成為勇敢的人。此外，德性還意味著做選擇，不僅是選擇「做什麼」，更要選擇「如何做」，畢竟倫理實踐不僅關乎目的，也關乎方法。

亞里斯多德的這種談論倫理的方法，後來被稱為德性論。德性論、義務論、後果論構成了西方倫理學的三大流派。

Ⅲ・「中道」

道德德性很容易被理解，理智德性卻讓人很困惑。這種關於思維的品德具體指什麼？這裡就涉及亞里斯多德的「中道」觀念。想要保持美德，在亞里斯多德看來，就要追求中道（亦被翻譯為中庸）。中道是什麼意思呢？亞里斯多德有句名言：「不及和過度同樣會毀滅德性。」比如「勇敢」這一美德就是介於兩個極端——恐懼和魯莽之間的品德。勇敢並不是天不怕地不怕、無所畏懼、無所敬畏的，否則就是魯莽了。當然，人也不能什麼都怕，比如戰士們在戰爭中就必須要有視死如歸的勇氣，否則就會變得怯懦。以此類推，亞里斯多德列出了一個德性表，例如：禁欲和縱欲是兩個極端，節制就是中道；自卑和自傲作為兩個極端，自重就是中道。但需要特別注意的是，「適度對每個人而言是不一樣的」。依舊以「勇敢」為例：當遇上持槍搶劫犯時，如果你是一個手無寸鐵的老百姓，卻胡亂逞英雄，那就是莽撞了；而如果你是一個裝備齊全的巡警，卻躲在角落不敢出手，那就是膽怯了。

《論語》當中有一個成語叫做過猶不及，說的和這個意思也十分接近。其實，儒家的倫理和eudaimonia十分相似。儒家非常強調仁、恕、禮、修身——這些都是美德的表達。中文裡還有個成語叫文質彬彬，形容人文雅。它的出處在《論語．雍也》：「質勝文則野；文勝質則史。文質彬彬，然後君子。」楊伯峻先生將這句話翻譯為：「樸實多於文采，就未免粗野；文采多於樸實，又未免虛浮。文采和樸實，配合適當，這才是個君子。」所以這裡「彬彬」這兩個字形容配合適當。這個原意，是非常接近亞里斯多德的「中道」的。

IV．沉思與實踐

如果問亞里斯多德，最大的幸福是什麼，他會如何回答？

亞里斯多德認為存在三種生活：享樂的、政治的和沉思的。享樂的生活只追求肉體的快樂，因而是動物式的；政治的生活追求榮譽和德性，但也不完善；只有人特有的活動才能對應幸福，也就是人的靈魂中邏各斯部分的實現活動。因此，在《尼各馬可倫理學》第十卷中，亞里斯多德坦言，思辨是最高貴的活動，是最完滿的幸福：「愛智和思辨的生活提供的享受具有令人驚訝的純潔性和持續性。」

理論思考並不是為了別的什麼，而是為了它自身——沉思之中包含了自足。這大概就是他為什麼放棄了當亞歷山大大帝的老師，而開設呂克昂學園的原因吧。這也足以看出一位哲學家的本質——愛智慧。

延伸閱讀

1.〔古希臘〕亞里斯多德：《尼各馬可倫理學》，廖申白譯，臺北：五南，2021年。

2.〔美〕理查德．克勞特（Richard Kraut）：布萊克維爾《尼各馬可倫理學》指南（*The Blackwell Guide to Aristotle's Nicomachean Ethics*），劉瑋、陳瑋譯，北京：北京大學出版社，2014年。

— 21 —

馬基維利《君主論》

為什麼領導要做「真小人」？

—— 閱讀挑戰 ——

MACHIAVELLI

群氓（註：the mob，出自法國心理學家勒龐的《烏合之眾》）總是被外表和食物的結果所吸引，而這個世界裡盡是群氓。當多數人能夠站得住腳的時候，少數人是沒有活動餘地的。

——馬基維利《君主論》

引 言

如果我問你，要做好人還是壞人。大部分人可能會回答，想要做一個好人。然而，如果你生活在一個人心險惡的國家，周圍都是豺狼一般的鄰居，而更不幸的是你還是這個國家的君主——國內有貪婪的人民對你的統治不滿，國外有不少狡詐的敵人想要你的領土……我再問你同樣的問題，你會怎樣回答呢？在這裡，個人的道德和統治者的權術之間，出現了一道巨大的裂隙。做一個統治者能不能講道德呢？還是一切以江山社稷為重，該作惡的時候必須要作惡？

在政治哲學傳統中，權力、正義、合法性一直以來都是討論的核心。但如果有人明目張膽地撇開權力的合法性而只強調拳頭的力量，你是不是會覺得很驚訝，甚至是反感？文藝復興時代的義大利，就出現了這樣一位哲學家馬基維利，他寫了一本小書《君主論》，主張君主就要拋棄道德，做真小人，而不要做偽君子。馬基維利因此被視為西方的「厚黑學」鼻祖。他的名字甚至演變成了一個形容詞，意指不擇手段地使用陰謀詭計。

同時，他又被家鄉人民視為偉人，葬入佛羅倫斯的聖十字教堂。文藝復興時期的英國哲學家培根曾說：「馬基維利寫出了人本來的樣子，而不是應該的樣子。」那麼在他筆下，人是什麼樣子的，他又為何要「教人作惡」呢？

I・為何要寫一本「惡棍手冊」？

《君主論》大概寫於一五一三年到一五一四年之間。馬基維利（Machiavelli）在書的開頭就明確指出，這本書就是寫給統治者看的。這自然也包括了佛羅倫斯的統治者麥地奇家族，而《君主論》的題詞便是獻給羅倫佐二世的。

一四九四年，法國查理八世入侵義大利，麥地奇家族對佛羅倫斯的統治被推翻，佛羅倫斯共和國成立。馬基維利的政治生涯也是在這一年開始的。一四九八年，馬基維利出任佛羅倫斯共和國第二祕書廳的祕書長，兼任共和國執政委員會祕書，負責外交和國防。由於經常出使各國，會見許多執掌政權的人物，馬基維利很快就成為佛羅倫斯首席執政官的心腹。但是好景不長，一五一一年，教皇儒略二世的軍隊攻陷佛羅倫斯，馬基維利效力的政權被推翻，麥地奇家族在闊別十八年後重新控制佛羅倫斯，馬基維利的政治生涯也就此終結。一五一三年二月，他被懷疑參與反對麥地奇家族的陰謀而被逮捕，遭到刑訊逼供。一個月後，經過多方營救，他才得以出獄，從此隱居鄉間。不過馬基維利並不甘心就此隱沒於鄉野，他希望透過《君主論》獲得麥地奇家族的賞識，重回佛羅倫斯。

然而《君主論》的讀者不僅限於麥地奇家族，它既是寫給君主的，也是寫給有從政抱負的青年的。其實，馬基維利自己就是這樣的青年。一般人送給君主的無非是奇珍異寶，而馬基維利想把自己的知識送給君主，他希望自己的經驗和才能，能夠為佛羅倫斯所用。他在《君主論》中討論的問題都關乎治國之術：君主國是什麼？它有什麼種類？怎樣獲得？怎樣維持？又為什麼會喪失？後世對《君主論》的評價如他的作者一樣也是兩極分化。有人說它主要討論的是「治國術」(stateship)，而有人說是一本「惡棍手冊」。德國史學家梅尼克曾說，自有《君主論》問世以來，西方的政治學便挨了致命的一刀，其創口或許是永難癒合的。

II・勿忘人心本惡

要描繪高地的人，需要來到平原；要考察平原的人，需要登上高山。同理，「深深認識人民的性質的人應該是君主，而深深認識君主的性質的人應屬於人民」。馬基維利首先就要讓君主看清人的本質。馬基維利對人性的描述非常毒辣。在《君主論》第十七章中，馬基維利如此描寫道：「一般來說，人都善於忘恩負義，容易變心的，是偽善者、冒牌貨，是逃避危難、追逐利益的……避險則唯恐不及，逐利則不甘人後。」不過，與其說這是他秉持「人心本惡」的觀念，倒不如說這是出於對君主統治的考慮。在另一本著作《論李維》中，馬基維利寫道：「駕馭共和國並制定法律者，必須把人人設想為惡棍，他們會不失時機地利用自己靈魂中的惡念。」因人性是惡劣的，所以也決定了君主應當如何行事。他說：「某些狀似德性的東西，如果君主身體力行，那就成了他的劫數；某些狀似邪惡的品質，如果君主身體力行，反而會帶來安全和安寧。」馬基維利的這些話，標誌著一個從歐洲中世紀到近代的巨大轉折。中世紀的歐洲基本上被教會所壟斷，人們的世界觀、倫理道德、基本價值都被宗教所控制。在這種環境裡，人們基本上接受了基督教的人性論，人對自己本性的關照不可能不牽涉與上帝的關係。但是，馬基維利在談論人的時候，完全沒有使用神學和宗教的敘述方式，而是基於他對人的觀察和人類的歷史經驗。

與此同時，道德和政治也徹底分離了。馬基維利認為，政治行動，尤其是君主的決定不應當受到道德的制約，而應當首先考慮國家的利益和統治本身。他在《君主論》第十五章裡說：「一個人如果在一切事情上想發誓以善良自持，那麼，他側身於許多不善良的人當中定會遭到毀滅。」馬基維利還說，如果君主不能贏得人們的愛戴，也要避免人們的憎恨，因為「當人民對君主心悅誠服的時候，君主對於那些陰謀無須憂心忡忡，但是如果人民對他抱有敵意，懷著怨恨的話，他對任何一件事，對任何一個人就必然提心吊膽」。歸根究柢，在馬基維利看來，強力和由此施加在人們心中的畏懼感是維持政權穩定的關鍵。

III・同時效法狐狸和獅子

中世紀有不少偽君子，馬基維利則毫不諱言：君主可以做「真小人」。他把政治學當作一門實踐學科，將政治與倫理區分開，把國家看作純粹的權力組織，而不去討論權力合法性的問題。在《君主論》第十八章中馬基維利就說，君主應當同時效法狐狸和獅子。獅子不能防止自己落入陷阱，而狐狸不能抵禦豺狼。因此，君主必須是一隻狐狸，以認出陷阱；同時他又必須是一頭獅子，以震懾豺狼。兩者相輔相成，缺一不可。

這就是馬基維利的經典論調：君主「必須做一個偉大的偽裝者和假好人」。一個君主為了國家穩定，不得不背信棄義、不講人情、違背人道，甚至不惜違反神道；但與此同時君主要「顯得」清廉正直、慈悲為懷、合乎人道、虔敬神明。君主是否真的有這些德性不重要，重要的是，在臣民們眼中他是擁有美德的。最為關鍵的是，君主要知道應變，相機而動，而不能堅持單一的價值和標準，畢竟君主有一個至高無上的目標——維持自己的統治和國家的穩定。這些說法後來都被解讀為：只要目的正確，可以不擇手段。

在馬基維利心目中，有一個符合他對理想君主的設想的人選。那就是教皇亞歷山大六世的私生子切薩雷·波吉亞。教皇亞歷山大六世可能是天主教歷史上最為腐敗的教宗。他不僅透過一系列的行賄和暗殺登上了教宗寶座，並在坐穩「寶座」之後，還把自己的兒子和親信安排在教會和世俗的各種重要位置上，權傾一時。切薩雷·波吉亞十八歲的時候就因為父親而成為了紅衣主教。他用刺殺、下毒等手段為他的父親掃清障礙，由此成就了他「毒藥公爵」的名聲。有傳言稱，他甚至下毒殺死了自己的兄弟喬瓦尼·波吉亞，奪得了教皇軍隊的統帥位置。一四九九年到一五〇三年，切薩雷·波吉亞達到了權力的巔峰，他的名字在義大利讓人聞風喪膽。

馬基維利在《君主論》第七章中對這位「毒藥公爵」毫不吝嗇地誇獎：「當我回顧公爵的一切行動之後，我認為他不但沒有可以非難之處……因為他具有至大至剛的勇氣和崇高的目的，他只能採取這種行動，捨此別無他途……」「所以，如果一個人認為，為了確保他的新的王國領土安全，免遭敵人侵害，有必要爭取朋友，依靠武力或者訛詐制勝，使人民對自己又愛戴又畏懼，使軍隊既服從又尊敬自己，把那些能夠或者勢必加害自己的人們消滅掉，採用新的辦法把舊制度加以革新，既有嚴峻的一面，又能使人感恩，要寬宏大量且慷慨好施，要摧毀不忠誠的軍隊，創建新的軍隊，要同各國國王和君主們保持友好，使他們不得不殷勤地幫助自己，或者誠惶誠恐不敢得罪自己，那麼，他再找不到比公爵這個人的行動更生動活潑的範例了。」

英國著名思想家以賽亞．伯林（Isaiah Berlin）曾在《反潮流》（Against the Current）中專門撰寫了〈馬基維利的原創性〉一文。他在文中評價馬基維利說道，馬基維利對古典時代美德的讚揚，和他對中世紀基督教生活觀的鄙視，會給後來人一種啟示——「有可能存在著不止一種價值體系，這些體系沒有可以使人從中做出合理選擇的共同標準」「他實事求是地認識到，各種目標同樣終極，同樣神聖」。那麼多種價值體系究竟對我們意味著什麼呢？馬基維利的學說究竟是一種進步，還是一種退步呢？如果你是一個企業的管理者，會學習馬基維利嗎？

延伸閱讀

1.〔義〕尼科洛．馬基維利：《君主論》，閻克文譯，臺北：五南，2021年。

2.〔英〕克里斯托弗．希伯特（Christopher Hibbert）：《美第奇家族的興衰》，馮璇譯，北京：社會科學文獻出版社，2017年。

3.〔日〕鹽野七生：《文藝復興的故事 02：我的朋友馬基雅維利——佛洛倫薩的興亡》，田建華、田建國譯，北京：中信出版社，2016年。

4.〔義〕馬基雅維利：《佛羅倫薩史》，王永忠譯，吉林：吉林出版集團，2011年。

5.《麥地奇家族》第一至第三季，Netflix，2016—2019年。

編註：馬基雅維利即為馬基維利。佛洛倫薩即佛羅倫斯。

— 22 —

達爾文《物種起源》

「適者生存」究竟是什麼意思？

— 閱讀挑戰 —

D A R W I N

我過去曾接受而現在許多博物學家仍在堅持的觀點——即每一物種都是分別創造出來的觀點，是錯誤的。我堅信，物種是可變的……自然選擇是形成新物種最重要的途徑，雖然不是唯一的途徑。

——達爾文《物種起源》

引言

二〇二〇年，新冠肺炎席捲全球，對我們的生活造成了極大的衝擊。面對疫情，各國政府和人民採取的措施截然不同。有些國家提出了所謂的「群體免疫」治療法，也就是讓人群中大部分人感染並自然地獲得免疫力，以此來對抗疫情。此言論一出，受到多方激烈地批評，有人認為它是一種社會達爾文主義，也有反對意見認為這就是「適者生存」。對這一防疫政策的評價是否中肯暫且按下不表，其中體現出的對一些基本概念的誤解卻很值得解釋一二。到底什麼才是達爾文所說的「適者生存」呢？社會達爾文主義又是什麼呢？兩者究竟有怎樣的關聯呢？在這樣的處境下，非常有必要來重新審視一下這些似乎耳熟能詳的思想。

有人可能會問，為什麼要在介紹哲學家的書中安排一位生物學家呢？因為達爾文和他的進化論從根本上改變了人們對世界和自身的看法。它對人們思維的衝擊力與影響力，絕對不亞於哥白尼革命。那麼，進化論是怎麼體現在哲學思想和社會理論中的呢？它帶來了怎樣的啟示，或者也可以問，它帶來了怎樣的麻煩？

I．小獵犬號航行與《物種起源》

一八三一年，年僅二十二歲的達爾文（Darwin）有機會搭乘英國皇家海軍的小獵犬號，開始了一段歷時五年的環球航行和考察。在達爾文的環球之旅中，最為重要的一段旅程要數一八三五年在太平洋上的加拉巴哥群島的所見所聞。達爾文發現，在這些群島上生活著十三、四種類似的雀鳥。他們的體型非常相似，喙的大小和形狀卻很不一樣。有一些鳥喙長一些，適宜於沙土裡挖蟲子；有些短一些，而且更為彎曲和堅硬，適合砸開植物的種子。達爾文推斷，最初南美大陸上的一些雀被大風吹到了加拉巴哥群島的各個小島上，根據島上不同的食物來源，各小島上的雀鳥慢慢地演化出不同的喙部，以適應各自的環境。反過來說，如果一種鳥類的喙部不適應環境，牠就會因為沒有足夠的食物而餓死，也無法將自己的基因傳遞下去。這就是自然選擇。

回到英國後，達爾文整理了自己收集來的標本和筆記，經過了幾年的深思熟慮後，於一八五九年十一月二十四日出版了跨時代的著作《物種起源》（*On the Origin of Species*）。原書名很長：《通過自然選擇或保留生存競爭中的有利種族造成的物種起源》，後來簡稱《物種起源》。

II．「進化」概念

《物種起源》要回答的核心問題是，一個物種是如何會變成另一個或多個物種的？你可能會回答：這還不簡單，不就是進化論嘛。然而，進化論在翻譯上就有一些小問題。進化論中，「進化」這個詞的英文原文是evolution，本身並不包含「進步」的意思。因此，有人建議把evolution翻譯為「演化」更為合適。事實上，早在一八九八年，學者嚴復就翻譯並出版了赫胥黎《進化論與倫理學》的一部分，也就是《天演論》，「物競天擇、適者生存」及「優勝劣汰」就成為了家喻戶曉的進化論基本原理。這麼看來，赫胥黎的思想要比達爾文更早一些進入中國。需要澄清的是，達爾文所說的演化只是對小範圍環境的局部適應，而且這些微小的變化，都是在幾百萬年的時間尺度上來談的。

達爾文認為，雖然同一個物種中的個體都非常相似，但是每個生物個體都是獨特的。例如，絕大部分人都有一雙眼睛，一對耳朵，兩隻手和兩條腿，但是每個人有特定的身高、體重、髮膚顏色都不盡相同。那麼，為什麼會有這些個體差異呢？這就和遺傳有關了。遺傳包含兩個基本要素：重組和變異，而且很關鍵的一點是，它們都是隨機的，這也是「自然選擇」發揮作用的前提條件。達爾文認為，每一個生物個體都要接受自然選擇。自然選擇的過程包含了很多變數，例如捕獵者、食物來源、棲息地環境，還有氣候等。每一個個體都在接受這些因素的考驗，而每一個個體因為隨機的基因重組或變異而擁有的獨一無二的特徵，在面對這些考驗的時候就會產生或好或壞的影響。帶有不利特徵的個體就被自然所淘汰，帶有有利特徵的個體就能將自己的基因傳遞給下一代。

例如，在全球變暖的過程中，如果一種生物身上的毛髮過於濃密，可能就無法適應日漸炎熱的環境。「自然選擇」的本質其實就是自然淘汰，或者自然篩選。

Ⅲ．不再需要上帝創世

在達爾文寫作《物種起源》之前，除了基督教的上帝創世論，並沒有哪種學說能更好地解釋物種的起源和演化。按照《聖經．舊約．創世記》的說法，上帝在第三日至第五日創造了各種動植物，而且在和「創造」相關的話語中，反覆出現了幾個非常相似且重要的短語——中文翻譯為「各按其類」。也就是說，上帝一次性創造出地球上的各個物種後，萬事萬物就由此固定下來。還有教會的神學家提出，上帝創造世界是在大約六千年之前。但是，這種創造論的看法，受到了越來越多化石和博物學證據的質疑。

達爾文在看到了加拉巴哥群島的動植物之後，發現他們和美洲大陸上的動植物十分接近，然而島上的環境和大陸的差異極大，按照創造論的看法，造物主應該把各個物種放在最為適應的環境中才對。於是他在自己的筆記中，記錄了這樣一個想法：那些鳥最開始的時候是同一個物種，只不過後來發生了變異。人們後來在達爾文的航行日記中也發現了他對當時宗教的質疑：「一個人如果沒有宗教信仰，可能會感嘆：這裡肯定工作著兩種不同的創造者，但是要工作的物件是同一個，在每一場合下，他們的目標完全達到了。」

雖然達爾文的思想轉變也不是那麼順利——他本人在《物種起源》一書中還經常為創造論辯護，但是進化論的思想從根本上擊碎了創造論在生物界中構築的基石。因為在自然界中，所有的生物和他們的器官都是在漫長的演化過程中產生的，所以並不需要預設一個智慧的設計或創造者。自然本身的進程就可以解釋自然的成果，而不需要依賴一個外在的意志。

我們每一個個體都是三十五億年生物進化的結果，每一個物種都只是生命樹上的一根樹枝而已。所以說，如果你祖上不能給你留下萬貫家財，至少也是三十五億年進化的贏家。對於我們的生物祖先還是要心懷感恩的。

Ⅳ・史賓塞和社會達爾文主義

達爾文的《物種起源》出版後受到了教會的激烈批評。當時，達爾文的好友赫胥黎不遺餘力地為進化論辯護。赫胥黎是個博物學教授，算是達爾文的同行。他的經歷也和達爾文非常相似，他曾經在軍艦上從事過博物學研究。赫胥黎在第一次讀了《物種起源》之後，給予了高度評價：「您的思想給那些渴望自由的人帶來光明。」一八六〇年六月，英國科學促進會在牛津舉行了一場會議。當時，一名叫威伯福斯的主教向赫胥黎提出了一個很尖銳的問題：「赫胥黎教授，請您回答一下是您的祖父，還是祖母來自猿猴呢？」赫胥黎非常冷靜地回擊：「因為自己的祖先是猿猴就感到羞恥是不應該的，真正感到羞恥的是這種人——他心浮氣躁又巧舌如簧，在自己應該出現的活動範圍裡取得一些成績還不夠，還偏要對自己不擅長的科學領域橫加干預。」赫胥黎後來被稱為「達爾文的鬥犬」，但事實上，他更像達爾文理論的代理人。在短短十年時間內，進化論不僅被學術界接受，而且成為了家喻戶曉的理論。

達爾文本人對進化論是十分謹慎的，而英國哲學家赫伯特・史賓塞（Herbert Spencer）卻建議把進化論思想運用到各個領域。「社會達爾文主義」就是進化論思想進軍社會領域的產物。需要注意的是，社會達爾文主義的出現早於達爾文《物種起源》的問世。斯賓塞在達爾文之前就在一八五五年出版的《心理學原理》這本書裡，提出過類似「適者生存」概念。

史賓塞認為，可以將社會整體同其成員的關係比作生物個體與其細胞的關係，甚至物理世界和自然世界的規律也可以直接應用到人類事務上。由此，社會達爾文主義提供了一套社會模型，根據自然界「食物鏈」的邏輯，提出「弱肉強食，物競天擇，適者生存」的觀點，並以此解釋社會現象。實際上，社會達爾文主義突出的不是自然選擇，而是人類種內的生存競爭。

當時，在歐洲流行一種種族主義，認為民族也有優劣之分。所以，社會達爾文主義便被政治團體或者意識形態用來為殖民主義服務，宣揚和鼓吹一些民族對另一些民族的統治和壓迫。此後，在社會達爾文主義的基礎上，還出現了很多「優生學」理論。但是到了二十世紀，這些理論被納粹德國用來系統地對先天殘疾人和精神病患者進行「非自願的安樂死」。這就是納粹德國歷史上臭名昭著的T４行動。二十世紀三〇年代，美國各州也頒出類似法令，對精神病人進行強制絕育。可以說，這些做法從根本上混淆了作為科學理論的進化論和作為意識形態的社會達爾文主義。

生物界的弱肉強食本身是一個自然的基本事實，而在人類社會中的「弱肉強食」則變成了一種規範性的主張。將實然與應然混淆起來，始終是值得懷疑的。我們也要保持警惕，防止所謂的科學理論成為某種反人類政策的幫凶。其實，按照現代分子人類學的研究，現在地球上的人類（也就是智人，homo sapiens）都起源於非洲。也就是說，所有人都有共同的祖先，而且人與人之間的基因差異可以說是微乎其微的。嘗試用人的生物特性，來論證所謂的種族優劣或者弱肉強食的正當性，都是無效的。達爾文絕不該被視為一個生物決定論者。

延伸閱讀

1.〔英〕查爾斯·達爾文：《物種起源》，臺灣商務，1999年。

2.〔荷〕布斯克斯（Chris Buskes）：《進化思維》（*Evolutionair Denken*），徐紀貴譯，成都：四川人民出版社，2010年。

3.〔俄〕阿·德·涅克拉索夫：《達爾文傳》，夢迪譯，北京：新世界出版社，2012年。

4.《達爾文的奮鬥：物種進化》（*Darwin's Struggle-the Evolution of the Origin of Species*），BBC，紀錄片，2009年。

5.《達爾文所不知道的》（*What Darwin Didn't Know*），BBC，紀錄片，2009年。

6.《達爾文和生命之樹》（*Charles Darwin and the Tree of Life*），BBC，紀錄片，2009年。

— 23 —

霍布斯《利維坦》

人為何需要國家？

— 閱讀挑戰 —

THOMAS HOBBES

在沒有一個共同權力使大家懾服的時候，人們便處在所謂的戰爭狀態之下。這種戰爭是每一個人對每一個人的戰爭。
——霍布斯《利維坦》

引　言

「國家」對很多人而言是一個感受不到，事實上卻又無處不在的實體。一個現代人從出生辦理出生證開始，再到接種各類疫苗，辦理入學手續，登記結婚，工作後繳納五險一金……一直到死亡，這其中的每一個事件和過程都離不開國家的作用。可是古代人就沒有那麼依賴國家。一個古代農夫只要自己不偷懶，好好種地就可以養活自己，對他來說，國家甚至意味著要付出更多的稅或地租，那麼他為什麼需要國家呢？所以有些哲學家就在思考：人們究竟為什麼需要國家？如果沒有國家，人們的生活會有什麼不同嗎？我們會生活得更加幸福還是痛苦不堪呢？

英國人湯瑪斯．霍布斯就是這樣一位哲學家，他的《利維坦》提供了一種對國家起源的契約論解釋，影響了後世所有人對國家的理解。

I・《利維坦》

湯瑪斯・霍布斯（Thomas Hobbes）生於一五八八年，死於一六七九年，一直活到九十一歲。他可能是我們所知道的在西方哲學史上壽命最長的哲學家了。他的著作《利維坦》全名也很長，叫做《利維坦，或教會國家和市民國家的實質、形式、權力》。「利維坦」（Leviathan）的字義為裂縫，在《聖經》中是象徵邪惡而擁有無窮力量的海怪，它通常被描述為鯨魚、海豚或鱷魚的形狀。

《利維坦》寫於英國內戰時期。一六四九年一月三十日，英國國王查理一世被送上了斷頭臺，由他引發的兩次內戰導致約八萬五千人戰死沙場，約十萬人死於戰爭所引發的各種疾病。戰爭對祖國的撕裂和創傷讓霍布斯深受打擊，而《利維坦》這部西方政治哲學歷史上的經典著作，就是霍布斯「戰爭綜合症」的產物。該書的核心任務是要論述人類社會的基礎和政府的合法性來源，這也是霍布斯對這一社會現實更為深切的反思。

《利維坦》全書分為四部分，分別為「論人類」「論國家」「論基督教體系的國家」和「論黑暗的王國」。在第一部分中，霍布斯提出了他的基本哲學主張，採取了唯物論的立場，認為宇宙是由物質微粒組成的；第二部分，也是最為後世哲學家們看重的部分，霍布斯在這一部分中分析了人作為一種自然存在物的本性；第三部分著重論述了基督教國家，霍布斯否認教會具有超越世俗政權的權利，認為教會必須服從世俗政權；在第四部分中，霍布斯主要批評了羅馬天主教會，呼籲教會勢力撤出大學，讓大學擺脫教會的控制和影響。

Ⅱ・從狼與狼的狀態到建立契約

在《利維坦》第十三章裡，霍布斯討論了一個著名的概念——自然狀態（state of nature）。在論證建立國家的必要性之前，霍布斯追本溯源，探究起人類在沒有國家、沒有社會、沒有法律或者道德的狀態下所呈現的狀態。

自然狀態預設了一個基本前提，那就是人人生而平等，這一觀念可以說是象徵了現代政治哲學的起點。在這種自然狀態下，每個人都是獨立的個體，雖然表面上是平等的，但實際上如野獸一般，充滿了爭鬥，相互殘殺。霍布斯認為，在人類的天性中，競爭、猜疑、榮譽是造成爭鬥的三種主要原因。「在沒有一個共同權力使大家懾服的時候，人們便處在所謂的戰爭狀態之下，這種戰爭是每一個人對每一個人的戰爭（everyone against everyone）。」人會因為動物性的欲望，例如食欲、性欲，而恣意妄為，燒殺搶掠。在這種戰爭狀態中，產業和創造是無法存在的，因為生產成果極為不穩定，一旦一個人生產出什麼東西來，就有可能被搶走。所以，霍布斯說，在這種戰爭狀態下，藝術、文學、財富等都是不可能被保存的。更糟糕的是，「人們不斷處在暴力死亡的恐懼和危險中，人的生活孤獨、貧困、卑汙、殘忍而短壽」。

霍布斯指出，在這種戰爭狀態中，公道也不可能存在，每個人都會為了保障自己的生存權利和個人財產而爾虞我詐、不擇手段。所以，自然狀態下的人不得不考慮一個首要的問題：如何活下去。也恰恰是因為人們恐懼那種朝不保夕、惶惶不可終日的日子，嚮往舒適安定的生活，所以才會出現具有理智的人，提出一些解決方案，來達成和平狀態。霍布斯提出的那個解決方案後來被稱為社會契約（social contract）。

什麼是契約呢？霍布斯的意思並不是說我們真的用筆和紙來簽署一份白紙黑字的合同，這裡的「契約」更像是一種交易，人們出於對自我保存的考慮，自願讓渡部分權利給一個主權者（sovereign），同時接受主權者的保護並服從它。主權者就是一個絕對權威，一個利維坦，他並不只是一個人或組織，更多時候它是一個擁有公共權力（public power）的國家。

霍布斯的契約論解決了國家的必要性問題和法理起源問題。社會契約證明國家並不是一開始就有的，而是經過權利的讓渡而建立起來的。它的目的是讓所有人走出相互爭鬥的自然狀態，保障所有人的安全。經由社會契約建立起的國家將符合所有人的意願，國家也因此具備了合法性。

在《利維坦》原書的封面上有一張非常有意思的插圖。地平線上有一個巨人，他頭戴王冠，手持權杖，顯然是位一國之君。再仔細看，這位國王的身體竟是由一個一個人組成的！這張插圖很好地說明了霍布斯契約論的內涵：國家雖然像一個偉大的巨人或怪物（利維坦），但它實際上是由所有人民組成的，而且所有人民都是平等的。換個角度看，利維坦的生命其實起源於人們對於一個理想的公民政府的需求，即走出自然狀態，確保和平。

III．國家即「人造的神」

在《利維坦》的第十七章裡，霍布斯對國家下了一個定義：「我承認這個人或這個集體，並放棄我管理自己的權利，把它授予這個人或者這個集體，但條件是你也把自己的權利拿出來授予他，並以同樣的方式承認他的一切行為。這一點辦到之後，像這樣統一在一個人格之中的一群人，就稱為國家。」於是，偉大的利維坦就誕生了。

霍布斯把國家稱為「有朽的神」或者「人造的神」，也就是人類自己創造出來的上帝，而人自身又是這個神的組成部分。值得注意的是，霍布斯並沒有採用任何神學的論證來說明國家的起源。要知道，在此之前，基督教認為君主專制的合法性來源是君權神授。也就是說，所有的國王都由上帝直接委任，國王代替上帝來統治、管理一個國家的人民。人民服從國王的命令就是服從上帝的意志。霍布斯則根據理性人的假設，從自然狀態一步一步推導出國家的必要性。臣民之所以要服從國王，是因為國王就是國家權力的肉身化代表。國王的權力並不來自上帝，而是來自人民。

當然，利維坦本身也必須具有絕對的權力。如果沒有這樣的權力，利維坦就不能震懾每一個人，國家可能會解體，人民將重新進入自然狀態。在霍布斯看來，一個強有力的利維坦，或者說主權者，是醫治內戰的唯一藥方。只要主權者足夠強大，讓每一個人都屈服於它營造的恐懼感，讓每一個人都不敢輕易造次，經歷過戰爭重創的社會才能保持穩定。我們如今很難理解這種絕對主義思想，但是面對內戰的硝煙，霍布斯一心只求國家的統一與和平。

上圖：霍布斯《利維坦》原書封面，由亞伯拉罕．博斯（Abraham Bosse）於1651年繪製完成。

按照霍布斯的契約論，一個政治契約一旦成立，每個人都必須要遵守。如果有人違反了契約，那該怎麼辦？怎樣才能杜絕人們違反契約呢？霍布斯認為，這就需要一個公共權力的保障。這個公共權力有三方面的作用：第一，抵禦外敵，防止侵略；第二，維護國內社會的和平與安定；第三，保障人民的勞動成果，使得大家安居樂業。為了能真正發揮這三方面的作用，所有人都要把權力託付給主權者。在霍布斯的時代，主權者就是君主，哪怕英國人親手將自己的君主送上了斷頭臺，霍布斯依然認為君主的存在是有必要的。君主就是利維坦的人格化。

霍布斯將政治制度分為三種類型：君主制、貴族制和民主制。如果要在三種政體中比較，霍布斯認為君主制是最好的，因為君主制可以把國家利益和君主個人結合起來，形成一種一榮俱榮、一損俱損的格局。霍布斯當然考慮到，任何人都會有私欲，都希望為自己、家屬、親人謀求更多的利益，因此他也指出，只有把公私利益在君主身上緊密結合起來，公共利益才能最大化。如果一個國家的人民非常貧窮，那麼君主將同樣貧窮；如果一個國家的人民不能抵禦外敵，那麼君主也將失去他的榮耀和安全。霍布斯在書中賦予了主權者極大的權力，就是因為他將祖國內戰的原因歸咎於國家權力的分散——國王、上議院和下議院共同享有最高權力，如果權力集中在國王一個人身上就可以避免內戰的爆發。這一觀點和後來洛克與孟德斯鳩的分權學說恰好相反。霍布斯也承認，主權者可能是專制的，但是相比較而言，擁有一個專制但能保障人民安全的君主也要比深陷無政府的自然狀態要好得多。

既然國王的部分權力來自人民，那麼人民是否可以推翻國王呢？在霍布斯看來，答案顯然是否定的。他不無諷刺地說：「如果人們懂得自己進行統治，他們就不需要統一的強制力了。」霍布斯對民主政體的忌憚使得他認為利維坦的存在是絕對必要的，如果沒有利維坦，人與人之間將無法協作，正如下議院的草根議員們，只會吵吵嚷嚷卻無法達成共識。不過，在霍布斯看來，只有一種情況下，人民可以認為社會契約失效了，那就是當利維坦不再能夠保護民眾安全的時候。

大家是不是覺得霍布斯的利維坦過於強大了？倘若世界上真的存在一個利維坦，它將會走向何種結局呢？

延伸閱讀

1.〔英〕霍布斯：《利維坦》，莊方旗譯，臺北：五南，2021年。

2.〔英〕托馬斯・霍布斯：《貝希摩斯：英國內戰緣由史》（*Behemoth*），李石譯，北京：北京大學出版社，2019年。

3.〔美〕A.P.馬蒂尼奇（A. P. Martinich）：《霍布斯傳》，陳玉明譯，上海：上海人民出版社，2007年。

4.〔美〕昆廷・斯金納（Quentin Robert Duthie Skinner）：《霍布斯與共和主義自由》，管可穠譯，上海：上海三聯書店，2011年。

5.《英國史》（*A History of Britain*）第八至第九集，BBC，紀錄片，2000年。

編註：托馬斯・霍布斯即為湯瑪斯・霍布斯。

— 24 —

洛克《政府論》

政府的職責是什麼？

— 閱讀挑戰 —

JOHN LOCKE

從古至今，為患於人類，給人類帶來城市破壞、國家人口絕滅以及世界和平被破壞等絕大部分災禍的最大問題，不在於世界上有沒有權力存在，也不在於權力是從什麼地方來的，而是誰應當具有權力的問題。 ——洛克《政府論》

引言

這一章的內容要從一個問題開始，請大家做好準備，開始放飛自我吧！

Q：如果你是一個國王或者女王，你最想做的一件事情是什麼呢？

大家可以好好地狂想一分鐘。很多人可能立刻就會想入非非。例如，想要後宮佳麗三千；想要四處征戰，打下一片江山；想要做一個賢明的君主，建立一個良好的國家……

你想要做什麼其實並不重要，重要的是下一個問題——

Q：作為一個國王或者女王，如何做到你想做的那件事情呢？

做任何事情，當然需要人力、物力和財力，而這些都要從你國家裡的老百姓那裡來啊。

不過，這可能還不是最嚴重的問題，你的人民可能會問——

Q：你憑什麼可以當國王或者女王呢？

Q：老百姓為什麼需要一個國王呢？

老百姓沒有國王，照樣可以過日子；國王沒有老百姓，反而沒有飯可以吃了。不過，你作為國王，反正可以收稅、收稅再收稅。但是，你還是會面臨這樣一個問題——

Q：老百姓會心甘情願地繳稅給你嗎？

面對這些問題，你能不能給出一個能夠讓人民滿意的回答呢？總不能說，我長得帥，所以可以當國王。這個問題回答得不好，你的王國將很有可能被老百姓推翻。英國近代哲學家約翰．洛克就在他的《政府論》中，盡力圓滿地回答了這些問題。

I．洛克、《政府論》與光榮革命

約翰．洛克（John Locke，1632-1704）生活的時代似乎是個奇妙的結合。套用《雙城記》經典的開頭：那是一個極度崇尚理性的時代，也是一個充滿了變動和瘋狂的時代。一六八三年到一六八九年，由於被懷疑涉嫌一件刺殺查理二世國王的陰謀，洛克化名為范德林博士，在荷蘭度過了六年的流亡歲月。這也讓洛克終於有時間，擺脫俗事，開始撰寫自己的著作，其中就包括政治哲學名著《政府論》（*Two Treatises of Government*）。《政府論》出版於一六八九年，此時英國的光榮革命業已完成。在全書主體部分完成後創作的序言裡，洛克表明，自己的著作能夠為光榮革命提供法理上乃至哲學高度上的辯護。

光榮革命在西方近代史上具有非凡的地位和意義。大約從一六四二年英國國王查理一世發動第一次內戰開始，英國就陷入了國王和資產階級之間反反覆覆的衝突和鬥爭。當時在議會中形成了兩個派別：一方是代表資產階級和新貴族利益、反對國王的「輝格黨」，他們要求限制國王的權力；另一方是代表大地主利益、擁護國王的「托利黨」，他們主張君主專制。詹姆士二世於一六八五年上臺後，加強了對人民的奴役和迫害，因而在人民群眾中激起了新的反抗浪潮。於是，輝格黨與托利黨便攜手於一六八八年發動政變。他們把詹姆士二世的女婿威廉從荷蘭接來繼承王位，而詹姆士二世則流亡法國。這段歷史就是著名的「光榮革命」。

一六八九年，議會通過了《權利法案》，確保人民享有「真正的、古老的、不容置疑的權利」。這部著名的法案還規定君主未經議會同意不能停止任何法律效力、徵收賦稅、建立常備軍；人民應享有選舉議會議員的自由；議會享有辯論的自由等。光榮革命和《權利法案》最終奠定了英國的君主立憲制，促使英國形成了獨具特色的議會民主制度。

Ⅱ・反對君權神授

《政府論》可以說是兼顧了「破」與「立」兩方面，因而在結構上也分為上下兩篇。《政府論》的上篇要破除當時流行的「君權神授」觀念，具體來說，就是對羅伯特・菲爾默（Robert Filmer）所著的《父權制，或國王的自然權力》的直接反駁。菲爾默是典型的保皇派人物。他的兩個核心觀點帶有明顯的中世紀神學特色：第一個是君權神授，第二個是王位世襲。按照菲爾默的論證，上帝創造了第一個人類亞當，同時授予他統治世上萬物的權力，因此亞當不僅是第一個人類，更是第一個國王，而且亞當這種父權和王權代代相傳。照此推算，君主的血統都能追溯至亞當，所有君主的統治權都直接來自上帝。

洛克的主張與菲爾默的完全不同，他在《政府論》上篇中提出了四個觀點。第一，上帝並沒有給予亞當對人類、對他的兒女、對他自己的同類任何直接的權力，亞當也並沒有因為上帝的特許而成為統治者或「君主」；第二，即使亞當享有這種權力，他的繼承人也無權世襲這種權力；第三，即使亞當的繼承人可以世襲這種權力，但是由於沒有自然法，也沒有上帝的明文規定來確定在各種情況下誰是合法繼承人，因而也無從確定應該由誰來掌握統治權；第四，即使上帝有這樣一種明文規定，但是誰是亞當的直系後裔呢？換句話說，在人類各種族和世界上各家族之中，沒有人能比別人更有理由自稱是最直接的亞當後裔，從而享有世襲的權力。

因此，洛克在《政府論》下篇一開始就宣布：「現在世界上的統治者想要從以亞當的個人統轄權和父權的一切權力的根源這種說法中得到任何好處，或從中取得絲毫權威，就不可能了。」

Ⅲ・反對霍布斯：國家為個人而存在

洛克在《政府論》中除了反駁君權神授之外，還對霍布斯的國家理論提出反對意見。霍布斯認為，為了擺脫自然狀態，過上和平有序的生活，人們需要把權利讓渡給一個絕對主權者，也就是利維坦。但是這種權利的讓渡就像是一錘子買賣，因為這個利維坦是不容置疑的，人民要對他絕對服從。但是洛克就認為，國家或者說國王，也是契約的參與方。國家不是人民拱手給的，想要得到它還需要完成一定的使命：國家或者政府「都沒有別的目的，只是為了人民的和平、安全和公眾福利」，而「政治權力就是為了規定和保護財產而制定法律的權利」。

按照洛克的理論，人在自然狀態中就享有基本的權利，最主要的包括「生命、自由、健康和財產」，那麼人為什麼還要脫離這種如伊甸園一般美好的自然狀態呢？因為在自然狀態下，存在一些難以被消化的問題，比如說法律的缺失。

所謂的自然法僅僅是一種習俗，並沒有什麼強制力。雖然洛克認為每個人都有權利懲罰違反自然法的人，但是在自然狀態下，並沒有公認的權威來統一裁決或者處理糾紛，更沒有權威來執行自然法。就好比有人偷了一個你種出來的西瓜，而對方人高馬大，你不僅追不上他也打不過他，更談不上懲罰他了。那麼，自然法不是落空了嗎？洛克也意識到，在自然狀態中，人享有的那種權利很不穩定，會不斷受到別人的侵犯和威脅。所以，「人類結合成國家，把自己置於政治之下，其主要目的是保全他們的財產」，建立一個國家或者政府來保障人的生命、自由和財產就顯得很有必要。「最高權力若不經本人的同意，不得從任何人取走其財產的任何部分」，國家不能隨意拿走私人的財產，否則就是對個人自然權利的侵犯。一個政府如果試圖侵犯人民的財產，也就違背了最初人民對它的委託，人民就可以選擇推翻這樣一個政府，正如英國光榮革命那樣。

在洛克眼中，政府扮演著類似於保安的角色——負責維護一種穩定的環境，讓每個人的權利得到保障的同時給予充分的自由。如果你家的保安反客為主，讓你給他端茶倒水、捏肩捶腿，你不聽話就用手銬和警棍威脅你，那該怎麼辦？因此，如何限制政府權力，成了洛克考慮的頭等大事。如果國家濫用權力，洛克認為只能使用強力來對抗強力，「暴力只可用來反對不公不法的暴力」。總之，國家就是保障個人幸福的工具，國家為個人而存在，而不是個人為國家而存在。

Ⅳ・權力不能私有，財產不能公有

洛克還有一個有趣的理論：立法機關總是好的，而行政機關一般都是惡劣的。這裡他當然有所指。在英國歷史中，議會是立法機關，而國王就是行政機關的代表。洛克說：「如果同一批人同時擁有制定和執行法律的雙重權利，這就會給他們的人性之惡以絕大誘惑，促使他們動輒要攫取權力，藉以使他們免於服從自己所制定的法律和約束，並且在制定和執行法律時，必然使法律適合於他們自己的私人利益。」與孟德斯鳩的三權分立不同，洛克並未將司法權單獨劃分，而是比較明確地提出了二權分立，也就是行政和立法權的分立。在洛克的時代，英國的大法官隨時可能被國王免職，直到光榮革命以後，司法權才實現了獨立，英國國王澈底成為一個徒有其名的「虛君」了。

洛克對國家和財產的看法，可以用他自己的一句話來總結：「權力不能私有，財產不能公有，否則人類就會進入災難之門。」不過理念的提出和理念的落實是兩件事情。洛克提出的政治理念，最終是在美國實現的。美國的國父們在《獨立宣言》中寫道：「我們認為下面這些真理是不言而喻的：人人生而平等。造物者賦予他們若干不可剝奪的權利，其中包括生命權、自由權和追求幸福的權利。為了保障這些權利，人類才在他們之間建立政府，而政府之正當權力，是經被治理者的同意而產生的。當任何形式的政府對這些目標具破壞作用時，人民便有權利改變或廢除它，以建立一個新的政府。」所以，後來不少人認為，美國的建國歷程就是洛克政治哲學的一次大規模實驗。

延伸閱讀

1.〔英〕洛克：《政府論》，勞英富譯，臺北：五南，2021年。

2.〔英〕洛克：《教育片論》（*Some Thoughts Concerning Education*），熊春文譯，上海：上海三聯書店，2014年。

3.〔英〕洛克：《論宗教寬容》（*A Letter Concerning Toleration*），吳雲貴譯，北京：商務印書館，1982年。

4.〔美〕格瑞特·湯姆森（Gerrit Thomson）：《洛克》，袁銀傳、蔡紅豔譯，北京：中華書局，2014年。

— 25 —

邊沁《道德與立法原理導論》

為何要追求「最大多數人的最大幸福」？

—— 閱讀挑戰 ——

JEREMY BENTHAM

作惡之樂是鑒於痛苦而產生的快樂，是因為看到據想由下述生靈遭受的痛苦而欣然生樂：此等生靈可以成為施惡作孽的物件，亦即人和其他動物。此樂亦可稱為惡意之樂、恨欲之樂、厭惡之樂、邪惡或社會敵意之樂。

——邊沁《道德與立法原理導論》

引言

有一個叫做「電車難題」（Trolley Problem）的著名思想實驗：一輛有軌電車突然失控，在軌道上一路狂飆。如果不加以干涉，它將會撞死正站在軌道上的五個人。假設這時你恰好站在軌道邊，手邊有一個扳道器，只要拉動扳手，電車就會轉向另一條軌道，而在那條軌道上也站著一個人。如果你選擇拉動扳手，那麼這個人就會被撞死。此時你將如何選擇？是拉動扳手，還是什麼都不做呢？一條人命還是五條人命？

「電車難題」初見於當代英國哲學家菲利帕．福特（Philippa Foot）在一九六七年發表的論文〈墮胎問題和教條雙重影響〉中，後來被美國哈佛大學政治哲學教授邁可．桑德爾（Michael J. Sandel）經常引用而廣為流傳。知道電車難題的人大多都會選擇拉動扳手，理由很簡單：這樣做可以救五個人，雖然要犧牲一個人，但還是比犧牲五個人要好。如果你也是這樣想的，那麼恭喜你，和道德哲學中功利主義流派的想法不謀而合。功利主義最早的提倡者之一就是英國哲學家、法學家、社會改革家傑瑞米．邊沁。

電車難題其實是現實中很多困難的一個縮影。我們在做出一項決策或者制定一項政策的時候，很難保障所有人的權益，有時候不得不犧牲個別人的利益；而當一項政策或者一條法律的施行能夠保障大多數人的利益時，我們通常也會遵守這樣一條善法，也會支持這種良政。不過，「善就是讓大多數人快樂」這一原則本身是否有問題呢？

I・功利原理：最大多數人的最大幸福

一七四八年，傑瑞米・邊沁（Jeremy Bentham）出生在英國倫敦。他小時候雖然體質虛弱但是智力超常，年僅十二歲就被送到牛津大學王后學院學習。一七八〇年，邊沁出版了一本叫做《道德與立法原理導論》的書。在歐洲啟蒙運動的影響下，邊沁逐漸產生了一個想法：應當把懲罰當作一個防止犯罪的手段，而這種懲罰應當以人最小的痛苦為代價。而且這種懲罰要成為立法的原則。邊沁還有一個偉大的設想——「依靠理性和法律之手建立人類福樂大廈」。

邊沁致力於建立一種完善、全面的法律體系，一種「萬全法」（Pannomion）。他認為自己能夠提出一套類似科學方法般嚴格精確的標準，而不是僅僅依靠模棱兩可的判斷。他自己將這套標準稱為功利原理。中國古代有「義利之辯」，「功利」被視為一個與「正義」相對的貶義詞，然而邊沁所說的功利原理並不是讓人唯利是圖的意思。「功利」一詞在英語中是utility，其基本含義是「有用性」或者說「有益」。有人建議把utility翻譯為「功效」（註：台灣學術界則較常使用「效益」此譯名），可能就不太會引人誤會了，甚至有助於人們理解這一概念，畢竟邊沁在另一本著作《政府片論》中就曾將功利原理概括為「最大多數人的最大幸福原則」。

人都有趨利避害的本性，這一點在邊沁那裡幾乎是自明的，這也讓邊沁的功利原理帶有明顯的快樂主義（hedonism）的色彩。人無非就是要「享有快樂，避免痛苦」，所以幸福、快樂、福利、利益在邊沁眼中都是近義詞。不過，快樂的含義很寬泛。邊沁提出：「自然把人類置於兩位主公——快樂和痛苦——的主宰之下。只有它們才能指示我們應當幹什麼，決定我們將要幹什麼。是非標準，因果聯繫，俱由其定奪。凡我們所行、所言、所思，無不由其支配；我們所能做的力圖掙脫被支配地位的每項努力，都只會昭示和肯定這一點。一個人在口頭上可以聲稱絕不再受其支配，但實際上他照舊每時每刻對其俯首稱臣。」

由此為基本前提，邊沁給出這樣的定義：「功利原理是指這樣的原理：它按照看來勢必增大或減少的利益有關者之幸福的傾向，亦即促進或者妨礙此幸福的傾向，來贊成或者非難任何一項行動。我說的是無論什麼行動，因為不僅是私人的每項行動，而且是政府的每項措施。」《道德與立法原理導論》這本書的一個基本構想就是，把政治和法律的制度嚴格建立在功利原理的基礎之上。現在再回到電車難題，如果你選擇犧牲一個人，拯救五個人，那麼結果會是五份幸福和一份痛苦。可以說這樣的選擇非常符合邊沁所說的功利原理。

II・功利面前人人平等

邊沁的功利主義有幾個隱含的基本前提：

第一，任何幸福的計算都是針對一個共同體而言的。邊沁說：「當一項行動增大共同體幸福的傾向大於減小這一幸福傾向時，它就可以說是符合功利原則，或簡言之，符合功利。」按照他的定義，共同體利益「是組成共同體的若干成員的利益總和」。那麼，什麼是「共同體」呢？共同體的範圍有多大？共同體可大可小，有時候是一個班級，有時候是一個國家，甚至可以是整個人類。共同體之間也會產生衝突，不同的共同體站在自己的角度分析利弊，容易產生截然不同的，甚至是互不相容的結果。舉一個極端的例子：一家汽車生產商發現自己生產的一批車有安全隱患，會威脅到駕駛者的人身安全。這個時候，它將有兩個選擇。

選擇一：召回全部問題車，更換零件，不過需要耗費十億元，會對公司造成巨大的損失，公司甚至可能因此而面臨倒閉的風險，員工們也會紛紛下崗失業。

選擇二：不召回問題車，但是車輛一旦發生事故，造成人員傷殘，公司就會對相關人員賠償。根據事故概率估算，賠償最多花三億元。

這個汽車生產商如果單純以功利原則來判定，就會選擇不召回檢修，而僅僅在出事故的時候提供賠償。這顯然是不道德的處理方式。企業如果為了自身的利益而不擇手段，就會讓一些消費者蒙受巨大的損失。

第二，「等價原則」，即所有人都是等價的。邊沁在《道德與立法原理導論》中說：「人人價值平等，絕無尊長顯貴。」他還說：「每個人的幸福值都是一，任何人的幸福值都不超過一。」這個說法在現代人看來，無非就是人人平等的意思。不過在邊沁的時代，社會階層差異極大，用數值來衡量的話，可能一個貴族的幸福值是一百分，而一個普通農民的幸福值只有一分。邊沁提出這個原則破除了很多人的社會特權，也非常符合一個民主社會的設定。

第三，快樂是可以進行加減計算的。和以往的道德哲學相比，功利主義不涉及什麼抽象的原則，明顯更簡單明瞭。邊沁製造出了一個非常簡單的「快樂計算器」，在這臺快樂計算器裡面，痛苦僅是「負的快樂」。邊沁把快樂分為七個範疇：快樂的強度、持久性、確定性、在時間上的遠近、繼生性、純度和發生範圍。這些分類看似明確，「計算快樂」這一想法也簡單直接，實際操作起來卻是困難重重。比如，我吃一霜淇淋甜筒的快樂，如何與我欣賞巴哈的賦格樂曲的快樂相比較呢？密爾對邊沁的批評主要就是在這一點上展開的。

Ⅲ．少數派總要被犧牲嗎？

有人一定還會說，我從一開始就不認同邊沁的想法，可以嗎？當然可以。功利主義的支持者認為自己的原則簡單明瞭，但反對者會認為它過於無端粗暴。我們來看一下對功利主義可能產生的質疑和反駁：

第一，人都是追求幸福的嗎？趨利避害似乎在邊沁那裡是一個自明的原則。但是我們也可以問，人都會接受快樂主義的前提嗎？有沒有比追求快樂更高的原則？

第二，人為什麼有利他行為？利他其實是所有道德哲學都要處理的問題。人其實並不總是那麼自私自利，有很多行為也受到了良好意願和高尚動機的推動。

第三，功利主義沒有一條明確的底線嗎？邊沁式的功利主義必然包含一個結論：原則上可以犧牲個體或少數派。那麼，「少數派」該怎麼定義？是1％還是49.99％？對個體而言，犧牲的範圍該怎麼劃分？可犧牲的和不可犧牲的該怎麼區分？基本的自由和生命權利也可以被犧牲嗎？很多功利主義者認識到了這些問題，著手對功利主義進行修正。他們把以往的功利主義稱為「行為的功利主義」，因為這種功利主義在進行判斷的時候，都是針對每一個具體行為而言的。那種簡單粗暴地要求犧牲少數人利益的做法，是邊沁式功利主義可能造成的惡果之一，功利主義很可能因此而成為多數人壓迫少數人的藉口。

此外，還有一種對功利主義的反駁：雖然邊沁認為人人平等，人的價值是一樣的，但是這一前提有時候並不符合我們的道德直覺。再回到電車難題。假設另一條軌道上站著的是一個小孩，或者是你的母親，你還會選擇拉扳道器嗎？幾乎所有人都要猶豫了。人類的直覺告訴自己，人和人對「我」來說並不是等價的。看過諾蘭導演的《蝙蝠俠：黑暗騎士》的觀眾們一定會記得小丑留給高譚市的道德抉擇：一艘船滿載無辜的市民，另一艘船上全都是暴力罪犯，現在要炸毀一艘船，人們要如何選擇？相信看電影的時候，很多觀眾已經默默選擇了炸毀後者，而這樣的選擇確實也與功利主義的大前提——人人平等相矛盾。

綜上所述，功利主義的原則優勢明顯，但也爭議不斷，甚至用「甲之蜜糖，乙之砒霜」來形容功利主義都不為過。你會如何看待功利主義的原則呢？

延伸閱讀

1.〔英〕邊沁：《道德與立法原理導論》（*The Principles of Morals and Legislation*），時殷弘譯，北京：商務印書館，2000年。

2.〔英〕邊沁：《政府片論》（*A Fragment on Government*），沈叔平譯，北京：商務印書館，1997年。

3.〔澳〕J. J. C. 斯瑪特（J. J. C. Smart）、〔英〕伯納德・威廉斯（Bernard Williams）：《功利主義：贊成與反對》（*Utilitarianism: For and Against*），勞東燕、劉濤譯，北京：北京大學出版社，2018年。

4.〔英〕蒂姆・莫爾根（Tim Mulgan）：《理解功利主義》（*Understanding Utilitarianism*），譚志福譯，濟南：山東人民出版社，2012年。

— 26 —

密爾《功利主義》

你想選莎士比亞還是啤酒？

—— 閱讀挑戰 ——

JOHN STUART MILL

做一個不滿足的人勝於做一隻滿足的豬；
做不滿足的蘇格拉底勝過做一個滿足的傻瓜。 ——密爾《功利主義》

引 言

一九七八年，美國加利福尼亞州曾經發起過一場投票。根據計算，加利福尼亞州公立大學裡講授莎士比亞課程的費用，需要該州每位納稅人承擔二十五美元。現在所有民眾有這樣一次選擇的機會：你是否願意取消加州大學裡所有的莎士比亞課程，而讓州政府給每個人發放一箱價值二十五美元的啤酒？莎翁還是啤酒，這是一個問題。或者我們該這樣問：這是否應該是個問題？可以告訴大家，加州人最後選擇了啤酒。

人不讀莎士比亞、不讀唐詩宋詞是不會死的；同樣，人不喝啤酒、不吃速食麵也是不會死的，這些都不是必需品。但是它們都可以給我們帶來快樂。我們現代人毫無疑問是不會迴避快樂的，生活中各種各樣的事情和東西都可以給我們帶來不同的快樂。例如，吃一頓好吃的飯，看一場足球比賽，玩一局電腦遊戲，出去進行一次旅行，看一部電影，到博物館或者美術館看一場展覽等。按照邊沁的功利主義計算，上述的行為對每個人而言都意味著「快樂+1」。那麼，你希望選擇怎樣的快樂呢？

你會選擇莎士比亞課程，還是啤酒呢？在密爾看來，幸福雖然各不相同，但是有明確的高下之分，所以他要對邊沁式的功利主義進行修正。

I．所有目標都實現後你會快樂嗎？

密爾（John Stuart Mill）的父親老密爾（James Mill）是邊沁的好友，自一八〇八年兩人結識之後，邊沁一直在經濟上資助密爾一家。和那個時代的其他學者不一樣，密爾幾乎沒有受過任何正規教育，他沒有上過小學，也沒有上過初高中，更不要說大學了。密爾的教育是由他的父親和邊沁一手包辦的，可以說密爾本人就是一場私塾教育實驗的成果。老密爾並不是什麼名門之後，他的父親只是一個蘇格蘭鄉村的製鞋匠，但是他一心要把長子培養成一個出人頭地的人，於是密爾從小就被免除了各種家務勞動以便可以專心學習。密爾很小的時候就開始學習古希臘文、拉丁文、幾何與代數，十二歲開始學習邏輯學，十三歲時他就已經閱讀了經濟學家亞當·史密斯和大衛·李嘉圖的著作，十四、十五歲時還學習了化學、植物學和法語。密爾並不認為自己天資過人，但是因為父親的嚴格教育，他在學識上遠遠超過了同齡人。按照密爾自己的回憶，只要沒有達到他父親的預期，老密爾就會「失去理智」。不知道在密爾眼中，這種私塾式的教育方式相對於學校教育是更自由，還是更不自由。

到了一八二六年的秋天，密爾陷入了瓶頸期，他得了嚴重的神經衰弱——這可能是他特殊家庭教育的副作用——他突然感到迷茫，並且自己問自己：如果生活中的所有目標都已經實現，你還會覺得快樂嗎？他的回答是否定的。因為，他以往接受的教育缺乏了一個很重要的維度，那就是情感。他可以吸收人類古往今來所有的知識，卻幾乎成為了一臺思考的機器。後來他在自傳裡寫道：「只有那些不為自己謀快樂，而把心力用在別的目的上的人才是快樂的……唯一的辦法是不把快樂當作目的本身，而把快樂以外的目的作為生活的目標。」最後，密爾透過閱讀華茲華斯、柯勒律治等人的詩歌，才擺脫了那場心理和精神的危機。密爾這段時間的經歷對他以後的思想產生了很大的影響，他意識到邊沁的哲學體系可能缺少了一些對人而言至關重要的東西。他雖然沒有放棄邊沁提出的快樂原則，但也對快樂的內涵提出了反思和質疑。

Ⅱ・寧願做不滿足的蘇格拉底，也不做滿足的豬

密爾的《功利主義》（Utilitarianism）就是對邊沁功利主義思想的批判式發展。《功利主義》最早於一八六一年發表在《弗雷澤雜誌》上，一八六三年以單行本的方式出版，那時密爾已經將近六十歲了。可以說，很少會有一個哲學主義會像功利主義那樣，對人類生活的司法、政治、經濟和文化領域產生如此巨大的影響。這當然和功利主義本身的一些優點有關。

如果和霍布斯的契約論來比較的話，功利主義的優點非常明顯：霍布斯的契約論預設了一個自然狀態，因為這種自然狀態更類似於一種思想實驗，所以缺乏經驗的基礎。相比之下，功利主義顯得更加具體而切實，它直接訴諸基本的人性——趨利避害，畢竟喜歡快樂而逃避痛苦幾乎是人人都會做的選擇。所以有人說，功利主義好像建立在一條自明的經驗公理之上。

密爾於書中首先明確了功利主義的這一特徵，他澄清了功利主義的含義，並說明了功利原則被人所接受的原因。他認為，如果沒有相應的人性基礎，那麼大多數人是無法遵守任何道德規則的，無法做到的道德規則將會形同虛設，失去意義。這裡說的人性基礎，就是指人趨利避害的天性，正是因為順應了基本的人性，功利主義才會更易被人接受。

其次，密爾證明了功利主義的道德標準，也就是證明了「最大多數人的最大幸福」這個原則。在邊沁看來，各種快樂是等價的，邊沁為此設計了一套「快樂的算術」。一個人如果感到快樂，那麼他的快樂值就＋1；如果感到痛苦，那麼快樂值就-1。由此，可以很便捷地算出「最大多數人的最大幸福」的數值。邊沁對此有一個著名的表達：「圖釘遊戲與詩歌一樣好。」這句話想表達的意思是，幸福的量比質更重要。

密爾堅決反對邊沁把幸福同質化並量化的做法，他更看重幸福的「質」而非「量」。幸福本身有高下之分嗎？密爾會肯定地回答「有」。

他說：「承認某些類型的快樂要比其他類型的快樂更使人嚮往、更具有價值，這符合功利的原則。」他區分了高級幸福和低級幸福。某些快樂要更為高級，即便某些低級的快樂數量上是巨大的，但不能為此而放棄那些高級的快樂。密爾還有一句極為經典的解讀：「做一個不滿足的人，比做一頭滿足的豬好；做一個不滿足的蘇格拉底，比做一個傻子好。」

我們可以問自己：在手機上玩一小時「連連看」遊戲和參觀一個小時的美術館，哪一個更幸福呢？

不難看出，密爾的功利主義帶有精英主義的色彩。他曾說：「未經開化的人不能很好地鑑別教化的價值。」在密爾眼中，幸福具有某種尊嚴感而不僅是一種生理上的滿足，沒有接受過良好的教育將無法享受高等的幸福。其實，密爾從根本上改變了幸福的定義。邊沁將個人作為幸福的主宰，是否幸福由你自己說了算，你若覺得「炸雞與啤酒」能讓你滿足，那「炸雞與啤酒」就是幸福。密爾則偷偷引入了一個「不偏不倚」的旁觀者，讓它給出了諸多關於幸福的規定，使得功利主義與利己主義脫離了關係。密爾提醒我們，在多數文化環境中，人們隨時都有可能墮落，也就是放棄高級的快樂，而心安理得地選擇唾手可得的直接享樂。

最後，密爾討論了功利主義和正義的關係問題。總體來說，《功利主義》這本書，可以看作密爾的一種努力。他嘗試要克服邊沁功利主義理論中的一些不足之處。從邊沁到密爾，是存在明顯的繼承和遞進的。

Ⅲ．何謂「最大多數人」的幸福？

密爾對邊沁提出了可貴的批評與修正，但二者也有共同的局限。這可以從三方面來看：

第一，邊沁的功利主義會自動犧牲個體或者少數人的利益。在希臘神話中有一個非常接近功利主義的故事：阿伽門農王在進攻特洛伊時，遇到暴雨而無法啟航。於是，一個占卜者向阿伽門農王建議，要他獻祭自己的女兒伊菲戈涅亞。阿伽門農王為了大局考慮，忍痛殺死了自己的女兒。按照邊沁式的功利主義原則，這是符合社會整體效用原則的。但無辜的伊菲戈涅亞卻要被犧牲。事實上，整體利益往往被用來作為侵犯個人利益的藉口。或者說，功利主義基本不承認個人具有神聖不可侵犯的權利。所以容易出現為了多數人的利益而侵害少數人的權利的情況，有時候少數人甚至要付出生命的代價。所以如何保護個體的利益，成為了功利主義急需面對的難題。

第二，邊沁忽視了幸福平均值。幸福的總量總是針對一個共同體而言的，如果在短時間內世界人口增加了很多倍，那麼人類的整體福祉是不是就增加了很多倍呢？其實我們可以想像，人口增加很多倍的話，人均資源就會減少，個人的平均幸福也一定會降低。密爾雖然將幸福轉化為集體的幸福，但依然很難對此做出正式的回應。在現代社會中，國民福利是一個經常需要考慮的大問題。例如，如果一個家庭有十個小孩，每人每天都會有一個饅頭吃，而現在家裡買了十五個饅頭，比原來多出了五個，但是父母並沒有做到「一碗水端平」，把多出來的饅頭都給了大兒子，其餘的孩子還是只能吃到一個饅頭。這個家庭的幸福總量看似增加了，但同時造成了顯而易見的不公。單靠功利主義是無法解決這個問題的，因此分配正義的原則就顯得格外重要。

第三，邊沁和密爾似乎都沒有考慮過幸福的複雜心理基礎。他們對幸福持有一種樸素的認識。一個人或者一群人的幸福如果建立在另一群人的痛苦之上，那可如何是好？想想電影《飢餓遊戲》中描述的極端場景，屆時我們又該如何計算快樂呢？

綜上所述，功利主義雖然看上去簡單、容易操作，但實際上會遇到不少問題。在很多情況下，功利主義並不能單獨起作用，否則會引發一些很惡劣的狀況。

延伸閱讀

1.〔英〕約翰·穆勒：《功利主義》，徐大建譯，北京：商務印書館，2014年。

2.〔英〕約翰·穆勒：《約翰·穆勒自傳》，吳良健譯，北京：商務印書館，1998年。

3.〔英〕約翰·密爾：《論自由》（*On Liberty*），陳書凱譯，臺北：華志文化，2021年。

4.〔英〕約翰·斯圖爾特·密爾：《密爾論大學》，孫傳釗、王晨譯，北京：商務印書館／三輝圖書，2013年。

編註：約翰·穆勒即為約翰·斯圖爾特·密爾。

— 27 —

盧梭《社會契約論》

為何人生而自由
卻往往在枷鎖之中？

—— 閱讀挑戰 ——

JEAN-JACQUES ROUSSEAU

唯有道德的自由才使人類真正成為自己的主人；
因為僅只有嗜欲的衝動便是奴隸狀態。——盧梭《社會契約論》

引言

如果大家到法國巴黎去旅遊，除了看香榭麗舍大街，當然也要看看凱旋門；除了在塞納河泛舟、看看艾菲爾鐵塔之外，也千萬不要錯過先賢祠；如果到了先賢祠，一定要參觀地宮。先賢祠可以說是法蘭西精神的安息之處，裡面埋葬的都是在法國乃至歐洲歷史上做出傑出貢獻的人。

地宮裡有一對棺木最引人注目：其中一個棺木上雕有一扇虛掩著的門，門縫裡伸出一隻手，手中握著一支熊熊燃燒的火把。棺木上還刻著一句簡單的評語：自然與真理之子。那是法國思想家尚一雅克·盧梭的棺木。盧梭被譽為「法蘭西共和國的精神之父」，而那支燃燒的火把象徵著盧梭的思想點燃了法國乃至世界。正對著盧梭棺木的，是啟蒙思想家伏爾泰的棺木。兩人雖然生前一度是好友，但是終因觀點不合而絕交。盧梭在信中對伏爾泰直言：「我恨你。」柏克後來在《法國革命論》中曾提及，路易十六在監獄中閱讀啟蒙思想家的著作後驚嘆：「原來是伏爾泰和盧梭摧毀了舊法國。」所以盧梭和伏爾泰死後，被面對面安葬在先賢祠裡。

盧梭曾經寫過一句振聾發聵的名言：人是生而自由的，但卻往往在枷鎖之中。那麼，人為何生而自由？人又為何在枷鎖之中？這種枷鎖是什麼？人有可能掙脫枷鎖重奪自由嗎？為了回答這些問題，我們必須去閱讀盧梭的兩本名著——《論人類不平等的起源和基礎》和《社會契約論》。

I・不平等並非自然的，而是源於社會

十八世紀對於歐洲來說是一個大轉折的時代。法國的第三等級崛起，卻沒有被賦予相應的政治權利，貴族依靠舊有的政治制度來壓榨人民。盧梭在生活上可以說是一個浪子，但在思想上確是一個無比堅定的戰士。尚—雅克・盧梭（Jean-Jacques Rousseau）毫無疑問是那個時代最重要的變革者之一，從他思想中迸發的火花點燃了法國大革命，並將這份洶湧的光與熱傳播到全世界。

一七四九年夏天，盧梭偶然讀到《法蘭西信使報》上刊登的一則第戎科學院的徵文啟事。這個瞬間成為了盧梭的人生轉捩點。那次論文大賽的題目是：科學與藝術的復興，是否有利於道德的淨化？盧梭為此撰寫了《論科學與藝術》一文並如願獲得名次，自此一舉成名天下知。對於徵文的問題，盧梭的回答是否定的，而且這樣的觀點他幾乎堅持了一輩子。他試圖論證科學與藝術的復興將導致人的墮落，這個觀點恰好和當時流行的百科全書派截然相反。百科全書派堅持理性，對人性持樂觀態度，認為科學的發展將從根本上改善人類社會。

一七五三年，第戎科學院再次發布了一個論文比賽的題目：什麼是人們當中的不平等的起源，它是自然定律允許的嗎？盧梭再次參賽，並寫下了《論人類不平等的起源和基礎》一文。一七五五年，與該篇論文同名的著作正式出版，再一次鞏固了盧梭的名聲。在這本書裡，盧梭試圖找出人類不平等的原因。首先，他從霍布斯與洛克提出的「自然狀態」入手，提出了與前人截然不同的理解。他並不認為自然狀態中的人時刻準備著與他人鬥爭廝殺，而是看到了人性中極為重要的情感——更準確地說，是同理心與惻隱之心。人因為天生具有惻隱之心，本能上不願意看

見他人遭受痛苦，所以不會主動損害他人，更不會隨意取他人性命。因此人在自然狀態中是自足且自由的，幾乎不存在任何形式的不平等。但是，由於私有財產的誕生，人變得不再單純，社會中的種種不平等也隨之而來。大多數人不得不承受「不斷地勞作、奴役和苦難」，而有權有勢者坐享其成，社會風氣逐漸靡費敗壞，人也隨之墮落。財產私有制才是人類不平等的根本原因。這是盧梭的核心觀點，後來也對卡爾・馬克思產生了深刻的影響。

II・《社會契約論》

《社會契約論》第一卷第一章的第一句話：

人是生而自由的，但卻往往在枷鎖之中。自以為是其他一切的主人的人，反而比其他一切更是奴隸。

為什麼說人生而自由呢？盧梭延續了他在《論人類不平等的起源和基礎》一書中的思路，認為人「自然生來是善的」，對於自己的同類沒有任何天然的權威。也就是說，一個人不能奴役另一個人；反過來，一個人也不能把自己的自由出讓給另一個人。但是由於私有制逐漸侵蝕了人與生俱來的善良，人才會變得自私自利，開始憑藉手中的權勢奴役他人。因此在自然人和社會人之間，盧梭一定更傾向於自然人。然而很明顯，自然狀態已經消亡了。雖然盧梭並沒有詳細解釋人類如何從自然狀態過渡到社會狀態，但是他意識到，當社會狀態已經為人的生存造成阻力的時候，人類如果還不改變生存方式就會滅亡。以什麼樣的方式改變呢？盧梭回答：每個人要把自己的一切權利——不是部分權利，而是毫無保留的全部權利——轉讓給一個集體，把自己的人身與全部權利都置於「公意」之下。

公意（法語：volonté générale，英語：general will），也就是公共的意志，絕不能與「眾意」（will of all）相混淆。《社會契約論》第二卷第三章中說，公意著眼於公共的利益，而眾意卻是私人意志的總和，哪怕眾意之「眾」包含了人口的大多數，也終究是著眼於私人的利益。例如，一個國家的正常運作必須依靠公民繳稅。每個人從私利出發，大概都在琢磨如何避免繳稅。然而，每一個理性的人都會意識到這樣做毫無意義。無人繳稅，國家將沒有稅收，那麼國防、公共安全、醫療保障等社會福利與保障均將失去財政支援，最終受損的仍是個人利益。因此公意要求個人繳稅，眾意慫恿個人避稅，兩者形成了截然相反的要求。法律的判定如果以公共利益或者正義為原則，那麼法律就是公意的表達。同時公意也是個人理性選擇的表現，公意在某種程度上就是個體自身的意志。當每個人都服從自己的意志時，也就談不上任何奴役和壓迫了。

盧梭在這裡提出了兩個突破性的觀點。第一，我們自己才是政府的規定和法律的最終來源，我們的意志變成了國家的法律。只有當國家服務於公民時，它才具有合法性。國家一旦不再為公民服務，公民就有權利推翻政府。第二，作為生活在國家中的個人可以享受自由，但這種自由要求每個人都服從國家的法律，而法律在盧梭這裡並不是外部強加的束縛。人如何為自己立法，可以說是整個啟蒙運動要處理的核心問題，而公意相當於公民集體以維護公共利益為目的而為自己確立的原則。盧梭說：「遵從人類為自己制定的法律，這就是自由。」只有實現自律，人才能在社會狀態中獲得自由，這一點後來也體現在康德的倫理學和政治哲學中。

不過，我們也不能忽視公意的另一面貌，即極大的強制性。盧梭寫過這樣一句話：「任何人拒不服從公意，全體就要迫使他服從公意。」公意似乎賦予了主權者絕對的權力。在法國大革命中，雅各賓黨人將盧梭《社會契約論》中的這句話作為指導，而羅伯斯庇爾更是直接受到了這句話的鼓舞。在「恐怖統治時期」，他為了實現革命的理想，不斷把人送上斷頭臺，以至於鍘刀都卷刃了。我們由此能看出盧梭思想的矛盾性——一頭是民主自由，另一頭是恐怖極權。

Ⅲ・主權在民：政府可以被解散

十九世紀英國歷史學家湯瑪斯・卡萊爾曾如此評價《社會契約論》：「曾有一個叫盧梭的人寫了一本除了觀念之外別無他物的書。它的第二版就是用那些對第一版不以為然者的皮膚裝訂而成的。」盧梭的《社會契約論》為何會具有能量如此大的革命性作用呢？

既然國家的主權來源於人民之間締結的契約，如果依照霍布斯或洛克的主張，把主權交給一個國王，那麼人民依然無法真正擁有主權。但盧梭的「公意」是無法轉讓的，它只能屬於人民整體，而這也奠定了「人民主權說」的基本想法。那麼如何來體現主權在民呢？盧梭認為只有一個方法——立法。除了用法律來保護主權所有外，人民還要時刻提防主權被篡奪。盧梭這裡說的篡權之人並非如柏拉圖和亞里斯多德擔心的僭主，而是政府。為了避免主權被篡奪，盧梭提出，人民必須要在沒有召集人的情況下定期集會，而在集會中最為重要的就是人民的投票權，用以決定是否保留現有政府，以及是否讓一些政府官員留任。這意味著，政府是隨時可以被替換和解散的。如果沒有這種機制，人民將很容易失去主權，而失去主權也就意味著失去自由。

盧梭甚至提出，在國家之內不能允許有派系存在，而且要限制任何政治團體的規模，保障團體內部的每個成員都能表達自己的意見。簡單來說，盧梭反對任何形式的代議制政府，而只贊同直接民主的政治參與形式。不過，盧梭的這一設想幾乎從來沒有實現過，現代國家大多採用了代議制來間接地體現人民主權。

以霍布斯、洛克為代表的英國哲學家與以盧梭為代表的法國哲學家在思想上的根本差異，也導致了法國和英國截然不同的政治命運——英國走上了君主立憲的道路，而法國走上了革命與共和的道路。盧梭的主權在民思想，更是通過法國大革命傳遍歐洲，甚至抵達美洲大陸，為美國獨立戰爭提供了精神支援。

延伸閱讀

1.〔法〕盧梭：《社會契約論》，李平漚譯，臺北：五南，2021年。

2.〔英〕戴維・米勒（David Miller）：《政治哲學與幸福根基》（*Political Philosophy: A Very Short Introduction*），李里峰譯，南京：譯林出版社，2013年。

3.〔美〕彼得・蓋伊（Peter Gay）：《啟蒙時代（下）》（*The Enlightenment: The Science of Freedom*），王皖強譯，上海：上海人民出版社／世紀文景，2016年。

4.〔法〕盧梭：《愛彌兒》（*Émile, ou De l'éducation*），李平漚譯，北京：商務印書館，1978年。

5.〔法〕盧梭：《懺悔錄》，李平漚譯，臺北：五南，2018年。

— 28 —

漢娜・鄂蘭《艾希曼在耶路撒冷》

平庸者為何作惡？

—— 閱讀挑戰 ——

HANNAH ARENDT

只有當他沒有履行命令時，即沒能懷著極大的熱忱一絲不苟地把上百萬男人、女人和孩子送進墳墓時，他才會感到良心不安。

——漢娜・鄂蘭《艾希曼在耶路撒冷》

編註：《艾希曼在耶路撒冷》繁中譯本為《平凡的邪惡：艾希曼耶路撒冷大審紀實》。

引 言

一九六〇年五月十一日晚，以色列的情報部門摩薩德在阿根廷首都布宜諾斯艾利斯附近執行了一次祕密任務。他們飛越半個地球只是為了抓捕一個人——阿道夫・艾希曼（Adolf Eichmann）。

此人是前納粹德國黨衛隊的高級軍官，曾參與制定了屠殺六百萬猶太人的「最終解決方案」。「二戰」結束後，他偽造了身分以躲避追捕，隨後輾轉逃往阿根廷。以色列人一直透過各種管道收集情報，打探這位前納粹分子的下落，終於在「二戰」結束十五年後抓到了這個臭名昭著的劊子手。一九六〇年五月二十二日，艾希曼被帶回了以色列。第二天下午，時任以色列總理的大衛・本－古里昂向全世界宣布：以色列抓獲了艾希曼。

艾希曼被捕後，以色列當局開始了非常全面、系統的調查。他們想讓艾希曼接受一場公開、公正的審判，讓全世界都知道納粹德國對猶太人犯下的暴行。經過近一年的調查取證，在一九六一年四月十一日上午九點，以色列耶路撒冷地方法院開始對艾希曼進行審判。法庭上還特地設置了一座由防彈玻璃做成的小房子，防止艾希曼被憤怒的受害者家屬刺殺。一些集中營的倖存者出庭參與了指證，其中一些人情緒激動，甚至當庭昏倒。但是面對無數的證據和指責，艾希曼自始至終都未承認檢察官提出的所有指控。他一直重複著：「我只是在執行命令」，並不時在庭審中露出狡黠的笑容。

在庭審現場的旁聽席中坐著一位哲學家，她就是漢娜・鄂蘭。鄂蘭根據對艾希曼的觀察，寫下了一本二十世紀的哲學名著《艾希曼在耶路撒冷》。「二戰」之後，猶太哲學家阿多諾寫下過這樣一句話：「奧斯威辛之後，寫詩是野蠻的，也是不可能的。」奧斯威辛不僅僅是個人的心理創傷，更是整個人類的創傷。「二戰」之後，西方幾乎所有的知識分子都要急迫地回答：為什麼人類會出現這樣大規模的屠殺？為什麼看上去非常理性、文質彬彬的德國人會做出滅族這樣慘無人道的事情來？鄂蘭就在書中嘗試對這些問題解答。她為艾希曼創造了一個概念「平庸之惡」（banality of evil）——一個平庸的人也能犯下驚人的惡行，而《艾希曼在耶路撒冷》的副標題就是「一份關於平庸的惡的報告」。平庸之惡就是對納粹罪行的哲學解剖。

I・流亡的猶太哲學家鄂蘭

漢娜・鄂蘭（Hannah Arendt）是二十世紀著名的女性哲學家。一九〇六年十月十四日，她出生於德國漢諾威市的一個猶太大家族。一九二四年，鄂蘭進入馬爾堡大學研習哲學、神學和古希臘語。就是在這期間，鄂蘭認識並愛上了當時的年輕講師海德格。當時的鄂蘭才十八、九歲，而海德格三十五歲，已婚並育有兩個兒子。這段戀情十分隱祕，並在四年後無疾而終。身心俱疲的鄂蘭轉學去了弗萊堡大學，後經海德格推薦進入海德堡大學，師從雅斯佩斯攻讀博士。一九三三年，納粹上臺，鄂蘭由於自己猶太人的身分不得不開始流亡，而海德格則公開擁抱了納粹政權，並平步青雲當上了弗萊堡大學的校長。鄂蘭在哲學上毫無疑問受到了海德格的深刻影響，在政治立場上卻和海德格水火不容。逃到巴黎後，鄂蘭遇到了海因里希・布呂歇，兩人在一九四〇年一月結婚，婚後不久夫妻二人迫於逼近的德軍不得不再次逃亡，最終離開歐洲大陸前往美國。

在二十世紀六〇年代，鄂蘭已定居美國紐約，並於普林斯頓大學任教，成為該校歷史上首位女性正教授。她自認是一個社會評論家，同時也是一個猶太流亡者，一個時代的見證者，但她從未見過艾希曼這樣的納粹分子，所以想通過解讀艾希曼的想法和法庭的證詞去揭示「納粹造成歐洲文明社會道德坍塌的全部真相」。當聽說艾希曼被捕的消息後，鄂蘭立刻毛遂自薦參加庭審。一九六一年，鄂蘭以《紐約客》特派記者的身分來到了耶路撒冷，旁聽了部分的庭審過程，查閱了大量的案卷，隨後陸續在《紐約客》上刊登系列文章。這些文章後被彙編成冊並於一九六三年出版，也就是這本《艾希曼在耶路撒冷》（*Eichmann in Jerusalem: A Report on the Banality of*

Evil，臺譯《平凡的邪惡：艾希曼耶路撒冷大審紀實》）。

一九六四年十月二十八日，鄂蘭回到西德參加了鈞特．高斯（Günter Gaus）的訪談節目。在節目中，鄂蘭提到了奧斯威辛。最初聽到關於奧斯威辛的消息時，她和她的丈夫都感到難以置信。他們不僅僅被大屠殺的慘痛而震撼，更覺得這場屠殺在軍事上並無必要，是完全非理性的行為。身為政治理論家的鄂蘭一直認為萬事都有彌補的可能，但奧斯威辛是她觀點中的一個例外。奧斯威辛是工具理性的極致表達，是精密的計算，是令人驚嘆的效率和完全喪失的道德感共同打造而成的殺人流水線。人就是這條流水線上的物品，被系統地分類，被剝去代表個性的一切標誌與痕跡，最終被系統地毀滅。鄂蘭在奧斯威辛背後看到了一種瘋狂的邏輯，它「像是一個裂開了的深淵」，也是鄂蘭永遠無法釋懷的心結。

II．不思考才是惡的根基

鄂蘭對艾希曼的觀察是非常細緻入微的。她發現，犯下滔天罪行的艾希曼在外表上並無一絲凶惡，甚至在接受審判的時候，因為感冒而在玻璃防彈屋裡一直打噴嚏，看上去有些可憐兮兮。艾希曼的生平也與普通人無異——既無超常的智商，也無其他特出的品質，還因暈血放棄了成為醫生的夢想。鄂蘭說，艾希曼是一個「完全正常的人，甚至在某種程度上比給他做完檢查的我還要正常」。然而就是這樣一個不嗜血也不瘋狂的人，將約六百萬猶太人送入了毒氣室。鄂蘭在研讀了大量案卷後指出，艾希曼雖然是「我們時代最大的罪犯」，但並非「希特勒式」的惡魔，而僅是表現出了一種名為「平庸的惡」的「症狀」。

鄂蘭針對這一症狀給出了她的診斷：「他在法庭上的以及先前審訊中的行為表現出的唯一特點就是純粹的反面。那不是愚蠢，而是一種無思。」艾希曼的惡並非出於本性的暴虐，也非因為天生的愚鈍，而是源於獨立思考能力的喪失。當在法庭上面對一個個猶太倖存者時，艾希曼沒有表現出絲毫的負罪感，只是一味地用第三帝國的語言重複一些套話。儘管已經過去了十多年，集權統治對他思想上的強制灌輸依然「言猶在耳」，以至於艾希曼喪失了自主組織語言來討論事情的能力。鄂蘭說：「這種表達力的匱乏恰恰與思考力的缺失密不可分；確切地說，他不會站在別人的立場思考問題……他周圍環繞著堅固的壁壘，遮罩他的言辭和他人的存在，從而幫他一併拒絕真相。」這才是納粹集權統治真正的可怕之處——製造出無數個「艾希曼」——澈底剝奪人獨立判別是非、獨立思考的能力，再將他們轉化為一個個在殺人流水線上機械運作的平庸小齒輪。正如波蘭詩人斯坦尼斯洛的詩句：「雪崩時，沒有一片雪花覺得自己有責任。」正是一個個平庸的「艾希曼」組建起了納粹政權這一龐大的殺人機器。平庸才是那個時代最大的犯罪。

拋開一切僅關注艾希曼這個人，我們會發現他只是一個在工作上勤勤懇懇，如老黃牛一般的「勞動模範」。畢竟計畫把近一千萬猶太人從歐洲各地送往集中營，還要用最高效的方式把他們殺死，本就是一件極其需要統籌能力的事情。然而，這個「模範勞工」在平庸的催化下喪失了人本應具有的倫理判斷力和道德責任感，他出色的工作能力演變成了殺人機器裡最快的一把刀。艾希曼本人僅僅把屠殺猶太人當作一項工作。在他看來，自己是按照「原則」乾淨俐落地完成了任務，「他從骨子裡深信，殺人不算什麼；對他人造成不必要的痛苦，才是真正的罪不可赦」。

面對被逮捕的命運，他還平靜地解釋：「臣服於一個好的政府是幸運，臣服於一個壞的政府是不幸。我運氣不好。」這樣平庸的艾希曼足以讓人不寒而慄，更令人毛骨悚然的是，在任何時代下「艾希曼們」一直存在。鄂蘭在她的另一本著作《人的條件》（*The Human Condition*）中感嘆道：

> 無思——沒有頭腦的魯莽、無可救藥的迷茫，或是自鳴得意地背誦已變得瑣碎空洞的真理——在我看來是我們時代的顯著特徵之一。因此，我的建議十分簡單，那就是來思考一下我們正在做什麼。

在強有力的證據面前，艾希曼最終於一九六一年年底被耶路撒冷法庭判處死刑，並於一九六二年五月三十一日執行。這是以色列第一次也是最後一次執行死刑。艾希曼死後被火化，骨灰被倒進了地中海。

延伸閱讀

1.〔美〕漢娜・鄂蘭：《平凡的邪惡：艾希曼耶路撒冷大審紀實》，施奕如譯，臺北：玉山社，2013年。

2.〔美〕漢娜・鄂蘭：《極權主義的起源》（三冊），李雨鍾譯，臺北：商周，2022年。

3.〔美〕漢娜・鄂蘭：《人的條件》，林宏濤譯，臺北：商周，2021年。

4.〔美〕漢娜・鄂蘭、〔德〕鈞特・高斯：《鈞特・高斯對漢娜・鄂蘭的訪談》（*Zur Person: Hannah Arendt*），電視節目，1964年。

5.〔德〕瑪加蕾特・馮・特羅塔（Margarethe von Trotta）：《漢娜鄂蘭：真理無懼》（*Hannah Arendt*），傳記電影，2012年。

— 29 —

卡爾·波普《開放社會及其敵人》
美好願望為何會導致人間地獄？

—— 閱讀挑戰 ——

KARL POPPER

即使懷抱著建立人間天堂的最美好的願望，但它只是成功地製造了人間地獄。

——卡爾·波普《開放社會及其敵人》

引言

大家應該對古希臘神話中伊底帕斯的故事並不陌生。伊底帕斯原本是底比斯國王萊瑤斯的兒子，剛一出生，神諭就預言他將弒父娶母。萊瑤斯在恐懼之下將親生兒子送去餵狼，不料伊底帕斯被人救走，並成為了鄰國國王珀羅普斯的養子。伊底帕斯長大後聽說了神諭並相信了它的預言，為了避免弒父娶母，他決定離家出走。但在陰差陽錯之下，他終究還是遇到了自己的親生父親萊瑤斯，並在打鬥中殺死了他。弒父之後的伊底帕斯被推舉為底比斯的新國王，迎娶了上一任國王的妻子——自己的親生母親，最終確如神諭所言走上了「弒父娶母」的道路。後來人們借這個故事寓意「不可挑戰的命運」。

然而你是否想過這樣一種情形：如果所有人都不相信那個神諭，伊底帕斯的命運是否仍然不可挑戰？恰恰是因為故事中的所有人都對神諭的預言深信不疑，最終才會釀成巨大的悲劇。

其實，人類歷史上也有很多類似的「神諭」——它們讓人相信，歷史會朝著某種必然的方向進展，而在未來正有一種美好的、終極的圖景在靜候與人類歷史的相遇。曾有無數人試圖透過解讀「神諭」來掌握歷史發展的規律，而二十世紀哲學家卡爾·波普在《開放社會及其敵人》中提出，在人類歷史上造成最大悲劇的「元凶」正是人對所謂「歷史規律」的執念。

I·「歷史主義」為何把人變成工具？

一九三七年，卡爾．波普（Karl Popper）赴紐西蘭坎特伯雷大學任教，並開始了《歷史主義的貧困》（又譯為《歷史決定論的貧困》）和《開放社會及其敵人》（*The Open Society and Its Enemies*）的創作。在《歷史主義的貧困》一書裡，波普集中批判了「歷史主義」，而在《開放社會及其敵人》的引言中，他也延續了這一思想。嚴格來說，波普所講的歷史主義就是指「歷史決定論」。該理論認為，歷史有絕對有效的終極規律，人們可以透過認識和掌握歷史的規律進而控制和計畫社會的發展。波普明確反對這種歷史主義，他的觀點可以被歸結為以下五條：

第一，人類歷史的進程受到了人類知識進步的強烈作用和影響；

第二，我們無法以合理的或科學的方法預言我們科學知識的增長；

第三，因此我們無法預言人類歷史未來的進程；

第四，這意味著我們必須否定理論歷史學的可能性，也就是相應於理論物理學那樣的歷史社會科學的可能性；

第五，因此，歷史主義方法的基本目標的構思就是錯誤的，歷史主義是不能成立的。

波普認為，像納粹主義、法西斯主義的背後就是這樣一種歷史主義在作祟，而歷史主義的總原則其實是本質主義，即認為「事情只依賴於概念根據其『本質』所下的明確定義，這些定義然後可以透過某種方式把世界構築於邏輯的和普遍使用的關係中」。歷史主義還保留了一種集體主義的要素，導致它依然非常強調某些集團或者集體。這其實是原始時代部落主義的遺存，只不過人們在二十世紀把部落替換成了國家或者階級。接受歷史主義的人會認為：個體僅僅是人類總體發展過程中一個微不足道的工具而已，登上歷史舞臺的人，要麼是偉大的國家或偉大的領袖，要麼是偉大的階級或者偉大的觀念。

波普認為，歷史主義的根本錯誤在於，人類不能通過理性和科學的方法來預知未來。歷史主義的主張看似合情合理，但「它們是建立在對科學方法的嚴重誤解，尤其是對科學預測和歷史預言之間區別的忽視的基礎上的」。我們可以對未來做出一定的預判，但不能認為歷史同自然一樣，具有某種顛撲不破的運動規律。

II・柏拉圖的符咒和黑格爾的幽靈

在《開放社會及其敵人》的第一卷中，波普主要討論了柏拉圖、亞里斯多德以及赫拉克利特等古希臘哲學家的政治思想；在第二卷中集中討論了黑格爾和馬克思的歷史哲學思想。

波普首先批評了古希臘哲學家柏拉圖。他認為，柏拉圖是第一個提出「集體大於個人」這一觀點的思想家。在《理想國》中，柏拉圖認為人類是不斷墮落的，因此需要設計一個烏托邦、一個最理想的制度來防止人的墮落，並且還需要一個洞悉真理的「哲人王」來做統治者。波普卻從中看到，柏拉圖的思想孕育了極權主義。他確信某些特定的人或者特定的階級應該被賦予絕對的權力，而這為後來的「優等民族」「主人民族」觀念——這些都是納粹黨和法西斯政權經常使用的詞彙——埋下了伏筆。在柏拉圖筆下的理想國中，只有統治者才知曉「什麼是最好的城邦」，只有靈魂被理性統治的「哲人王」才負責思考，這都會阻礙批判的理性精神的出現，而只有批判的理性精神才能使個人對自己的道德選擇負責。歷史主義者認為，人只有首先判定歷史的進程，才能有明智的政治行動，而波普相信，「未來依靠我們自己，而我們不依靠任何歷史必然性」。「個人主義＋利他主義」才是西方文明的根基。

在《開放社會及其敵人》中，波普還著重批評了黑格爾的哲學思想，他認為黑格爾進一步發展了柏拉圖的古典極權主義，其思想核心是國家主義或所謂柏拉圖式的國家崇拜。波普將黑格爾的哲學稱為「新部落主義」。這種學說主張國家是神聖的，是高於一切的，而個人什麼都不是。波普引述了黑格爾在《法哲學原理》和《歷史哲學》中的幾段話：「正如它在塵世存在那樣，國家是神聖的理念……因此我們必須把國家作為神在塵世的顯現來崇拜……國家是現實的存在，實現了道德的生活。」與齊克果對黑格爾哲學的批判相似，波普認為，黑格爾「否決了一切個人的道德和一切良心」，在黑格爾以絕對精神為核心的龐大哲學體系裡並沒有個人的位置。波普甚至猜想，黑格爾的哲學主張可能就是直接為當時的普魯士政府服務的，在他看來，黑格爾哲學已然成為了「國家最卑微的僕從」。

III・「烏托邦」為何會導致人間慘禍？

在《開放社會及其敵人》中有一組十分重要的概念：「零星的社會工程」和「烏托邦的社會工程」。波普認為後者雖然看上去很美，但是對人類未來的美好預言、願望和承諾經常事與願違，並最終導致人間慘禍的發生，因此支持前者而堅決反對「烏托邦」。

「零星的社會工程」，也被翻譯為「漸進的社會工程」（piecemeal social engineering），是那些「結果能夠通過零星社會工程檢驗的社會技術」。波普指出，零星社會工程可以試錯和經受檢驗，一旦發現問題，能夠及時改正或者適時地被放棄。與功利主義所強調的「實現最大多數人的最大幸福」不同，這種漸進的社會工程的目標是要最大限度地排除痛苦。這二者絕不是同一個概念。「幸福」的概念因人而異，但是人們對於「痛苦」的看法大同小異。在零星的社會工程中，政府並不會直接告訴人們「什麼是幸福的生活」，而是僅提供一個環境，讓人們自行定義、實現幸福。只有這樣才能在最大程度上守護住個人的自由。

所謂「烏托邦社會工程」（utopian social engineering），波普寫下了這樣一段描述：「烏托邦社會工程要求理性地為全社會制訂一個計畫，但是我們並不擁有能夠確保這樣一種雄心勃勃的要求取得良好效果所需的確鑿可靠的知識。事實上，我們不可能擁有這樣的知識，因為我們在這種類型的計畫活動方面沒有足夠的經驗，而實際知識必須以經驗為基礎。」通俗來說，烏托邦的社會工程就是先在腦袋裡憑空勾畫最理想的藍圖，再按照圖紙平地起高樓。可是歷史一次又一次地表明，越是充滿烏托邦的方案越容易導致災禍。柏拉圖在《理想國》裡就曾提出，為了防止人的私心氾濫，人們要廢除家庭，讓國家來撫養和教育所有的小孩。這類想法違背了基本的人性，完全不具備現實操作性。

波普雖然反對烏托邦的社會工程，但他也認同烏托邦的社會工程並非個人一己私利的產物，它往往表達了一種美好的、理想的願景，而這才是最具有魅惑力的。每當人們希望在地上製造出一個天堂時，人類社會都將面臨種種災難和不幸。

延伸閱讀

1.〔英〕卡爾·波普：《開放社會及其敵人》（全新修訂譯本），莊文瑞、李英明譯，臺北：商周，2020年。

2.〔英〕卡爾·波普爾：《無盡的探索：卡爾·波普爾自傳》（*Unended Quest: An Intellectual Autobiography*），邱仁宗譯，南京：江蘇人民出版社，2000年。

3.〔英〕卡爾·波普爾：《歷史決定論的貧困》（*The Poverty of Historicism*），杜汝楫、邱仁宗譯，上海：上海人民出版社，2009年。

4.〔英〕卡爾·波普爾：《二十世紀的教訓》（The Lesson of this Century），王凌霄譯，桂林：廣西師範大學出版社，2004年。

編註：卡爾·波普爾即為卡爾·波普。

— 30 —

羅爾斯《正義論》

怎麼分蛋糕才算正義？

— 閱讀挑戰 —

JOHN RAWLS

正義是社會制度的首要價值，正像真理是思想體系的首要價值一樣。一種理論，無論它多麼精緻和簡潔，只要它不真實，就必須加以拒絕或修正；同樣，某些法律和制度，不管它們如何有效率和有條理，只要它們不正義，就必須加以改造或廢除。

——羅爾斯《正義論》

引 言

一個圓圓的蛋糕要如何切分才能讓在場的所有人都感到滿意呢？肯定會有人建議把蛋糕等分，一人拿一份，這樣才是最公平的。在政治哲學中均分被稱為「實質平等」，雖然它看似最公平，卻解決不了一個非常現實的問題：有的人胃口很小，有的人卻是大胃王。每個人得到一塊大小一樣的蛋糕並不能滿足部分人的胃口，也必然有部分人會造成浪費。從政治哲學的角度看來，這樣的平均主義還會嚴重打擊勞動的積極性。如果一個人為了做這個蛋糕，貢獻了麵粉、奶油和糖，另一個人花了時間精力去烘焙，而剩下的八個人只是等著吃，那均分蛋糕只會便宜了那八個想著不勞而獲的懶人。那兩位付出了材料和精力的人也會因此消減了勞動的熱情，以後蛋糕就會越做越小，最後所有人都要餓肚子。

還有人提議，給每個人都發一把切蛋糕的刀，讓所有人憑自己的本事爭取屬於自己的那一份，這就是所謂的「形式平等」，然而「形式上的」平等實際上仍會造成極大的不平等。身強力壯的人一定能切到最大的一塊蛋糕，而天生身形弱小的人一定會在爭搶過程中居於下風。

還有什麼辦法可以完美地分蛋糕呢？有人提出不如推舉一個最有公平心的人出來，讓他來根據每個人做出的貢獻，同時要兼顧每個人的情況來合理地分蛋糕。這樣的想法似乎能夠解決上述兩種情形中出現的問題，但是誰又能保證，這個最有公平心的人始終可靠呢？負責分蛋糕的人可能會想，我為了分蛋糕勞心勞力，為什麼不可以給自己多分一點呢？如果有人舉報了分蛋糕的人假公濟私，結果被分蛋糕的人報復，最後連一塊蛋糕都得不到，那麼原本被認為最有公平心的人，就成為了最恐怖的人。

可見，要實現社會正義，一套完備的社會制度必不可少。但是正如上述列舉出的不同情形所示，有時我們對「正義」或者「公平」的定義不甚明確，而這會使社會中所有法律條文的合法性受到質疑。退一萬步說，一旦我們設計出了最完美的制度和法律，又是什麼能保證人們自覺地遵從它們呢？人們的利益、觀念、信仰、傳統都不盡相同，但是制度和法律必須是確定無疑的，一個正義的社會將如何協調這種絕對的「多元」和絕對的「統一」之間的關係呢？這是二十世紀美國政治哲學家約翰·羅爾斯在其名著《正義論》中要回答的問題。

I・羅爾斯和《正義論》

二十世紀六〇年代末，西方正處在和蘇聯的冷戰當中，關於社會制度優越性的對比無處不在，各種社會問題也層出不窮，其中就包括種族問題、反戰、平權等。因此，當約翰．羅爾斯（John Rawls）的巨著《正義論》（*A Theory of Justice*）於一九七一年出版後，立刻引起了學界的重大討論。羅爾斯在動筆寫作之前就發現：很多社會調查的結果顯示，全球範圍內社會不公正的程度在加劇，極少數人掌握了絕大多數的資源和財富。雖然美國夢總是反覆告訴人們，只要你努力工作就可以獲得成功，但實際上遠沒有那麼簡單。窮人逆襲成為富人的例子寥寥無幾。如果沒有制度性的安排，只靠個人的努力是無法從根本上扭轉不公平的局面的。所以羅爾斯提出了兩個根本問題：什麼是正義？如何來保障一個社會的正義？

概括來說，正義存在於三個層面：首先，正義存在於任何一個人類共同體當中，例如班級、工會、村莊等；其次，正義也存在於社會和國家之中；最後，正義還存在於國家和國家之間，也就是國際社會當中。羅爾斯的《正義論》主要討論的就是國家內部的正義問題，他把正義視為社會制度的首要價值。一個社會制度，無論它多麼高效，無論它遵循的組織原則看起來多麼崇高和美好——例如功利主義的幸福最大化原則——只要無法捍衛正義，就必須被改造或者被廢除。即便以社會整體的名義，也不能侵犯正義。作為自由主義者的羅爾斯堅定地捍衛個人的自由，他看到了功利主義原則的潛在危險——將多數人的快樂建立在少數人的服從之上。僅僅出於「少數服從多數」的理由，就要讓少部分人無條件服從有違他們意願的社會制度，對於少數人群而言是不公平的。

羅爾斯認為正義首先就是「公平」（fairness），「正義原則是在一種公平的初始狀態中被一致同意的」。羅爾斯對人類的基本預設是：人是自由的、平等的，也是理性的。他接受了契約論的觀點，認為既然人人生而平等，如果人們選擇生活在同一個共同體中，遵循同一套社會制度，那麼社會正義的原則就需要得到所有人的認可。羅爾斯充分尊重人與人之間的不同，他非常明白每個人都有自己看待世界、看待人生的觀念體系，他稱之為「整全性學說」（comprehensive doctrine），宗教信仰就是一個典型例子。在任何一個正義的社會裡，任何人都不能把自己的整全性學說強加在他人之上。正義是所有理性的公民共同認可的公共政治文化中的原則。

II・無知之幕：正義不能靠爸爸

那麼什麼樣的社會才算是正義的社會呢？為了回答這個問題，羅爾斯提出了一個著名的思想實驗——無知之幕（veil of ignorance）。

羅爾斯設想了這樣一種場景：我們每個人都擁有健全的意識和智力，而我們的身分卻好像被一道厚厚的布幕擋住了一般，讓我們沒有辦法知曉自己父母是怎麼樣的人，從事怎樣的工作，擁有怎樣的社會地位；我們也不知道自己的膚色、語言、擁有什麼樣的天賦，會結交什麼樣的朋友，處在什麼樣的社會制度之下……總而言之，羅爾斯要求我們把自己想像成一個智力正常，但是對自己和社會一無所知的人。而這樣的我們即將進入社會，完全不知道自己將進入哪種家庭，處於哪種階層，就好像進入了「模擬人生」遊戲裡的世界一樣。這個時候，我們會考慮哪些問題？

設置「無知之幕」的目的，就是不讓人先入為主地考慮什麼樣的社會最理想，因此要將所有外在的、偶然的因素排除乾淨。這些因素不僅包括個人的社會地位、階級出身、天生資質、智力水準、倫理觀念，還包括個人所在社會的經濟和政治狀況、目前達到的文明水準等等。這就好像在要求一個人負責切蛋糕，卻不負責分蛋糕，這個人並不知道自己會分到哪一塊，對於他來說，最明智的做法就是把所有蛋糕都盡可能切成同樣的大小。

有人質疑，無知之幕過濾掉了太多的資訊，而資訊的大量缺失會嚴重影響人們的決策。如果一個人不能考慮自己的先天稟賦、社會地位、宗教信仰，那麼還能如何做決定呢？羅爾斯這樣做的理由是，導致人類不平等的最大因素可能並不局限於一代人，而是幾代人累積而成的結果，因為父母總是會想方設法把最好的資源留給下一代，這也就是政治哲學所關注的「代際正義」。所以想要真正實現社會公平，就必須要考慮繼承和遺傳的因素。簡言之，羅爾斯在《正義論》中表達了一個樸實的訴求：一個社會要實現正義，首先就不能「靠爸」。

Ⅲ・正義的兩個原則

「無知之幕」是羅爾斯設定的「原初狀態」（original position）中的一個條件。與霍布斯、洛克、盧梭假定的某種「自然狀態」一樣，羅爾斯假定在原初狀態中的人，既有理性同時又保持著冷淡的人際關係。這就意味著，每個人都只關心屬於自己的特殊利益，而對別人的利益漠不關心。羅爾斯經研究後發現，處於原初狀態中的人會選擇以下兩個正義的基本原則。

第一個原則被稱作「平等自由的原則」。在《正義論》中，羅爾斯將其表述為：「每個人都有同等的權利，在與所有人同樣的自由體系兼容的情況下，擁有最廣泛的平等的基本自由體系。」這個原則的確立是為了保障所有人的基本自由以及人的基本權利，例如人身自由、言論自由、擁有私人財產的自由、信仰自由等等。

第二個原則由「差別原則」和「機會平等原則」這兩部分組成。機會平等，意味著每個人都「享有公平前景的權利」，所有的公共崗位都要向全體國民開放，避免任何人因為性別、種族、宗教、財富、地位等原因遭受歧視。不過，機會可以平等分配，財富卻不能。對此，羅爾斯提出了「差別原則」。這一原則在實踐中主要通過稅收的方式來體現。

例如，政府將富人的稅率提高至30%，而窮人可以免稅。這類政策雖然在形式上是不平等的，但在一定程度上縮小了貧富差距。在羅爾斯看來，這就是實現公平的一小步，只要不斷積累和完善各項法律法規，一個真正公平的社會制度終會出現。

第二個原則的確立是針對社會和經濟不平等的現象而做出的妥善安排：

1. 在與正義的儲存原則一致的情況下，適合於最少受惠者的最大利益；
2. 依繫於在機會公平平等的條件下，職務和地位向所有人開放。

不過，這一原則在不同的經濟學家和政治學家眼中仍極具爭議性。

概括來說，羅爾斯提出的「平等自由的原則」「機會平等原則」和「差別原則」分別起了三種效果：堅守底線、提供均等機會、保障最少受惠者的利益。羅爾斯為這三個原則確定了先後順序：平等自由的原則＞機會平等原則＞差別原則，在他看來，社會價值亦有輕重之分，而這就是正義的體現。

延伸閱讀

1.〔美〕約翰・羅爾斯：《正義論》，何懷宏、何包鋼、廖申白譯，北京：中國社會科學出版社，2009年。

2.〔美〕約翰・羅爾斯：《政治自由主義》（*Political Liberalism*），萬俊人譯，南京：譯林出版社，2011年。

3.〔美〕羅爾斯：《政治哲學史講義》（*Lectures on the History of Political Philosophy*），楊通進、李麗麗、林航譯，北京：中國社會科學出版社，2011年。

4.〔美〕湯馬士・伯格（Thomas Pogge）：《羅爾斯與正義論》（*John Rawls: His Life and Theory of Justice*），顧肅、劉雪梅譯，臺北：五南，2010年。

— 31 —

諾齊克《無政府、國家與烏托邦》
梅西應該繳更多的稅嗎？

—— 閱讀挑戰 ——

ROBERT NOZICK

存在的只是個體的人，具有他們自己個別生命的不同的個體的人。為了其他人的利益而利用其中的一個人，就是利用他而使別人得到好處，僅此而已。所發生的事情是，對他做了某些事情，卻是為了別人的緣故。談論社會整體利益就把這個問題掩蓋起來了。

——諾齊克《無政府、國家與烏托邦》

引言

現代大多數國家都會採取累進稅制——收入越高，繳稅比例越高。儘管如此，很多明星一年的收入還是遠遠超過了普通人一輩子甚至是幾輩子可以賺到的錢。以足球明星梅西為例。二〇一八年，梅西的總收入為一點一億美元，其中薪酬收入八千四百萬美元，廣告收入二千七百萬美元。有人笑言，梅西一個人的收入超過了兩千家中國上市公司一年的盈利，而梅西的祖國阿根廷的人均GDP大約是一點四萬美元。也就是說，梅西一個人一年的收入大致相當於七千八百個阿根廷人的GDP。

那麼梅西應該繳更多的稅嗎？一種看法認為，梅西完全是憑藉自己的足球天賦和不懈的努力才獲得如今的成就，他的高收入都是應得的，不應該強制梅西繳交更多的稅；另一種看法認為，相對於阿根廷的絕大多數平民百姓來說，梅西的收入實在是太高了。他既然賺得多，自然也應該貢獻得更多，繳更多的稅可以救濟和補貼本國的窮人。這兩種看法，似乎各有道理。二十世紀美國哲學家羅伯特·諾齊克在其名著《無政府、國家與烏托邦》中就堅決支持第一種看法，認為梅西不應該多繳稅。

I・諾齊克：梅西不應該多繳稅

羅伯特・諾齊克（Robert Nozick）不到三十歲就成為了哈佛大學的正教授。他的代表作《無政府、國家與烏托邦》（*Anarchy, State, and Utopia*）出版於一九七四年，隔年便獲得了美國國家圖書獎。英國的《泰晤士報》曾經評價《無政府、國家與烏托邦》為「二戰」之後最有影響力的一百本書之一。諾齊克在該書中處處針對自己的同事——哈佛大學的政治哲學教授羅爾斯。兩人在國家的經濟和社會功能方面有較大的分歧。羅爾斯通過肯定政府在調節社會公平，尤其是處理貧富分化問題的必要性，來對古典自由主義進行修正，而諾齊克則視個人自由和權利神聖不可侵犯。

在徹底理解這兩位哲學家的觀點之前，我們首先要思考明白這樣一個問題：人類為何會產生收入差異？比如，勤勞的人往往會比懶惰的人獲得更多的回報，後天的努力一定能造成個人收入的差異；此外，天災人禍也會為個人收入帶來變數，正如電影《我不是藥神》所講述的困境，若醫療保險制度不能為某些重大疾病提供風險保障，或者不能對製藥企業在產品定價上進行一定的管制，那麼無數重疾病人的家庭都會為沉重的經濟負擔所苦。還有一個能影響個人收入的要素，那就是天賦。歷史上有天才音樂家莫札特、天才數學家高斯、天才籃球運動員喬丹……雖然他們的成就離不開後天的努力，但是我們也不得不承認，那1%的天賦確實能帶來質的差異。在政治哲學家眼中，天賦在造成貧富差異的原因中是最複雜的一種。

羅爾斯認為，天才們都是中了「自然彩票」——只是幸運而已，並不是透過公平公正的方式爭取來的。因此，天賦不應該成為人與人貧富差異過大的理由。但是諾齊克認為羅爾斯的原則無法區分先天的稟賦和後天的努力。換句話說，羅爾斯沒有辦法獎勵同時具有天賦和刻苦精神的人。諾齊克將個人的天賦視為個人所獨有的「資產」，每個人都可以羨慕天才能在自己的領域發光發亮，但是不可以肆意剝奪他們用天賦換取的一切合法財富。

諾齊克用一個例子來說明自己的觀點：假設你和另一名男子張三同時向一名女性求婚，這名女性因你天生相貌出眾而答應了你拒絕了張三，張三可以抱怨這一選擇並不公平嗎？如果張三以此為由，要求你賠償他的精神損失費，你又該如何應對這個荒謬的要求？要知道，並不是所有的不公正都要加以糾正，因為有些不公正是不幸造成的，而幸運與道德之間並無關聯。

II・國家為何最好做「守夜人」？

諾齊克在《無政府、國家與烏托邦》中提出了「最弱意義的國家」（minimal state）概念。這裡的「最弱」非形容一國的綜合實力低下，而是指國家要承擔最少的責任，政府要履行的職能要最少。

諾齊克認為國家需要做的事情，不外乎保護國民的人身安全和私有財產不受暴力、盜竊、欺詐的侵犯，確保契約履行等等。這樣的國家又可以被稱為「守夜人國家」，國家就好像一座城市裡的守夜人一樣，負責巡邏值班，保障安全，此外什麼都不需要做。諾齊克認為，使自己的權力範圍波及其他領域的，或者說越過最低門檻的國家，都是不正當的。國家也不應該如羅爾斯所說的，承擔二次分配、提供平等機會等職能。在諾齊克的設想當中，國家的基本職能僅保障個人權利不受到侵犯。這就要求國家配備軍隊和員警，甚至部分員警的職能也是可以私有化的。諾齊克也不接受所謂福利國家的設想，他認為國家不能干預對個人健康、養老問題的決策，個人應當為自己購買健康保險或者養老保險，而且私人企業完全有能力提供這方面的產品，國家所要做的就是進行嚴格的監管，保證每個人的權利不受侵犯。

因此，諾齊克要證明「最弱意義上的國家」才是最正當合理的。首先，他要證明無政府狀態是行不通的；其次，他要證明超過了「最弱意義上的國家」，例如羅爾斯所提倡的國家，是行不通的。諾齊克認為，羅爾斯過分強調了平等分配——如果把一些東西集中統一地分配給另一些人，就意味著要剝奪一些人的財產，這就是不正當的。此外，羅爾斯的理論建立在「需求」假設之上，即假設應給予最需要某樣東西或者某種服務的人所想要的東西，對此諾齊克提出了一個反問：理髮師應該把為人理髮的服務分配給最需要理髮的人嗎？花匠應該把他的服務分配給最需要修剪草坪的人嗎？理髮師、花匠、醫生乃至所有的從業者都沒有義務無償地為需要的人提供服務，否則那就變成了強制捐獻，甚至是搶劫了。

Ⅲ．持有正義：馬斯克可以獨占火星嗎？

諾齊克政治哲學的出發點是個人權利，對他來說個人權利是其他一切權利的來源。《無政府、國家與烏托邦》說：

個人擁有權利。有些事情是任何他人或團體都不能對他們做的，做了即要侵犯到他們的權利。這些權利如此有力和廣泛，以致引出了國家及其官員能做些什麼的問題。

那麼，諾齊克怎麼論證個人權利呢？

諾齊克認為，個人最基本的權利就是所有權，為此他提出了「持有正義」的概念。透過怎樣的方式獲得一樣東西才能被視為正當？這主要分為兩種途徑：第一種是透過正當的手段獲得，即來路正當；第二種是透過他人合法轉讓的方式獲得。正當的獲得和正當的交換構成了持有正義，也是諾齊克分配正義的核心。他提出，如果分配的過程不符合這兩條原則，就必須矯正。照此看來，遺產稅就是多餘的，國家沒有權力向死者的後人徵收遺產稅。甚至可以說，諾齊克想用「持有」這個概念來徹底代替「分配」這個概念。在諾齊克看來，國家不能強制個人拿出他的合法所得對窮人補貼，他尤其反感一個集中統一分配所有資源的國家。所有的人只需按照法律進行經濟活動，通過勞動賺取收入，然後根據契約，或者採用直接交換、贈予或轉讓財產等手段就能夠實現分配正義。

在這個概念中，諾齊克似乎留下了一個破綻，他並沒有對獲取財富的途徑的正當性進行全面而明確的規定。因此會有人質疑，是不是所有「並非不正義」的獲取途徑就是正義的？假設未來的某一天，特斯拉的老闆伊隆·馬斯克成功把一名太空人送上了火星，而這名太空人在登上火星的那一刻就宣布：火星歸馬斯克所有，那麼火星是否可以算作馬斯克正當獲取的「財產」呢？一般而言，對人造物的所有權界定比較容易，而對於一開始就是無主的自然物——空氣、土地、水源等——的最初獲取正當性就難以界定。在社會形成之初，人類的絕大多數土地是以「跑馬圈地」的方式獲得。農民可以直接在土地上搭起一圈籬笆，在裡面耕種勞作，於是籬笆裡面的土地就是屬於他的。如果這樣做是正當的話，為什麼馬斯克不可以宣布火星屬於他呢？

諾齊克事實上考慮到了這個問題，為此他提出了「洛克條件」對個人權利進行限制。「洛克條件」對合法占有無主物做出了規定——「還留有足夠好和同樣好的東西給其他人共用。」換句話說，任何人都可以占有無主物，也可以讓其他人有償使用，但前提是不得使他人的條件惡化，也不得損害他人的利益。據此，馬斯克不可以宣布火星是他的私有物，因為火星是唯一的，並不會有另一個火星留給其他人使用。

延伸閱讀

1.〔美〕諾齊克：《無政府、國家與烏托邦》（經典45週年新版），王建凱、張怡沁譯，臺北：時報出版，2019年。

2.〔美〕羅伯特．諾齊克：《蘇格拉底的困惑》（*Socratic Puzzles*），郭建玲、程郁華譯，北京：商務印書館，2015年。

3.〔美〕羅伯特．諾齊克：《被檢驗的人生》（*The Examined Life*），姚大志譯，上海：上海譯文出版社，2015年。

4.〔美〕施密茨（Schmidtz, D.）：《羅伯特．諾齊克》，宋寬鋒、莊振華譯，上海：復旦大學出版社，2013年。

5.〔美〕G. A.柯亨（Gerald Allan Cohen）：《自我所有、自由和平等》（*Self-Ownership, Freedom, and Equality*），李朝暉譯，北京：東方出版社，2008年。

PART FOUR

正視矛盾，質疑常態

我們對現代生活的反思

— 32 —

叔本華《作為意志和表象的世界》

人生為何如鐘擺？

— 閱讀挑戰 —

SCHOPENHAUER

在人們把一切痛苦和折磨都認為是地獄之後，給天堂留下來的除開著無聊之外就再也沒有什麼了。
——叔本華《作為意志和表象的世界》

引言

佛教總結了人生八苦：生、老、病、死、怨憎會、愛別離、求不得，以及造成前七苦的根源——五蘊熾盛，也就是無休無止的欲望。

欲望永遠存在。很多人因為欲望得不到滿足而痛苦；很多人費盡千辛萬苦，實現了自己夢寐以求的目標，卻發現滿足欲望的快樂轉瞬即逝。人生在欲望面前就好像鐘擺一樣，明知是徒勞的重複，卻依然來回擺動。如果這是人生的必然，那麼人類能否找到擺脫欲望的出路呢？十九世紀德國哲學家叔本華就在思考這個問題，並因此成為了歐洲近代歷史上非理性主義的先驅。

I・世界是我的表象

一七八八年二月二十二日，叔本華（Schopenhauer）出生在普魯士但澤，如今被劃分在波蘭境內。他的父親是一個成功的商人，在一八〇五年自殺後給年輕的叔本華留下了一大筆遺產。叔本華原本可以錦衣玉食地過一輩子，但他偏偏厭惡女色，不愛錢財，鍾情哲學。一八一八年，三十歲的叔本華完成了《作為意志和表象的世界》（*Die Welt als Wille und Vorstellung*）。他對自己的新書充滿信心，但是出版之後，該書並沒有引起預想般的轟動。直到第三版問世時，才最終引起了世人的注意，叔本華本人也因此聲名鵲起，成為了歐洲名人。

叔本華曾經斷言，哲學上的一切進步都在學院之外發生，明裡暗裡表達了對黑格爾的不滿。一八四八年左右，歐洲人普遍開始對黑格爾式的宏大敘事和進步歷史觀念感到了厭煩，曾經的巨人淪為「死狗」。叔本華在《作為意志和表象的世界》中主要攻擊的是黑格爾，而他攻擊的武器卻是康德式的。

《作為意志和表象的世界》的第一個核心命題即全書的第一句話：「世界是我的表象。」如何理解？這還要從康德的哲學說起。二元論是康德哲學的基本特點之一，其核心理論是表象世界和物自體的二分。叔本華認為這是康德思想中最偉大的功績。在《作為意志和表象的世界》的附錄中，叔本華指出，當康德把這世界的表象的最普遍形式孤立起來時，「他指出人們不僅可以從客體出發，而且同樣也可以從主體出發認識到這些形式，並得按其全部的規律性概覽這些形式」。但是康德並沒有直接在意志中認識到自在之物——這也是無法做到的——而是從因果關係中推論出了自在之物的存在，因為感官必須要被某樣東西觸發。叔本華另闢蹊徑，發現人雖然永遠處於事物之外，但是有一個重要的例外——每個人都能體驗或認識到自己的意志活動。所謂的客觀世界，無非就是被呈現在我們的意識或知性之前的東西，因此被稱為「表象」（德語：Vorstellung；英語：representation）。「整個的物件世界是並且一直是表象，從而完全地也永遠地被主體所決定」，換句話說，世界的表象並非無端的抽象空想，而是建立在人的知覺之上。叔本華也沒有放棄「物自體」的概念，他說：「我們不僅是一個認知的主體，從另一方面看，我們自己也屬於要被認識的內在本性。」人自己就是物自體。叔本華就這樣把康德的物自體包含進了人的內心之中，並將其稱為「意志」（德語：Wille；英語：will）。

II・世界就是意志

叔本華在《作為意志和表象的世界》第二篇中追問：世界除了表象之外還有什麼？在叔本華之前，幾乎所有的哲學家都認為世界的本質是理性。但是叔本華指出這很可能是一個謊言，是一個古老的、普遍的錯誤。他在前人思想的基礎上邁出了關鍵的一步，點明存在於有意識的理智之下的是意志，亦被譯為「意欲」。意志才是真正的本質。《作為意志和表象的世界》的第二個核心命題就是：世界是我的意志。

意志究竟是什麼呢？叔本華曾經把意志比喻為「伊克西翁之輪」。伊克西翁是古希臘神話中的國王，因為追求天后赫拉而被宙斯綁在輪子上旋轉不休。在叔本華看來，人就像是被捆綁在意志之輪上，因為意志永不被滿足而被迫旋轉不休。意志是一種持續的生命力，一種自發的活動，一種非理性的強烈欲望。叔本華將理性與意志比作「一個勇猛強壯的瞎子，背負著一個能給他指路的亮眼瘸子」。意志才是生命根本的驅動力，而非以往哲學家們追捧的理性。

叔本華認為，世界有表象和意志兩個面貌。意志和表象並不是因和果的關係，而是一枚硬幣的兩面。叔本華說：「身體的活動不是別的，只是客體化了的意志活動」，即意願和行動是一體的。當一個人抬起雙手時，並非他的意志導致了抬起雙手這一結果。意志並不局限於人的心理活動，而是無所不在的。不僅人有意志，動物、植物也有意志，甚至沒有生命的石頭也有意志，在自然界中到處瀰漫著力與能量。

理智和肉體會疲勞，但是意志不知疲倦也不知滿足。叔本華把存在於有機體中的意志稱為「生命意志」（Wille zum Leben）。生命意志有一種基本策略來擊敗死亡，那就是生殖或者犧牲生殖。在這一點上，叔本華要澈底撕破人們對愛情的浪漫幻想。愛情雖然被很多文學家讚頌，本質上卻是出於生命意志的生殖繁衍。所以叔本華意味深長地說：「魔鬼的笑聲會在交歡後的瞬間響起。」因為那一瞬間，生殖的使命已經完成，生命陷入了極為短暫的滿足，空虛和無聊很快就要開始。

叔本華說，人有一個與生俱來的錯誤，那就是相信活著是為了快樂。然而，世界從來就不是以快樂為目的而運轉的。世界的本質是意志，人生就是鬥爭，就是一部悲劇的苦難史。

Ⅲ・人生如鐘擺

叔本華在《作為意志和表象的世界》中，將意志放在了終極的位置上。他認為，無論是理性的認識，還是純粹的直觀，歸根究柢都在為意志服務。「面對大自然的呼嘯咆哮，反省思維的能力是微不足道的」，因為意志就是不可遏制的盲目衝動。叔本華將人比作在波濤洶湧的大海上操舟而行的船夫，他看不到海岸，眼前只有無窮無盡的海水以及狂風巨浪，隨時可能被海浪吞噬。這片危險的大海就是意志。意志只有自我保存和繁衍後代兩種基本的欲求，生老病死之於人只意味著持存的恐懼與痛苦。

只要人的意識中還充滿意志，只要人還沉溺於欲望之中，人就不會有永久的幸福和安寧。每一次滿足都意味著新的不滿和新的欲求的開始，循環往復，沒有止境。叔本華說：

> 一切意欲都是由於需要，因此都是由於痛苦，某一願望的滿足便能夠結束這個意欲，然而，對一個已經滿足了的願望來說，只好還有別的願望沒有滿足。所以，只要我們意識中充滿了自己的意志，只要我們沉溺於一堆欲望及其不斷的希望和恐懼之中，只要我們是意欲活動的主體，就永遠無法得到長久的幸福和平靜。

所以，「人生有如鐘擺，擺動在痛苦與倦怠之間……當人們把一切痛苦歸之於地獄，那麼剩下來屬於天國的只有倦怠」。在無聊與痛苦中徘徊，是人的宿命。

叔本華向人們展示的是一個悲觀的世界，「每一部生命史都是一部苦難的歷史」「生命沒有內在價值，而僅僅依靠欲望和幻想得以運轉」。

面對這樣的世界，人還有什麼出路嗎？叔本華給出了兩種選擇，但是不論選擇哪一種都不容易。

第一條出路在宗教之中。叔本華從古代宗教的聖徒和禁欲者那裡看到了一絲希望。聖賢可以認識到自己的自私、虛榮以及綿綿不絕的欲望，並最終克服它，選擇一種離群索居、放棄婚姻、放棄子嗣的生活。這就是所謂的「斷念」。自我被化為一朵微弱的火花，以擺脫意志的奴役。

第二條出路是透過藝術和哲學來尋求慰藉。人們或許不能徹底壓抑生命意志，但是可以用藝術和哲學來找到解脫。叔本華曾經記載過自己在德勒斯登植物園的一段經歷。他在植物園的溫室裡閒逛，非常投入地觀察著植物的形狀，甚至開始自言自語道：植物的外形與色彩究竟有什麼用處呢？叔本華的奇怪行為引起了植物園管理人員的注意，他們上前盤問叔本華，而叔本華反問道：「如果你們能夠告訴我我是誰，我將非常感謝您。」他全情投入到眼前的觀察和審美之中，自我和世界之間的區分被揚棄，以至於達到了物我兩忘的境界。在《作為意志和表象的世界》中，叔本華將這種直觀稱為「優良意識」。人暫時失去了時間感和空間感，甚至失去了自我，從而超脫了欲望。叔本華說出了從康德以來對藝術的核心界定：非功利的絕對靜觀。在非功利的審美之中，叔本華看到了擺脫意志奴役的可能。

在《作為意志和表象的世界》的序言裡，有這樣一句話：「真理是我唯一的指路星辰。」在這個世界上，卑劣和惡毒普遍占據著統治的地位，而愚蠢的嗓門叫喊得甚為響亮。大眾的判斷力是反常的，「要創作出優秀的著作，並且避免寫出低劣的作品，創作者就必須抵制和鄙視大眾及其代言人的評判」。這段話也體現了叔本華一輩子的格言：要麼孤獨，要麼庸俗。

延伸閱讀

1.〔德〕叔本華：《作為意志和表象的世界》，石冲白譯，臺北：五南，2021年。

2.〔德〕呂迪格爾・薩弗蘭斯基（Rüdiger Safranski）：《叔本華及哲學的狂野年代》，欽文譯，北京：商務印書館，2010年。

3.〔德〕叔本華：《人生的智慧》，臺北：布拉格文創社，2022年。

4.〔德〕叔本華：《叔本華論道德與自由》，韋啟昌譯，上海：上海人民出版社，2011年。

5.〔美〕戴維・E・卡特賴特（David E. Cartwright）：《叔本華傳》，何曉玲譯，杭州：浙江大學出版社，2018年。

6.〔英〕克里斯托弗・賈納韋（Christopher Janaway）：《叔本華》，龍江譯，南京：譯林出版社，2014年。

— 33 —

尼采《查拉圖斯特拉如是說》

成為「超人」意味著什麼？

— 閱讀挑戰 —

FRIEDRICH NIETZSCHE

高人啊，不要妄圖說服這些民眾，我要對你們說：「遠離市場吧！那裡沒有人會相信你們，你儘管自顧自地說話吧，說得再完美也不會有人領悟道理的一分，民眾們相互眨著眼，只會說：『我們不都一樣嗎（We are all equal）？哪會有什麼高人啊，上帝面前我們都一樣！可現在上帝已死。相等？我們還不願與你們這些所謂的高人混為一談呢！離開市場吧，你們這些高人！』」

——尼采《查拉圖斯特拉如是說》

引 言

「超人」（superman）是好萊塢電影塑造的一個英雄形象。他來自外星球，擁有超乎常人的能力，喜歡內褲外穿，關鍵時刻總是能拯救人類。這一切似乎只能歸結為他超凡的外星出身。你想成為超人嗎？如果你成為了超人，想獲得怎樣的能力呢？十九世紀德國哲學家弗里德里希·尼采在其名著《查拉圖斯特拉如是說》（*Also sprach Zarathustra*）中也憧憬一種未來的新人類，他也將這種新人類命名為「超人」（overman）。但是尼采的超人不同於好萊塢的超人，既沒有超能力，也不會拯救人類。他更像是尼采用來狠狠地批判現成文化的工具，尼采想讓超人重估一切價值。換言之，尼采的超人絕不接受人云亦云的價值，而是一切「自作主張」。在尼采眼中，即便是好萊塢的超人依然是在地上匍匐的末人。

尼采是一個病人、一個瘋子、一個狂人，也是一個他自己所謂的超人。他在二十四歲時就擔任了瑞士巴塞爾大學古典語言學的教授。一八八九年一月，年僅四十五歲的尼采徹底精神崩潰。他在義大利杜林的街頭看見一個馬車夫正用鞭子抽打著馬，便跑上前去抱住馬，一邊嚎啕大哭一邊對著馬說：「我受苦受難的兄弟啊！」從此之後，尼采無論是肉體上還是精神上都一蹶不振，再也沒有恢復……

哲學家們總是希望能喚醒沉睡中的人們，尼采則更為激烈，他試圖通過吼叫將人們震醒。如果說康德是一個饒舌歌手，那麼尼采一定是一個重金屬搖滾歌手，而他最著名的搖滾作品就是《查拉圖斯特拉如是說》。

I・查拉圖斯特拉是誰？

在如今的德國大學裡，絕大部分哲學系並不開設關於弗里德里希・尼采（Friedrich Nietzsche）的課程，但在德語文學系當中，尼采卻位列必讀作家名單。與擅長構建體系、論辯說理的哲學家不同，尼采更像是一位哲學詩人，這一特點在《查拉圖斯特拉如是說》中表現得非常明顯。這本書的文體很難被定義，字裡行間充滿了敘述、比喻、象徵、反諷等修辭手法；書中出現各式各樣的人物，例如群眾、走鋼絲的人、信徒、侏儒、武士等。他們總是來也匆匆，去也匆匆，每個人既沒有生平，也沒有故事，好像是一系列謎一般的象徵符號；全書唯一的主角查拉圖斯特拉的形象也是模糊不清的，讀者分不清他是一個詩人，還是一個宗教先知？是一個苦行者，還是一個漫遊者？他的話代表了尼采自己，還是另有其他的意味？書中的一切彷彿都籠罩在由矛盾與模糊編織而成的迷障中，令人捉摸不透。儘管如此，在第一次世界大戰期間，《查拉圖斯特拉如是說》依然與歌德的《浮士德》《聖經・新約》一起，成為德國士兵最喜歡閱讀的書籍，在軍隊中分發的數量多達十五萬冊。

查拉圖斯特拉是誰？他是西元前七世紀至前六世紀的一個波斯先知，是瑣羅亞斯德教的創始人。這一宗教宣揚二元論，認為是光明與黑暗的鬥爭推動了宇宙的發展。尼采將之解釋為是基督教意義上的無私、仁慈與自私自利之間的對抗。雖然尼采本人並不喜歡黑格爾，但是在他的查拉圖斯特拉身上我們看到了辯證法的影子。尼采想要克服這種善惡二元論，又不想墮入道德混亂的境地，所以查拉圖斯特拉帶來了「超人」這一合題。

查拉圖斯特拉下山之後，先來到一個城鎮，他在廣場上對群眾說：

「我教你們何謂超人：人是應該被克服的東西。」「超人」的德語原詞是Übermensch，在英文中有時被翻譯為overman。德文中über的意思是「在……之上」，從字面上來解釋超人就是在人之上、超越了人類的人，因此要成為超人就必須自我克服（德語：Selbst-Überwindung；英語：self-overcoming）。

查拉圖斯特拉說：「人是聯結在動物與超人之間的一根繩索。」在「這條懸在深淵上的繩索」上，人只要一步步前行，不回頭，不停留，就能夠克服自身，完成自身，成為「超人」。「人之所以偉大，乃在於他是橋梁而不是目的；人之所以可愛，乃在於他是過渡和沒落（ein Übergang und ein Untergang）。」換句話說，人不能甘於現狀，而要有自我超越的勇氣與決心。

廣場上的群眾聽了查拉圖斯特拉的話之後都沉默不語，並不為他的話所觸動。查拉圖斯特拉輕蔑地稱他們為「末人」。末人的教養使得他們感到自豪。他們一致認為，過去的世界是瘋狂的，而現在「人人都想要平等，人人都平等，誰要有不同感覺，自動進瘋人院」，因此人人都應該「愛鄰人」——透過靠在一起而相互取暖，並自以為發現了幸福。

查拉圖斯特拉想要宣揚「超人」，群眾卻嘲諷他：使我們成為末人！我們就把超人送給你！查拉圖斯特拉明白，自己「不是為這些耳朵準備的嘴」。這何嘗不是尼采的親身體會呢！

II・為什麼宣告上帝已死？

「上帝已死」似乎與尼采的名字緊緊地綁在了一起。這句話首次出現在《快樂的科學》（1882），書中寫道：有一個人拿著燈籠，到處尋找上帝，最後什麼都沒有找到。村民們都認為他發瘋了。近兩千年來，基督教一直起到教化歐洲人的作用。歐洲人根深蒂固地認為，判斷善惡的標準直接來自上帝，啟蒙運動打破了這一陳規。尼采宣布上帝已死，這並不是要證明無神論的正確性，而是在表達他內心深處的擔憂：基於基督教的傳統道德將隨著這一宗教的沒落而被動搖，世界將不可避免地陷入虛無主義。

尼采並不否認宗教在教化人心、鞏固道德觀念上起到的關鍵作用，但是對於基督教所提倡的道德本身，尼采是極為不滿的。在《論道德的譜系》這本書裡，尼采區分了「好與壞」「善與惡」兩種道德標準。在古希臘時代，德性好壞的標準均由最富權勢的貴族決定，以便與奴隸保持距離；而奴隸和弱者在面對強者時的無能為力，又催生了一種極為強烈的嫉妒心——他們把對奴隸的同胞感情看作善，而把強者看作惡，並由此創造出了一套新的價值觀。事實上，耶穌基督最初的跟隨者也確實都是生活在社會最底層的貧苦老百姓。因此尼采認為，那就是典型的基督教道德。以往基督教宣揚的是一種「奴隸的道德觀」：弱者們沒有能力復仇，轉而宣揚寬容和體諒；無力反抗強者，因此將謙卑和順從視為美德。總之，基督教道德提倡的都是對弱者有益的東西，而否定最能體現在強者身上的生命意志，因而本質上是功利的，是弱者們將自己的庸懦正當化的手段。尼采在《敵基督者》（1888）中明言，在整部《聖經．新約》中，唯一值得尊敬的是羅馬帝國的總督。

基督教和酒精就這樣成為了尼采眼中歐洲文化的兩大麻醉劑，為了保持清醒，他本人滴酒不沾，並提出了超人的概念。超人要超越的正是不受傳統道德規範約束的人，他要肯定自己本性中的欲望、衝動和激情，充分釋放自己的生命力。新的道德應該建立在人真實的本性之上，而不是對其一味地掩蓋和打壓。尼采在書中講述了精神的三段變化：精神變為駱駝，駱駝變為獅子，獅子變為孩子。駱駝象徵著忍辱負重的精神，但是獅子要攫取自由，在自己的沙漠裡稱王。他要和巨龍搏鬥，來取得勝利。巨龍的名字叫做「你應當」，而獅子的精神卻說「我要」。最終，精神變為孩子，這是新的開始，「一個神聖的肯定」。對人類本性的確證，對生命力量的確證，這就是尼采哲學的核心。

Ⅲ・為何要重估一切價值？

尼采對被麻醉了的歐洲文化持悲觀的態度，這還要從他的著作《悲劇的誕生》講起。古希臘悲劇是兩種藝術傾向的結合：日神（阿波羅）精神和酒神（戴歐尼修斯）精神。阿波羅是秩序、形式和節制的象徵，這種冷靜、理智觀看世界的方式在雕塑身上得到了最好的體現；而酒神則代表了一種狂醉的生命活力，他是放縱的、狂熱的原始力量。人往往在音樂中最能體會這種不受約束、一往無前的生命之流。恰恰是對生命驅動力的承認，藝術才有誕生的契機。但是人如果完全陷入酒神式的迷狂，則會被這種原始的黑暗力量吞噬。阿波羅精神就是要駕馭這種洶湧而強大的生命力量，將之轉化為有創造力的行動。日神精神與酒神精神相輔相成，缺一不可。但是尼采發現，西方哲學的弊病在於只重視阿波羅所代表的理性、節制，而澈底否認了酒神精神的合理地位。他將之怪罪於蘇格拉底，因為正是蘇格拉底把知識當作了最高的目標。

尼采像先知一樣宣布：「我敘述的是今後兩個世紀的歷史。我描述的是來臨者，是必定無疑的來臨者：虛無主義的來臨。」要克服虛無主義，就要重估一切價值。這樣艱巨的任務落在了尼采的肩上，也不知是否因此導致了他的瘋狂。但是他倔強地選擇了直面所有的沉重與苦痛，因為人在苦痛中最能清晰地感受到自身，所以尼采相信苦難會成就偉大。「把你內心的城堡建在維蘇威火山口吧！」

不能否認的是，尼采的語言風格決定了他註定是要被濫用和誤解的。他自己對此也有清晰的認識。他在《瞧，這個人》裡寫道：「人們為了不朽而付出了沉重的代價：不得不在活著的時候死上若干次。」有一種解讀認為，尼采把自己的生命當作一種藝術，生命本身就是一次偉大的創作。尼采就是尼采，他是炸藥，是真正的破壞者，是用鐵錘從事哲學的人。

延伸閱讀

1.〔德〕尼采：《查拉圖斯特拉如是說》，錢春綺譯，臺北：大家出版，2014年。

2.〔德〕尼采：《論道德的譜系》，趙千帆譯，臺北：大家出版，2017年。

3.〔德〕尼采：尼采如是說：《查拉圖斯特拉如是說》+《悲劇的誕生》+《歡悅的智慧》+《瞧，這個人》【尼采四傑作精選集】，陳永紅譯，臺北：野人文化，2022年。

4.〔英〕貝特妮・休斯（Bettany Hughes）：《當代聖賢》第二集，BBC，紀錄片，2016年。

5.〔德〕理查・史特勞斯（Richard Georg Strauss）：《查拉圖斯特拉如是說》，

— 34 —

馬克斯・韋伯《新教倫理與資本主義精神》
你為何會成為「上班族」？

— 閱讀挑戰 —

MAX WEBER

凡是不能讓人懷著熱情去從事的事，就人作為人來說，都是不值得的事。

——馬克斯．韋伯《學術與政治》

引言

你是否已經開始工作了？對於你來說，工作是為了什麼呢？有人非常討厭自己的工作，只把它當作用來養家餬口的工具而已；有人則非常熱愛自己的工作，因為工作帶來了除錢財之外的很多東西，例如榮譽、尊重、個人成就，甚至是自我實現。大多數人可能還是會將工作和收入聯繫起來——工作是積累財富的主要方式，獲得財富是工作的主要目的。你用各種方式追求財富又是為了什麼呢？

這些問題不僅和每個人休戚相關，更是學術史上的重要問題。德國思想家馬克斯．韋伯就將職業和財富作為研究的核心，將之與世界歷史結合起來，以解釋近代西方資本主義崛起的原因。這項研究就是大名鼎鼎的《新教倫理與資本主義精神》（*The Protestant Ethic and the Spirit of Capitalism*）。

I・傳統主義：錢並非越多越好

馬克斯．韋伯（Max Weber）在《新教倫理與資本主義精神》中提出了一個核心問題——這個問題後來也被稱為「韋伯問題」——為什麼在西方近代發展出了如此這般的、合理的資本主義？這種資本主義既要求人努力勤奮工作，學習新的知識，不眠不休，不斷提高生產效率，又希望人賺到了錢也不花錢享樂，一味投身到不斷賺錢的事業當中去。

這種「既想馬兒跑，又想馬兒不吃草」的要求真的有可能被滿足嗎？帶著這樣的疑問，韋伯開始了對德國西部紡織廠的考察。在考察中，他發現了一個有意思的現象：當時，德國不少紡織廠已經採用了計件工資制，即按照一個工人每天的產量來計算他的工資，工人的產量越高其收入自然也就越高。工廠主為了提高工人的勞動積極性，最初想到的辦法就是提高工人的計件工資。例如，原來生產一件產品，工人可以賺到十塊錢，一天生產十個就能賺到一百塊錢。如果工廠主把計件工資提高到十五塊錢，那麼工人一天生產十個將賺到一百五十塊錢。工廠主以為，為了獲得更多的報酬，工人肯定會提高自己的生產效率。然而事實並非如此，很多工人的單月生產量不增反降。這引燃了韋伯的好奇心，他發現原來是人的「知足心態」作祟——原來一天做十個產品才賺一百塊錢，而提高計件工資後一天只要做七個，就可以賺到一百零五塊錢了。工作量變少，收入還能保持不變，何樂而不為呢？工人們的選擇也就不足為奇了。

並非所有人都想賺得越多越好，畢竟工作讓人勞累，只要工資能維持自己一定品質的生活就足夠了。韋伯把這種現象稱為「傳統主義」——一種傾向於享受悠閒、滿足現狀的知足心態。韋伯認為，要產生現代西方的資本主義精神，首先就要克服這種傳統主義，而可以戰勝傳統主義的精神來源於基督教的新教。

Ⅱ・從「天職」到「入世苦行」

韋伯之所以聚焦於新教並非出於神學考慮，而是源自一項人口學的發現。韋伯的學生馬丁・奧芬巴赫在一九〇一年的一篇論文中指出，在德國西南部的巴登地區，新教徒的人均納稅幾乎是天主教徒的兩倍；此外，雖然這一地區天主教徒占比近三分之二，但是在各級職業學校中新教徒比例均高於天主教徒。這些現象都說明，在外部環境幾乎沒有差異的情況下，新教徒在經濟方面要比天主教徒更為成功，且新教徒的家庭更為重視教育。韋伯由此認定，造成這些差異的因素在內在的宗教特質中，而不是在外在的環境因素。

韋伯進而追問，這種資本主義精神從何而來？換言之，這種體現在職業中的工作態度如何產生？韋伯考察了德語中「職業」（Beruf）這個詞的來源。「職業」不僅僅意味著一份工作，一份能夠養活自己的生計，更可以被理解為「天職」，或者是「志業」，其在英語中對應的詞是calling，在宗教用語中可以被翻譯為「天召」。韋伯認為，我們常說的「天職」毫無疑問是宗教改革的產物，它來自德語《聖經》的翻譯者馬丁・路德。然而路德的職業概念一直沒有擺脫傳統主義，他要求人堅守自己的生計而不要去追求盈利，而另一位宗教改革者喀爾文卻表現出了明顯的入世態度，將入世生活作為人的主要任務。發現了這一矛盾的韋伯就試圖來說明，宗教信仰和職業倫理之間是否存在著某種親緣性。

在《新教倫理與資本主義精神》的第二部分裡，韋伯轉向論證新教的苦行倫理和資本主義崛起之間的關係。其實，世界各大宗教中都有苦行的行為，如佛教中的達摩面壁九年、中世紀天主教的修道院苦行等，苦行者大多持「出世」的態度，對俗世不大關心。然而，韋伯認為，在宗教改革之後，新教的立場發生了轉變。他以喀爾文派為例進行了詳細的分析。

十六世紀歐洲宗教改革並不是一個統一一致的運動，而是發生在各地的多個獨立改革。喀爾文就是在瑞士日內瓦城進行宗教改革的領導人之一。喀爾文派具有兩個十分有特色的神學教義——「救恩蒙選」和「預定論」。前者認為，一個人被拯救的恩典並不能歸功於任何人自己的作為，上帝的意旨才是救恩的唯一來源。換句話說，任何人在短暫的一生中不論是行善積德，還是作惡多端，都不能改變上帝已決定的「救恩」人選。後者則認為，一個人是否被拯救是上帝在創世之前就已經決定了的。這意味著，上帝的意旨無法改變，救恩也無法失去。這兩個神學教義都突出了上帝的絕對權威，因此喀爾文派的信徒會陷入一種空前的孤寂感中，就像是高考後等待成績的學生們，明知一切都無法改變，內心卻還是忐忑不安，何況對於信徒們而言，這是關涉能否上天堂的大事，其內心的焦慮感可想而知。那麼他們該如何面對此世的生活呢？喀爾文派的信徒們找到了一條出路，就是將榮耀上帝作為此世生活的唯一目的，並將其體現在自己的職業勞動中，用事業的成功作為自己被拯救的確證。於是，喀爾文派的信徒們就形成了每時每刻、成體系的自我檢視。每當頭腦中的小惡魔開始教唆人偷懶的時候，另一邊的小天使就會跳出來阻止：你怎麼可以偷懶呢？你這樣做是在浪費上帝給你的能力，也對不起上帝揀選你的恩典！長此以往，喀爾文派的信徒身上出現了一種戰戰兢兢的生活態度，他們生活的每一秒鐘都在苦行，他們所獲得的成就都不是為了自己，歸根究柢都是為了榮耀上帝。喀爾文派也由此形成了一種具有秩序、內化為人格的「入世苦行」倫理。

Ⅲ・富蘭克林與資本主義精神

在韋伯看來，近代西方資本主義並非簡單受到了人類欲望或者貪婪的驅動，必然還存在更深層次的文化動因。畢竟這樣一種為賺錢而賺錢的生活方式在人類歷史中非常罕見，必定有一種獨特的精神在支撐其運作，否則人們一天都過不下去。

事實上，韋伯在《新教倫理與資本主義精神》的開篇就明確區分了廣義和狹義的「資本主義」：廣義資本主義存在於人類的各個歷史時期和多個文明當中，像在巴比倫、印度、中國都曾出現過資本主義；狹義資本主義則為近代西方所特有，其具有一種獨特的「精神」——將賺錢作為勞動的唯一目的，在這種狀態中的人們不是為了買房買車，也不是為了光宗耀祖而工作賺錢，只是為了賺錢而賺錢。韋伯把班傑明・富蘭克林作為這種資本主義精神的代表。

富蘭克林可謂是典型的白手起家。他祖上並不富有，完全依靠自己的努力，在印刷行業中賺到了自己的第一桶金。但富蘭克林並不滿足於此，他非常努力地工作，從事各種各樣的發明創造。他曾為了研究雷電，在下雷陣雨時試圖通過放風箏將雷電引下來，結果差一點被雷劈死。此外，富蘭克林非常節儉，甚至有一點葛朗台（註：巴爾札克小說的守財奴角色）的精神。「時間就是金錢」就是富蘭克林的名言。他還說過：

錢能生錢，錢子還能生出更多錢孫。五先令倒騰一下就是六先令，再倒騰一下就是七先令三便士，如此繼續直到一百鎊。你手頭的錢越多，倒騰之後產生的錢也越多，收益會越來越快地增加。誰要是殺死了一頭母豬，就等於殺死了牠所能繁衍的成千頭豬。誰要是浪費了五先令，就等於是謀殺了它所能產出的一切——不計其數的錢。

富蘭克林看起來就是一個活脫脫的財迷。其實，韋伯將富蘭克林作為資本主義精神的代表，恰恰說明資本主義並不意味著奢侈消費，而更多地在強調節儉和勤勉的勞動。能夠獲得這種資本主義精神的關鍵在於，人們是否找到了一種作為使命的職業，而不僅僅將之作為養家餬口的手段。

不過，韋伯也從中看到了一種潛在的危險，那就是宗教精神逐漸枯萎之後，功利主義將逐漸取而代之，朝聖者終將被經濟人所取代。現代資本主義切斷了自己的宗教根基，成為了巨大的「鋼鐵牢籠」。人們無法擺脫強大的經濟秩序，不得不成為「勞動者」。人如果不按照既有的資本主義經濟秩序來工作，就會失業，而失業就意味著失去維持生活的經濟來源，更不用提會連累身邊的親人。這可能才是現代人職業焦慮的來源之一。

延伸閱讀

1. 〔德〕馬克斯・韋伯：《新教倫理與資本主義精神》，郁喆雋選譯，杭州：浙江大學出版社，2017年。
2. 〔德〕瑪麗安妮・韋伯（Marianne Weber）：《馬克斯・韋伯傳》，閻克文、姚中秋譯，北京：商務印書館，2010年。
3. 〔德〕馬克斯・韋伯：《中國的宗教》，康樂、簡惠美譯，桂林：廣西師範大學出版社，2010年。
4. 〔德〕馬克斯・韋伯：《學術與政治》，錢永祥譯，桂林：廣西師範大學出版社，2004年。
5. 〔德〕沃爾夫岡・J・蒙森（Wolfgang J. Mommsen）：《馬克斯・韋伯與德國政治：1890-1920》，閻克文譯，北京：中信出版集團／三輝圖書，2016年。
6. 余英時：《中國近世宗教倫理與商人精神》，臺北：聯經，2023年。
7. 杜維明：《現代精神與儒家傳統》，臺北：聯經，2018年。

— 35 —

胡塞爾

《歐洲科學的危機與超越論的現象學》

科學可以處理一切難題嗎？

—— 閱讀挑戰 ——

HUSSERL

在十九世紀後半葉，現代人讓自己的整個世界觀受實證科學支配，並迷惑於實證科學所造就的「繁榮」。這種獨特現象意味著，現代人漫不經心地抹去了那些對於真正的人來說至關重要的問題。只見事實的科學造成了只見事實的人。

——胡塞爾《歐洲科學的危機與超越論的現象學》

引 言

「科學」對絕大多數人而言是一個積極、正面、充滿褒義的詞語，「不科學」也經常會被用來評價某些不合常理的現象。現代人早已習慣把對世界的認識交託給科學，固執地相信科學能幫助人們解釋很多現象，解決很多問題。在哲學中，「唯科學主義」（scientism）聲稱，科學不僅能點明人認識世界，還能為人提供價值、意義和目標。然而，科學可能解決世界上的一切問題嗎？科學能否告訴人什麼樣的行為是對的，人應該怎樣面對生活？你會支持這樣的唯科學主義嗎？

在兩次世界大戰期間，德國哲學家胡塞爾就看出了唯科學主義的問題。胡塞爾是二十世紀現象學（phenomenology）的重要代表人物，他在《歐洲科學的危機與超越論的現象學》（*Die Krisis der europäischen Wissenschaften und die transzendentale Phänomenologie*）中將唯科學主義視為歐洲文明危機的根源。

I．第一次世界大戰與科學危機

《歐洲科學的危機與超越論的現象學》是胡塞爾（Husserl）的最後一本著作，也是一本未完成的著作。該書手稿寫於一九三五年至一九三六年，胡塞爾試圖以這本書挽救歐洲人於危機之中。在他看來，歐洲科學危機不僅僅關係到科學，更關係到整個西方乃至人類文明的前景。胡塞爾為什麼會做出這樣的判斷呢？這還要從第一次世界大戰說起。

對於歐洲人來說，第一次世界大戰在精神和心理上的傷害遠超過第二次世界大戰。「一戰」是人類歷史上第一次現代化戰爭，首次投入使用了很多新式武器，例如坦克、潛艇、飛機和毒氣等。人類第一次意識到機械文明不僅意味著驚人的生產力，同時也意味著前所未有的破壞力。胡塞爾的一個兒子就死在了「一戰」的戰場上。戰後的德國危機深重，陷入了惡性的通貨膨脹，進而引發了政治危機。納粹黨趁機籠絡人心，登上了歷史舞臺。一九三五年五月，胡塞爾收到邀請，前往維也納演講，其演講的題目就是「歐洲人危機中的哲學」。在這篇演講的基礎上，他寫成了《歐洲科學的危機與超越論的現象學》這篇論文。

胡塞爾在《歐洲科學的危機與超越論的現象學》序言部分最後寫道：

> 我並不想教授，而只想引導，只想指出和描述我所看到的東西。我並不要求別的，只是要求允許我能像每一個以及全部真誠經歷了哲學式生存的命運的人一樣，首先對我自己，因此也對別人誠實地講述。

胡塞爾認為哲學家是人類的公務員。因此，哲學家有責任去面對靈魂中的野蠻仇恨，並運用理性的英雄主義來復興哲學。但是在他所處的時代，歐洲人出現了懈怠，拒絕使用理性來反對野蠻，於是胡塞爾挺身而出，高呼「哲學的生命力在於，它們為自己的真實意義而奮鬥，並以此為真正的人性意義而奮鬥」。

《歐洲科學的危機與超越論的現象學》提出了一個核心問題：自啟蒙運動以來，歐洲人一直認為無往不利的理性如今為何會遇到嚴重的危機呢？造成危機的根源是什麼？「一戰」之後，在歐洲談論危機是一樁時髦的生意，例如斯賓格勒的《西方的沒落》就受到很多人的追捧。胡塞爾另闢蹊徑，他並不只關注一時一地的危機，而是試圖找到一切危機的根基，於是他把目光投向了歐洲人引以為傲的自然科學。然而歐洲自近代以來在科學上取得了驚人的成就，胡塞爾又為何會認為是科學出現了問題呢？

《歐洲科學的危機與超越論的現象學》開篇即明確回答了這個質疑。

胡塞爾並不是要提倡某種和科學對立的懷疑論、非理性主義或者神祕主義，但是他看到，實證科學將科學的理念還原為純粹事實的科學，在這個過程中，科學喪失了其對生活的意義。這就是胡塞爾所說的科學的危機。在十九世紀後半葉，現代人的世界觀逐漸被實證主義支配，並被科學所造成的繁榮所迷惑。實證和科學為人們戴上了一副「有色眼鏡」，壟斷了人們對世界的理解，使得人們對世界本身越來越冷漠，也迴避了對人性具有決定性的問題。所以人們開始發現，在生存的危機時刻，科學什麼都不能告訴他們，因為科學只追求客觀的東西。這種自然主義的客觀主義讓胡塞爾感到恐慌。

II・追求永恆：世界的數學化

胡塞爾認為，歐洲的自然科學就是要建立一個理性的、無限的存在大全，其起源可以追溯到文藝復興時期。從那時起，人們開始認為理性是絕對的、永恆的、超時間的和無條件的，開始追求一種「永恆的哲學」。

胡塞爾在《歐洲科學的危機與超越論的現象學》裡重點考察了文藝復興時期的科學家伽利略。伽利略做過很多偉大的實驗，例如，「兩個鐵球同時落地」的實驗即證明了重力加速度的存在。伽利略還很擅長科學觀察，他自己製作望遠鏡來觀測天體，從而發現了月球表面的凹凸不平，並親手繪製了第一幅月面圖。此外，他還發現了木星的四顆衛星、土星的光環、太陽的黑子、太陽的自轉、金星和水星的盈虧等現象。不過在胡塞爾看來，伽利略最大的貢獻並不是觀察和實驗，而是將自然數學化。

伽利略用數字測量並描述世界上發生的一切事件，直接用幾何學的方式來構造出一個客觀的世界。這種客觀世界非常類似於洛克所說的第一屬性的世界，它有長寬高、重量和運動，但是沒有任何第二屬性——沒有顏色、氣味、聲音……這個世界只留下了「形式」，而沒有感性的質料。胡塞爾指出，伽利略忽略了感性世界的根源，如此數學化的世界中沒有人的意義，整個世界好像被還原為一條冰冷的公式，完全失去了差異和個別性。從伽利略開始，一個被觀念化、數學化的世界就已偷偷地取代了直觀的自然。

Ⅲ・返回生活世界：要做「常人」

要解決歐洲的危機，胡塞爾發現唯一的出路是回到已經被現代人遺忘的生活世界（德語：Lebenswelt，英語：lifeworld）。他把生活世界大致分成了三類：日常的生活世界、職業的生活世界和科學的生活世界。

日常的生活世界關涉的是人們的衣食住行以及思想和情感上的直接交流。在日常的生活世界中所發生的事情都具有直接性，是先於任何概念的，是在活生生的經驗中出現的。但是隨著科學技術的不斷進步，在原先的學科架構中又不斷細分出多種專業和職業，於是就形成了職業且專業的生活世界。職業的生活世界是通過職業形成的。不同的職業會造就不同的視野，因此會形成特殊的生活世界。

近代以來，歐洲人的生活世界和科學世界出現了對立。所謂生活世界，簡單來說就是我們日常生活著的，能夠體驗、感受一切事物的世界。按照胡塞爾自己的說法，在具體的生活世界中，我們被給予了現實的東西，而科學的生活世界的特徵則是觀念化，往往通過概念和數學來把握世界。在胡塞爾看來，人的生活不僅僅是一種物理和生理的活動，更是一種有目的的創造性活動。人通過創造性的活動，不僅改造了世界，還改造了自己。所以說，人的生活是一切的基礎。生活世界存在於科學之前，是科學理論的前提。生活世界是第一性的，它才是本真的。

然而，科學家往往喜歡沉溺在自己的小圈子裡。隨著專業不斷分化，大家的共同語言會越來越少，人和人之間的情感也漸漸淡漠。換言之，科學的危機也是生活世界的危機，因為科學世界和生活世界出現了分裂和對立。人們不再問，科學是為什麼而存在的，是為什麼而服務的，甚至認為科學對世界的認識就是世界的全部。

胡塞爾認為，現代人對生活世界的忽略是一種時代病，而他提出生活世界的觀念就是想表明，生活才是人類一切活動的本源。人不能總以「物理學家」「工程師」或者「股票經理人」自詡，而要增強「常人意識」。也就是說，在人與人的交往中，科學家要放棄專業身分，採取一種人格主義的立場——人可以面對面地交流、對話、握手，哪怕是相互嫉妒和仇恨，這也是在生活世界中發生的直接而真實的內容。科學家們只要不局限於自己的小世界，就會意識到自己是一個普通人，自己也是生活世界的一員。

延伸閱讀

1.〔德〕胡塞爾：《歐洲科學的危機與超越論的現象學》，張慶熊譯，北京：商務印書館，2001年。

2.〔丹〕D・扎哈維（Dan Zahavi）：《胡塞爾現象學》（*Husserl's Phenomenology*），李忠偉譯，上海：上海譯文出版社，2007年。

3.〔美〕羅伯特・索科拉夫斯基（Robert Sokolowski）：《現象學導論》，高秉江、張建華譯，武漢：武漢大學出版社，2009年。

4.〔愛爾蘭〕德爾默・莫蘭（Dermot Moran）：《現象學：一部歷史的和批評的導論》（*Introduction to Phenomenology*），李幼蒸譯，北京：中國人民大學出版社，2017年。

— 36 —

馬克思《1844 年經濟學哲學手稿》
你為什麼不喜歡上班？

— 閱讀挑戰 —

KARL MARX

他的勞動不是自願的勞動，而是被迫的強制勞動。因此，這種勞動不是滿足一種需要，而只是滿足勞動以外的那些需要的一種手段。勞動的異己性完全表現在：只要肉體的強制或其他強制一停止，人們會像逃避瘟疫那樣逃避勞動。

——馬克思《1844年經濟學哲學手稿》

引言

勞動者在自己的勞動中並不肯定自己，而是否定自己，並不感到幸福，而是感到不幸，並不自由地發揮自己的肉體力量和精神力量，而是使自己的肉體受到損傷，精神遭到摧殘。因此，勞動者只是在勞動之外才感到自由自在，而在勞動之內感到爽然若失。勞動者在他不勞動時如釋重負，而當他勞動時則如坐針氈。

相信不少人在每天上班的時候，都會不自覺地產生這樣一個念頭：不想上班，好想快點下班。人雖然正坐在辦公桌前，卻完全不想幹活，腦子裡想的全是下班後可以和朋友到哪裡去happy一下。相信還有不少人如果不是看在薪水的分上，根本不願意去上班。如果有可能的話，很多人絕對想逃避勞動。

卡爾．馬克思也會有這樣的想法嗎？很多人都曾在教科書裡間接認識了馬克思，卻從來沒有直接閱讀過他的文章。其實馬克思在《1844年經濟學哲學手稿》（又叫做《巴黎手稿》）中討論的問題可以說和我們息息相關：究竟是什麼導致了勞動者的痛苦？勞動者是否必然被裹挾進「剝削」與「被剝削」的邏輯？在資本當道的現實中，人如何達成自我的實現？

I・遲到的偉大作品

一八四三年六月十九日，卡爾・馬克思（Karl Marx）與燕妮・馮・威斯特法倫結婚。同年十月，夫婦二人移居巴黎。馬克思曾把巴黎稱為「古老的哲學大學」和「新世界的首府」，當時的巴黎的確稱得上是歐洲政治和文化的中心，許多著名的思想家與藝術家都匯聚於此。各類思想的碰撞必然會擦出多樣的火花，匯集了當時最出色頭腦的巴黎也是歐洲社會主義運動的中心。居住在巴黎的一年中，馬克思閱讀了大量哲學、經濟學、法學、歷史學和社會學的著作，每日勤奮工作，廢寢忘食。當時，馬克思工作的核心是政治經濟學，他認為：「對市民社會的解剖應該到政治經濟學中去尋找。」在巴黎，馬克思創作了《一八四四年經濟學哲學手稿》，以及其他大量的關於古典經濟學、黑格爾哲學的筆記，也同樣是在巴黎，馬克思結交了一生中最為重要的朋友恩格斯。

雖然該手稿完成於一八四四年，但直到二十世紀，人們才重新發現了馬克思的《巴黎手稿》。我們現在所讀到的《巴黎手稿》其實由三份手稿組合而成。第一份手稿分為兩個部分，一部分是古典經濟學原著的摘錄，另一部分探討了工資、地租、利潤和異化勞動問題；第二份手稿內容最少，主要圍繞私有財產關係問題，據國外研究者推測，這可能是一本現已佚失的筆記的殘存部分；第三份手稿的內容最為豐富，包括對私有財產和勞動、共產主義、生產和分工、貨幣和黑格爾辯證法等相關問題的研究。

中國人可能更了解馬克思晚年時期已然成熟的思想，如《共產黨宣言》《資本論》等，而

《巴黎手稿》是馬克思青年階段的作品，從中已能窺見其晚年一些思想的根源。

令人遺憾的是，馬克思並不想讓手稿公之於眾，因此這些極具價值的作品一直未能引起世人的注意，直到二十世紀三〇年代出版後，《巴黎手稿》才逐漸大放異彩。如果《巴黎手稿》能早一點出現，或許人們會從馬克思原著中解讀出更多的可能。那麼國際共產主義運動也可能會有不一樣的面貌。

II・在勞動中成為人

在第一份手稿的最後一部分中，馬克思提出了一個核心概念——「異化勞動」。「異化」（德語：Entfremdung；英語：alienation）的本意是疏離、背離、喪失自身。馬克思受到德國古典哲學的啟發，認為「人是類存在物」，任何物種的特徵都表現在它的活動類型中。動物雖然也勞作，甚至在精密的分工中搭建出精美的巢穴，卻無法真正認識自身的勞動，因為牠們的勞作僅出於生理本能。人與動物不同，人的類生活憑藉自發、自覺的創造力和能動性來改造自然，由此人不僅改變了物質世界，更創造出了豐富的精神世界。人正是在勞動中變成人的。一個工匠面對一塊大理石時，可以根據自己的想像，雕塑出一件藝術作品；當一個畫家面對一盤水果時，並不會像動物一般只想著吃，而是將水果轉化為靜物畫。這些都是人的本質力量的物件化。在人與物的互動過程中，人所有的天賦、想像、能力都實現在一個外部的質料上，從而實現了自身。馬克思說，勞動在根本上是一種創造生命的活動。因此，勞動不應只是用來滿足人最基本的生理需求的手段。只有在勞動過程中，人看到並實現了自己。也正是通過勞動，人在確證自己是類存在物。

馬克思在寫作《巴黎手稿》的時候，還對詹姆士．穆勒《政治經濟學原理》一書做了摘要。在這篇摘要中，馬克思提出了勞動的「雙重肯定」：「我們每個人在自己的生產過程中就雙重地肯定了自己和另一個人」「我的勞動是自由的生命表現，因此是生活的樂趣……我在勞動中肯定了自己的個人生命，從而也就肯定了我的個性的特點。勞動是我真正的、活動的財產」。

但是，馬克思看到「在私有制的前提下，我的個性同我自己疏遠到這種程度，以致這種活動為我所痛恨，它對我來說是一種痛苦，更正確地說，只是活動的假象。因此，勞動在這裡也僅僅是一種被迫的活動，它加在我身上僅僅是外在的、偶然的需要，而不是由於內在的必然的需要」。為了提升效率，現代的勞動者被貶低為流水線上的一環，僅僅掌握整個生產過程中的一個簡單工序，成千上萬次地重複同一個動作。這對人來說是巨大的身心摧殘。所以馬克思說，異化勞動把人的類生活變成了僅能維持人肉體生存的手段。

Ⅲ．異化勞動的四種表現

馬克思提出了異化勞動的四種表現：

第一種表現是，勞動者與自己的勞動產品相異化。產品本應是勞動者親手生產出來的勞動成果，其中傾注了勞動者本人的生命和心血，也就是說，勞動成果完全可以被看作勞動者生命的一部分。但是，勞動成果一旦變為商品，變為用來換取微薄工資的媒介，那麼勞動成果不僅不再屬於勞動者自己，而且隨著生產商品的增多，勞動者自己也將變成廉價商品。總之，勞動者的勞動成果變成了一種異己的存在。

第二種表現是，勞動者同自己的勞動活動相異化。馬克思認為，對勞動者來說，勞動是外在的，是不屬於勞動者本質的東西。工人們的勞動不再是為了實現自身的價值，而僅是被迫用十幾個小時的勞動換取一點麵包。這不單單是肉體上的折磨，更是精神上的貶損。

第三種表現是，人同自己的類本質相異化，即人同自由自覺的活動及其創造的物件世界相異化。這是勞動活動異化之後的必然結果。當勞動者變成了機器上的齒輪，他們就只能依照操作流程和規則進行枯燥的重複勞動，自發自覺的創造力和能動性被生生剝奪，也就喪失了作為人的驕傲與尊嚴。

第四種表現是，人同人相異化。也就是說，人在異化勞動中不僅和自己對立，還和其他勞動者相對立。這是很好理解的，因為其他勞動者成為了工作上的競爭對手，所以人們漸漸將他人看作一個完整的個體，而不再僅僅是被資本收買的勞動力。不知大家是否還記得，曾經在微博上引發過熱烈討論的話題：外賣小哥能否要求顧客說一句「謝謝」。有人認為自己既然出錢購買了外賣員的服務就理應不用道謝，這其實就是人際關係異化的典型案例。

卓別林的電影《摩登時代》（*Modern Times*，1936）展示的就是異化勞動的具體場景。卓別林飾演一名流水線上的工人，每天的工作就是手持兩把鉗子擰緊螺絲。這項工作看似簡單，卻需要時刻注意，跟上流水線的節奏。在持續了一整天機械般的工作後，他的身體像是在依靠慣性一樣，就算下了班也依舊在做擰螺絲的動作。這樣的工作不要求工人有思想和創造力，甚至不需要工人有靈魂，因為無思的行屍走肉才能更高效地生產。

馬克思在《德意志意識形態》中描述道：

> 在共產主義社會裡，任何人都沒有特殊的活動範圍，而是都可以在任何部門內發展，社會調節著整個生產，因而使我有可能隨著自己的興趣今天幹這事，明天幹那事，上午打獵，下午捕魚，傍晚從事畜牧，晚飯後從事批判，這樣就不會使我老是一個獵人、漁夫、牧人或批判者。

這樣的理想社會才是馬克思意義上社會主義的最初設想，人的勞動是人真正作為人而施行的活動，也是為了社會而施行的活動。馬克思毫無疑問是對資本主義最為著名的批判者，他的名言「哲學家們只是用不同的方式解釋世界，但關鍵在於改變世界」，被刻在了馬克思曾經求學的柏林洪堡大學主樓裡，被世人永遠銘記。

延伸閱讀

1.〔德〕馬克思：《1844年經濟學哲學手稿》，中共中央馬克思恩格斯列寧史達林著作編譯局譯，北京：人民出版社，2014年。

2.〔英〕戴維・麥克萊倫（David McLellan）：《馬克思傳》，王珍譯，北京：中國人民大學出版社，2016年。

3.〔德〕馬克思、恩格斯：《共產黨宣言》（完整導讀版），黃煜文、麥田編輯室譯，臺北：麥田出版，2014年。

4.〔德〕馬克思：《資本論》（全三卷），臺北：聯經，2017年。

5.〔英〕大衛・哈維（David Harvey）：《資本思維的瘋狂矛盾：大衛哈維新解馬克思與〈資本論〉》（*Marx, Capital and the Madness of Economic Reason*），毛翊宇譯，臺北：聯經，2018年。

6.《德國人》（Die Deutschen）第二季第七集：卡爾・馬克思與階級鬥爭（Karl Marx und der Klassenkampf），紀錄片，2010年。

— 37 —

馬庫色《單向度的人》

「小確幸」有什麼問題嗎？

— 閱讀挑戰 —

HERBERT MARCUSE

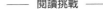

我們社會的突出之處是，在壓倒一切的效率和日益提高的生活水準這雙重的基礎上，利用技術而不是恐怖去壓服那些離心的社會力量。——馬庫色《單向度的人》

引言

網路流行語「小確幸」來自日本小說家村上春樹。村上說，他把洗滌過的潔淨內褲捲摺好，整齊地放在抽屜中時，就會獲得一種微小而真確的幸福感。類似的情景還有在下雨天獨自坐在咖啡館裡，聽著淅淅瀝瀝的雨聲，一邊喝著咖啡，一邊讀一本自己喜歡的書。小確幸似乎表達了一種「歲月靜好，現世安穩」的態度，物質生活上的日漸富足也似乎在向人們證明：這就是大家應該過的生活。然而，這片富庶祥和的景象是否掩蓋了思想上的怠惰和對自由與創造力的抑制呢？小確幸得以成立的前提是什麼呢？人在積累了很多小確幸之後，是否就會無欲無求了呢？

第二次世界大戰之後，歐洲就已進入一種近似於小確幸的時代。然而當時不少年輕人並不滿足於富足的物質生活，反而認為這種小確幸掩蓋了一種真正的奴役，於是決定站出來抗爭。而讓這些年輕人開始反思安逸生活的正是赫伯特．馬庫色的《單向度的人》（*One-Dimensional Man*）。

I・發達工業社會的「溫水煮青蛙」

一九六八年五月，在法國以巴黎為中心爆發了一系列學生抗議、工人罷工、群眾遊行和示威活動，史稱「五月風暴」。當時，學生們公開頌揚「3M」。這個3M可不是百潔布這個牌子，而是三個人名的首字母——馬克思、毛澤東和馬庫色。前兩位可謂是無人不曉，而赫伯特．馬庫色（Herbert Marcuse）可能是一個令人陌生的名字，他是法蘭克福學派的一名學者。法蘭克福學派提倡的理論又叫做「批判理論」（critical theory），其每一代代表人物都是聞名遐邇的學者，例如第一代的班雅明、阿多諾、霍克海默、弗洛姆，第二代的哈伯瑪斯等。

第二次世界大戰之後，雖然西歐社會在經濟上出現了騰飛，法蘭克福學派的知識分子們卻深感擔憂。他們憂慮的問題可以用班雅明的一句話很好地概括：「只是因為有了那麼不抱希望的人，希望才賜予了我們。」馬庫色把這句話寫在了《單向度的人》全書的結尾處。《單向度的人》出版於一九六四年，其副標題是「發達工業社會意識形態研究」。馬庫色認為，人本來擁有很多的向度，但是在當代工業社會中很多維度都在無形中被壓制，而人們對此竟毫無知覺。人們普遍覺得自己的生活是「越來越好的」，因此無法想像其他可能的生活方式，從而漸漸喪失了思想的批判力以及反抗現實的能力，成為「單向度的人」。

《單向度的人》中有一個核心觀點：因為人類思想中否定性、批判性和超越性向度被壓制了，所以當代工業社會是一個新型的極權社會。過往社會中的極權都是依靠恐怖和暴力來達到統治的目的，而發達工業社會的極權卻是一個溫柔鄉，它通過技術，尤其是媒體來「溫水煮青蛙」

——讓人們在舒適與安逸之中漸漸喪失反抗的願望。在這本書的開頭，馬庫色寫道：

如果一個工人與他的老闆欣賞同一個電視節目，遊覽同一勝地；如果一個打字員打扮得和她雇主的女兒一樣漂亮；如果黑人擁有一輛凱迪拉克牌汽車，如果他們都閱讀同一種報紙，那麼這種同化並不標誌著階級的消失，而是標誌著現存制度下的全部人口在很大程度上，分享著用以維持這種制度的需要和滿足。

許多人認為，這說明物質豐富與技術進步並不是一件壞事，反而有助於實現人與人之間的平等。但是馬庫色對此十分擔憂，因為他意識到在看似平等的表象背後，是日漸「進步」的奴役手段，「發達工業文明的奴隸是受到抬舉的奴隸，但他們畢竟還是奴隸」。馬庫色並非杞人憂天，作為歷史的親歷者，他擁有極為深刻的體悟：納粹式的集權統治雖然在軍事層面上被打敗了，但在心理機制上依然存在，甚至可能透過消費文化和資本主義捲土重來。更可怕的是，新的極權很可能採取了非常溫柔而美好的形式，讓人難以察覺，也就更難擺脫和對抗。

II・非理性的新控制

馬庫色在《單向度的人》的「導言」中提出了一個很有意思的觀點：人們所生活的社會的每個部分都是高度理性化的，但社會的總體是非理性的。這個判斷是非常耐人尋味的。大家不妨反思一下自己的生活：很多人平時不得不坐在電腦前長達十幾個小時，曬不到太陽，吹不到自然風；上下班像下水道的老鼠一樣，穿梭在城市的地鐵裡；所有人逢年過節就像逃難一樣地逃離自己所居住的城市，想要去郊外親近大自然卻又被堵在路上……如果單從個別的環節審視日常生活，人們並未感到任何不合理之處，然而一旦把方方面面統合到一起，各種好笑的矛盾將會開始凸顯。

「我們社會的突出之處是，在壓倒一切的效率和日益提高的生活水準這雙重的基礎上，利用技術而不是恐怖去壓服那些離心的社會力量。」馬庫色的這句話一針見血。過去，工人們出於恐懼或者溫飽而不得不去工作，而現在的人又迫於自己的ＫＰＩ（關鍵績效指標）而拚命；過去，工人如果不能完成工作就不能養家餬口，而現在的人如果完成不了ＫＰＩ就買不起房子和車，沒有辦法出國旅遊，過不上自己理想的生活。所以就算沒有人拿著鞭子來抽你，你每天還是會乖乖地、自覺地去上班，然後試圖用瘋狂的消費彌補自己的疲憊和焦慮。

馬庫色在書中分析的焦點是「發達工業社會」。他提出，在發達工業社會裡，生產和分配的技術裝備由於日益增加的自動化因素成為了一個系統。生產裝備趨向於極權性，不僅可以決定社會需要的職業、技能和態度，還可以決定個人的需要和願望。技術取代了權力，成為控制社會和團結社會更為有效、更令人愉快的形式。在這裡，馬庫色又提出了一個致命的判斷：技術看似中立，卻構成了一個統治系統，因而帶有極權的特徵，所以馬庫色說：「一種舒舒服服、平平穩穩、合理而又民主的不自由，在發達的工業文明中流行，這是技術進步的標誌。」

一方面，人類的物質文明高度發展，人們不再挨餓受凍；另一方面，人類被物質所累，成為了一種被消費文化豢養的動物。人們像一群熱愛美食的寵物一樣，被主人豢養起來，因為吃慣了很好的寵物食品，害怕失去美味的寵物餅乾而甘願俯首稱臣。這樣的發展趨勢可以遏制與之不同的社會制度，遮蔽生產發展的新方向和人類生存的新方式。發達工業社會的技術使得社會有能力同化所有發出不同聲音或者具有反抗性的人，從根本上消滅衝突。馬庫色說：「工業社會是極權社會，壓制了反對聲音，產生了單向度的人和社會：缺乏否定、批判和有想像能力的人。」這就是發達而民主的工業社會中的奴役形式。

Ⅲ・被製造出來的虛假需要

《單向度的人》還區分了「真實的需要」和「虛假的需要」。什麼是「虛假的需要」呢？馬庫色說：「為了特定的社會利益而從外部強加在個人身上的那些需要，使艱辛、侵略、痛苦和非正義永恆化的需要，是虛假的需要。」那什麼需要是外部強加給個人的？難道每個人所需要的東西不是自己真正需要的嗎？

馬庫色和很多法蘭克福學派的學者都認為人的需求是被製造出來的，以至於有時候人自己也不清楚到底需要什麼。「虛假的需要」是被工業和資本製造出來的幻象。這種幻象看上去十分美好，卻有一個致命的缺陷：根本不管每個人是誰，到底需要什麼。例如，現代廣告會展示一種生活方式，暗示消費者只有購買這輛汽車、買下這間房子，才能被認為是社會的成功人士；只有購買了這款減肥或健身產品，成為擁有八塊腹肌的型男或者瓜子臉、體重不過五十公斤的美女，才能被大眾接受。

馬庫色說，滿足這種需要或許會使個人感到十分高興，但它終究是被強加在個人身上的虛假需求。個人並不是他自己真實需求的主宰者，反而無時無刻不處在被控制的狀態，「人們似乎是為商品而生活。小轎車、高清晰度的傳真裝置、錯層式家庭住宅以及廚房設備成了人們生活的靈魂」。換言之，消費方式和技術本身成為另一種意識形態，是塑造一種單向度思想和行為的模具。

從歐洲的傳統來說，左翼知識分子從來都不是「幫忙文人」，他們的任務是持續發現社會中的病症並提出挑戰。這就意味著，左翼始終是一股反對的力量，卻並不針對單個政黨或者政府。他們反對的是整個社會和時代整體，就像牛虻一樣叮咬著享受小確幸的社會肌體。馬庫色無疑是其中的代表人物，因此被稱為「新左翼之父」。馬庫色本人則開玩笑地說，人們不應叫他新左翼之父，而是應該喊他「新左翼的爺爺」。

延伸閱讀

1.〔美〕赫伯特・馬庫色：《單向度的人》，萬毓澤、劉繼譯，臺北：麥田出版，2015年。

2.〔美〕馬庫色：《愛欲與文明》（*Eros and Civilization: A Philosophical Inquiry into Freud*），林晴晴譯，臺北：商周，2022年。

3. 汪民安：《生產（第六輯）：「五月風暴」四十年反思》，桂林：廣西師範大學出版社，2008年。

4. 俞吾金、陳學明：《國外馬克思主義哲學流派新編——西方馬克思主義卷》（上）第三章，上海：復旦大學出版社，2002年

— 38 —

傅柯《規訓與懲罰》
你願意生活在監控中嗎？

— 閱讀挑戰 —

MICHEL FOUCAULT

他在文科高中時期經歷了最大的激情……來自他吞下的那些藥片——藥片是他從身為外科醫生的父親那裡取得的，而他之所以吞下它們，為的是要搞清楚這些藥在多大程度上能改變人的思維，想要知道以不同的方式去思考是否可能。「媽媽，魚在想什麼？」某一天他盯著有金魚游弋其中的魚缸問他的母親。魚的思維、藥物、烈性藥、瘋狂……所有這些都證明了我們規範性的思維方式並非唯一可能的思維方式。

——保羅．韋納《福柯：其思其人》

編註：福柯即為傅柯。

引言

二〇一七年，一位名叫約翰・斯德沃斯（John Sudworth）的BBC記者來到中國貴州省貴陽市。經當地警方的許可後，他體驗了一下「天網」的威力——該系統是世界上最強大的面部識別系統，能在三秒內識別任何人。警方先用手機拍下他的面部照片，並將其錄入「嫌疑人」名單。隨後，約翰在市中心下車，步行前往火車站。然而下車不到七分鐘，他就被員警包圍了。

二〇一九年九月，美國加州通過立法，禁止州和地方執法部門在隨身相機中使用人臉識別軟體。為何人們對鏡頭的態度差異是如此大？一天之內一個普通人又會遇到多少個鏡頭？這些鏡頭又會有幾個記錄你的所作所為，甚至可以還原出你所有的行蹤呢？對於大眾來說，鏡頭似乎意味著員警探案越來越容易，犯罪分子將無處藏身，人們已經習慣了到處存在的鏡頭。然而，在一雙雙電眼沉默的凝視下，人類的社會生活又有什麼改變嗎？鏡頭除了「保障」安全和秩序之外，又會怎樣影響人呢？法國哲學家米歇爾・傅柯在其名著《規訓與懲罰》（*Surveiller et punir: naissance de la prison*）就分析了這些問題。

編註：《規訓與懲罰》繁中譯本為《監視與懲罰：監獄的誕生》。

I・環形監獄中誰在看著誰？

有這樣一個監獄，俯瞰是一個正圓形，中心有一個監視塔，四周修建環形監室。每個監室之間互相隔斷，面向監視塔的一面安裝玻璃，面向外側的一面安裝窗戶，光線可通過窗戶照進整個監禁室。這樣設計的目的是讓看守可以監視每一個房間裡的禁閉者，然而禁閉者因為逆光而無法看到看守，也不知道看守是否正在看著他，同時也不能和左右禁閉者們交流。這是十八世紀英國哲學家傑瑞米・邊沁提出的概念——環形監獄（panopticon）。他把這種建築背後的理念稱為「全景敞視主義」（panopticism）。

這種設計有一個目的：在那樣一個個被隔斷的小籠子中，哪怕沒有看守，囚犯們仍會時時感受到自己正處於監視當中。二十世紀法國哲學家傅柯在《規訓與懲罰》中著重分析了環形監獄：「不需要武器、肉體暴力和身體約束的監視系統。那裡只有一道凝視的目光。那是一道監察的目光，在它的重壓之下，每個人最終都將使之澈底內在化到自己的心中，以至於自己成了自己的監視者，每個人於是就這樣越過並針對自己行使著這種監視。」（摘自：詹姆斯・米勒（James E. Miller）《福柯的生死愛欲》）

在米歇爾・傅柯（Michel Foucault）看來，邊沁的全景監獄就是社會的普遍規訓欲望的一種體現。它不需要外在的強制力量，社會已經將某種強制的力量內化到每個人心中了，其目的是培養出健康而馴服的人，與此同時卻讓肉身成為靈魂的牢籠。更為緊要的是，這種規訓發生的場所

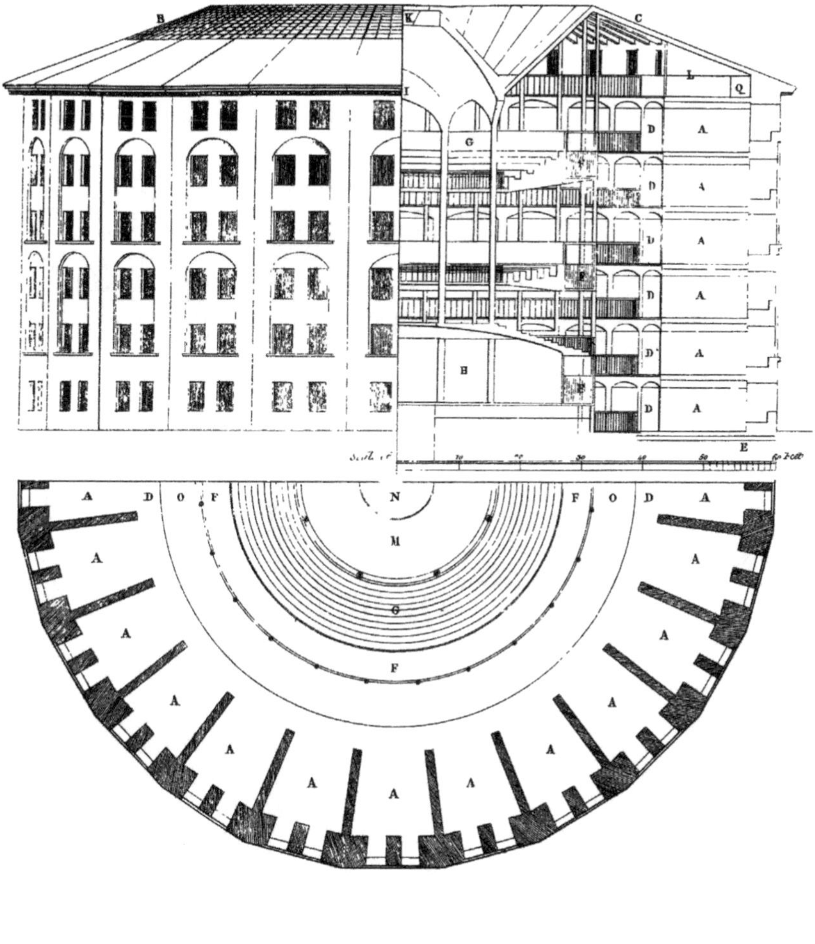

上圖：環形監獄

邊沁所設計的環形監獄，由威利・雷夫利（Willey Reveley）於一七九一年繪製完成。

不只限於監獄或者精神病院。「環形監獄」所代表的「全景敞視主義」理念可以讓規訓蔓延至整個社會：「『規訓』既不會等同於一種體制，也不會等同於一種機構。它是一種權力類型，一種行使權力的軌道……它可以被各種機構或體制接過來使用，如『專門』機構（十九世紀的罪犯教養院或『改造所』），或是把它作為達到某種特殊目的的基本手段的機構（學校、醫院），或是發現可以用它來加強或改組自己內部權力機制的舊權威機構……」（摘自：《規訓與懲罰》）

傅柯在《規訓與懲罰》中提出，現代監獄的發明看似非常人道，卻意味著另外一種權力的誕生。從十八世紀到十九世紀，法國監獄就發生了一個顯著的變化，在廢除酷刑和公開處決的同時，發展出一套規訓和監視的手段。拿破崙之後的法國監禁著四萬多名罪犯，這意味著大概每六百人中就有一個被關在監獄裡，大型監獄已然成為了一座城市中的景觀——監獄社會誕生了。傅柯認為，啟蒙時代烏托邦最為典型的監控機構就是監獄，而古典時代的規訓和現代意義上的監視之間，又存在極為緊密的聯繫。

II．何為規訓？為何懲罰？

如果大家看過傅柯的照片，一定印象深刻。他有一個大光頭，戴著一副黑框眼鏡，眼睛炯炯有神。他的招牌動作之一就是用雙手修長的手指抱住腦袋。傅柯有很多頭銜，例如「二十世紀法國的尼采」，但也有人攻擊他，說他是「講臺虛無主義者」和「新浪潮的詭辯家」。他自己告誡世人：不要問我是誰。傅柯就是一個謎團。

一九二六年，傅柯出生在法國普瓦捷一個富有的家庭。父親是受人尊敬的外科醫生，母親也是外科醫生的女兒，因此，傅柯從小就肩負起子承父業的寄望。他被父母送到一所耶穌會中學讀書，接受了良好的教育，成績優異，之後進入巴黎高等師範學校學習。但傅柯註定不會走上父母所期望的「正常」的人生軌道：他是同性戀。在當時的法國社會中，「同性戀」是相對於「正常」的另一個極端。由於性取向的不同帶來的壓抑，傅柯患上了嚴重的憂鬱症，甚至在二十二歲那年試圖自殺，後來被迫去看了心理醫生。

傅柯一直將自己的私人生活隱藏得很深，卻將思想的鋒芒直接展露在著作中。他要質疑人們對於所謂「正常人」「健康人」的觀念與態度，而他的一生都在展現這樣一種反抗——捍衛每個人表達自我、成就個性的自由。要捍衛這種自由，傅柯首先要用極為敏銳的洞察力去審視他所處的現代社會。他要引導人們去追問現代社會的合理性。傅柯最終沒有成為醫生，卻成為社會的解剖者，時代的診斷者。

一九七五年，《規訓與懲罰》出版。雖然在此之前，傅柯好幾本很有影響力的著作已經相繼問世，但他依然把《規訓與懲罰》稱為自己的「第一部著作」。《規訓與懲罰》的英譯名為「*Discipline and Punish*」。punish是動詞，是「懲罰」的意思；而discipline作名詞意為「紀律」。為了前後詞性匹配，中文譯者將書名中的discipline翻譯為「規訓」，凸顯其動詞意味。

要理解「規訓」的概念，首先必須明確使「規訓」成為可能的「權力」是什麼。在《規訓與懲罰》中，傅柯所討論的權力區分為兩種：壓制性權力（repressive power）和規範化權力（normalizing power）。壓制性權力最顯而易見的，從宏觀層面來說，就有國家機器的立法、司法等政治權力；在生活中，老闆對員工擁有的壓制性權力，使得老闆可以對員工發號施令甚至解僱員工。這種權力最明顯的特徵就是具有強力，甚至是暴力。在《規訓與懲罰》中，傅柯著重討論的「監獄」就是壓制性權力得以發揮效用的典型場所。

然而，傅柯真正別開生面、發人深省之處在於對規範化權力的討論。規範化權力要達到的目的就是要使人們的行為符合一定的社會規範。例如，某一產品的生產企業總有相應的品質檢測標準，醫學領域總有對人體的各項檢測指標，各項比賽總有相應的比賽規則。這種權力看起來毫無強力的成分，人們甚至不需要任何外界的助力就會自動去符合這些規範、遵守這些紀律。這也是為什麼人們似乎對監控探頭的存在並不感到排斥，因為沒有它們，人們照樣會遵紀守法。

規範化權力是社會中的隱性權力，也有學者建議可以稱之為「微權力」（micro-power），它無孔不入、滲透進社會生活的方方面面。這種權力在很大程度上是現代的產物。對這種看起來再合理不過的權力形態，傅柯表達了更為深刻的隱憂：在人人都按照規範所要求的方式生活時，人們真的都是獨立的、擁有個性的嗎？人們真的能自由表達自己嗎？「自我」又是在多大程度上被這種社會性的規範化權力所塑造的？

Ⅲ・網際網路的凝視

《規訓與懲罰》這本書有一個核心的觀點：監視是現代社會控制人的一個主要手段。那麼在距離這本書出版將近半個世紀後的今天，社會有變得不同嗎？還是說，社會的規訓只是換了一身馬甲，甚至變得更強而有力了呢？

現今，人們已經成功建立起了一個「鏡頭社會」：超市、學校、住宅社區、城市街道，一個全方位無死角的監控網路似乎已被建成。鏡頭不僅僅是用來記錄某些行為的，更是用來監視的。其實沒有人知道鏡頭是否在正常工作，但是只要有鏡頭的地方，人們就有所顧忌。例如，在高速公路上開車看見鏡頭，就會不自覺地降低車速。鏡頭本身就是監控的一部分。

不過傅柯認為，這種鏡頭的監控可能會有很大的副作用：當每個人意識到自己被監控的時候，就會形成一種統一的人格，人也會逐漸失去個性，在行為和思想上趨於一致。在這一切背後起作用的依然是人們內心的恐懼：人害怕被鏡頭記錄下某些行為之後，會被揭露出某些不為人知的事物並受到懲罰。傅柯認為，這種規訓本質上是反人性的，因為它會壓制人的自由和獨立思考。人會變得像機器人一樣守規矩，但是會逐漸失去個性和活力。

除了鏡頭，網路可能是當下最強大的規訓媒介。人在網路上的一切蹤跡都被記錄下來，成為大資料中的一串代碼：和誰聊天、瀏覽了哪些網頁、網購了哪些商品、地理位置標記在何處等。人們似乎生活在一個資訊充分流動的社會當中，但其實這些資訊很容易在人們根本毫無察覺的情況下受到操控。我們在享用網路帶來的便利的時候，個人也面臨著隱私受到侵犯的危險。

傅柯沒有使用過網路，但他的理論依然有效。對於如今的網路社會，可以借尼采的名言來形容：當你凝視深淵的時候，深淵也在凝視你。

延伸閱讀

1.〔法〕米歇爾·傅柯：《監視與懲罰：監獄的誕生》，王紹中譯，臺北：時報出版，2020年。

2.〔法〕米歇爾·傅柯：《古典時代瘋狂史》，林志明譯，臺北：時報出版，2016年。

3.〔法〕米歇爾·福柯：《詞與物》，莫偉民譯，上海：上海三聯書店，2001年。

4.〔法〕米歇爾·傅柯：《性史》，林志明譯，臺北：時報出版，2022年。

5.〔法〕米歇爾·福柯：《權力的眼睛：福柯訪談錄》，嚴鋒譯，上海：上海人民出版社，2021年。

6.〔法〕迪迪耶·艾希邦（Didier Eribon）：《傅柯》，尉遲秀譯，臺北：春山出版，2022年。

編註：米歇爾·福柯即為米歇爾·傅柯。

— 39 —

哈伯瑪斯《交往行為理論》

理性只意味著能夠發射衛星嗎？

— 閱讀挑戰 —

JÜRGEN HABERMAS

對於所有的人尤其是對一位思想家來說，用「具有冷靜的頭腦和熱心」來形容他恐怕是最高的讚美之詞了。在當今時代，將這句讚美送給現代德國社會理論家哈伯瑪斯再合適不過了。

——中岡成文《哈伯瑪斯：交往行為》

引　言

「理性」似乎是絕對的褒義詞，總和科學技術經常聯繫在一起，與非理性對立。但是仔細想來，理性很難被確切地定義。通常認為理性主要關乎判斷、權衡、推理、計畫和計算，不論是航太專家把飛船送上火星的壯舉，還是法律專家制定出來的精細法條和典章制度，都是理性的體現，但這就是理性的全部了嗎？理性精神引領人改善生活，那有沒有可能也會對人類社會造成危機呢？

二十世紀德國哲學家哈伯瑪斯在其著作《交往行為理論》（*Theorie des kommunikativen Handelns*）中為理性增添了全新的內容，在他看來，人類的理性絕對不只是把飛船送上火星的能力。

I．人類為什麼要登月？

在二十世紀，人類做出了一件驚天壯舉，那就是把人送上了月球；在二十一世紀，人類很有可能會把人送上火星。然而，曾有小朋友寫信給科學家問道：地球上還有那麼多人吃不飽飯，我們為什麼還要花那麼多錢去探索太空呢？仔細思考這個問題就會發現，在歷史上是政治家設定了一個目標——要把人送上月球，然後才召集各領域的科學家們想方設法為達成這個目標而努力。

按照德國思想家馬克斯・韋伯的劃分，這樣的分工暗示了人類的兩種理性。第一種是目標理性，又叫做「工具理性」。簡言之，所謂工具理性就是為了實現特定目標而使用的一種工具。例如設計一個火箭，要經過規劃軌道並計畫日程、考慮各種偶然因素的應對方案後，科學家們最終才能把人送上月球或火星，其中的每一個步驟都需要工具理性的參與。自啟蒙時代以來的科學進步也證明，人類對工具理性的運用能力突飛猛進。韋伯所說的第二種理性是「價值理性」。價值理性要回答一個問題：人為什麼要做一件事情？例如，為什麼要去探索太空？僅憑工具理性是無法回答這樣的問題的，因為讓所有人吃飽飯和人類探索太空本身就代表了兩種完全不同的價值導向。讓人們吃飽飯涉及的是人類的基本需求和福利，而探索太空則關於對世界的認識、好奇和人類的未來，涉及的是人對自身處境的基本認識問題。這兩種導向切入的角度不同但是並不衝突，或許對太空的探索確實能幫助解決地球上的飢餓問題呢？人類的很多領域都會提供價值理性，例如宗教、道德、傳統、審美等。

歸納起來說，價值理性告訴人們應當要做什麼，不應當做什麼；而工具理性則告訴人們，可以以及如何做到什麼。後來，法蘭克福學派的學者繼承了韋伯對工具理性和價值理性的二分並有所發展。他們看到，在最近的幾個世紀裡，雖然人類在工具理性方面有了極大的提升，但在價值理性方面卻面臨巨大的危機。為什麼這樣說呢？二十世紀，人類在科學技術方面的發展首先被運用到軍事領域中：「一戰」中出現了機關槍、軍用飛機、毒氣、坦克和潛水艇；「二戰」中更是出現了超級殺人武器——原子彈。納粹德國更是一個極具諷刺的例子，人類的工具理性被發揮到極致而價值理性則喪失殆盡，以至於戰後審判納粹戰犯如何能讓一百一十萬人葬身奧斯威辛時，有人給出了令人毛骨悚然的回答：「在技術上，這是可能的。」至於在道德層面是否正當，幾乎沒有人去追問。法蘭克福學派的學者霍克海默認為，人類的理性好像兩條腿，如果這樣發展下去，就會一條腿很粗，另一條腿很細——任憑工具理性發展，但是沒有價值理性來約束、控制的話，人類的未來極為堪憂。「二戰」之後出現的一系列問題，例如冷戰中的核軍備競賽、環境汙染、全球暖化等，也印證了哲學家們的隱憂。

II・哈伯瑪斯與《交往行為理論》

法蘭克福學派中的尤爾根・哈伯瑪斯（Jürgen Habermas）是德國在「二戰」後國際影響力最大的學者，沒有之一。不過要對哈伯瑪斯進行定位是有點困難的。眾所周知，他是德國法蘭克福學派第二代的代表人物，受馬克思哲學傳統的影響，他積極介入社會，認為學術研究的目標不是單純的描述和理解，而是要批判和改造社會。如今他老人家已經九十多歲高齡了，依然思路清晰地堅守在學術崗位上，十分讓人欽佩。

一般來說，很多學者都具有冷靜的頭腦，卻缺少革命家、宗教人士等行動派所擁有的熱情。能將「沉思生活」和「行動生活」結合起來的學者，法蘭克福學派的學者可謂是業內標竿，而哈伯瑪斯更是其中的佼佼者。

哈伯瑪斯延續了對人類理性問題的思考，並且想要對以往理性的理解進行修正和補充。他的這些想法集中體現在《交往行為理論》這本書當中。哈伯瑪斯和西方的大部分哲學家一樣，把理性看作人類日常生活和科學活動的最終立足點。他的任務就是要矯正人類現代的「理性病症」：一方面要對理性進行系統的梳理，發現現代社會的問題所在；另一方面，他提出了一個全新的概念——「交往理性」，希望能為這些問題提供一條出路。哈伯瑪斯說：「要在日常實踐自身中，在交往理性被壓制、被扭曲和被摧毀之處，去發現這種理性的頑強聲音。」那麼究竟什麼才是哈伯瑪斯所說的交往理性呢？它又如何來治療現代人的理性病症呢？

想要明白什麼是交往行為，首先需要回答另一個社會學問題：人類具有哪些基本的行為類型？哈伯瑪斯繼承了以往一些社會學理論，提出了他對人類行為的基本分類。

第一類是目的性行為。目的性行為就是在一定的情況下，使用有效的手段和恰當的方法以達成某種目的。這和韋伯所說的工具理性高度重合。目的往往非常明確，問題是要找到恰當的手段和方法去達到目的。目的性行為在生活中無處不在，每日出行就是一個典型例子：你要去一個目的地，就要綜合考慮、選擇最佳的交通方式。

第二類是規範調節性行為。這種行為所涉及的不再是獨立的人，而是存在於社會中的人。人是社會群體中的成員，這意味著人的行為具有共同的價值取向。規範就是一個社會群體的共識，大到道德規範，小到生活細節，無所不包。

第三類是戲劇性行為。一個人如果是劇場中的演員，那麼出於角色的需要，他要掩蓋自己的性格或者情感。人在生活中總要扮演一定的社會角色，每個人都不能向他人完全表現出自己最真實的一面。流行語說「人生如戲，全靠演技」，也是對這種行為的調侃。

第四類是交往行為（communicative action）。「交往」也可以被翻譯為「溝通」，是以語言建立起來的一種人際關係。交往行為的目標是運用交往理性，在相互諒解的基礎上協調人們的計畫和行為。哈伯瑪斯提出交往行為的核心是，在不受強制的前提下人與人之間達成共識。換句話說，一方要說服另外一方，就要接受他的觀點或者立場，最終讓不同的人克服他們一開始的主觀立場，形成主體間性。例如，老闆對員工說：「你給我倒一杯水來。」其實員工心裡並不想給老闆端茶倒水，只不過因為老闆手裡掌握著升職加薪的權力，員工才同意。這就不是一個交往行為，這相當於老闆「花錢」購買了員工的服務，這依然是一個目的性行為。但是如果有一個上了年紀的老人告訴小朋友「老吾老以及人之老」，而小朋友聽了之後認為應該尊敬老人，所以很樂意地給老人倒了一杯水，那就是一個交往行為了。內心真正接受了一個觀點，心悅誠服，才能完成交往行為。

因此，工具理性和交往理性有根本的不同。哈伯瑪斯認為，工具理性主要是占有，而交往理性主要通過溝通來解決問題，它的基本目標之一就是說服別人接受自己的觀點和立場，取得共識。交往行為具有不可替代的功能，既可以溝通思想，獲得別人的理解和諒解，更新文化傳統，也可以通過語言來調整人與人之間的關係。所以語言是交往行為的核心。交往行為要達成的理想就是所有平等的個體都能「講道理」，以理服人，真誠交流。

III・生活世界的殖民化

哈伯瑪斯對交往行為的論述，不僅是一種描述，更是一種對現代社會的批判。他發現，人類生活的世界越來越多受制於「系統」，其中力量最強大的就是經濟體制和官僚政治。這些系統本應為人服務，現代社會卻陷入了一個困境——系統控制了「生活世界」。這就是哈伯瑪斯所說的「生活世界的殖民化」。在這樣的狀態下，原本需要交往行為的場合都是目的性行為做主導。人們會用金錢和權力強行實現某一目標，而不是通過雙方的交往理性共同促成這一目標。所以，哈伯瑪斯看到，經濟和官僚已經嚴重侵蝕了我們的生活世界，在私人和公共領域都可以看見它們不應該出現的身影。例如在教育領域，多少學生是出於對未來高薪職業的追求，而非自己的旨趣愛好，來選擇大學專業的呢？金錢和權力無非通過兩種方式來運作——收買和恐嚇，而哈伯瑪斯則寄望第三種方法——說服。他是不是太樂觀了呢？

延伸閱讀

1. 〔德〕尤爾根・哈貝瑪斯：《交往行為理論（第一卷）》，曹衛東譯，上海：上海人民出版社，2018年。
2. 〔德〕斯蒂芬・穆勒—多姆（Stefan Müller-Doohm）：《于爾根・哈貝瑪斯：知識分子與公共生活》，劉風譯，北京：社會科學文獻出版社，2019年。
3. 〔德〕尤爾根・哈貝瑪斯：《公共領域的結構轉型》（*Strukturwandel der Öffentlichkeit*），曹衛東譯，臺北：聯經出版社，2002年。

編註：哈貝馬斯即為哈伯瑪斯。

PART FIVE

回歸內心，發現自我

我們每個人該如何生活

— 40 —

蘇格拉底《斐多篇》

人為什麼需要靈魂？

— 閱讀挑戰 —

SOCRATES

真正的追求哲學，無非是學習死，學習處於死的狀態。——蘇格拉底《斐多篇》

引 言

如果你今天傍晚就要被處死了，那麼在僅剩的時間裡你想做些什麼呢？是好好地與家人告別？還是大快朵頤一頓？哲學家蘇格拉底在行將赴死的時候，花了半天的時間從容不迫地論證靈魂不朽的問題。蘇格拉底這樣做絕不是和宗教信徒一樣為了尋求永生不死，而是為了認識真理。蘇格拉底終其一生捍衛「愛智慧」的使命，他的死也成為了人類文化歷史上濃墨重彩的一筆。那麼他所認識的靈魂是什麼呢？人為什麼需要靈魂呢？

I・蘇格拉底的三重面貌

蘇格拉底（Socrates）是西方哲學最重要的奠基人之一，是人類文明史上豐碑式的人物。不過他外貌醜陋：鼻子扁平，鼻孔寬大，雙眼突出，嘴唇肥厚，大腹便便。蘇格拉底最熱中於在廣場上和人聊天，向陌生人提古怪的問題，並不停地追問，常常問得對方無言以對，比如「什麼是正義」「什麼是勇敢」。不過，根據蘇格拉底的學生柏拉圖的描述，四處向人發問和辯論的蘇格拉底是那個時代最好、最聰明和最正直的人。

後世的哲學家總結了蘇格拉底的三重面貌。第一個是「電鰩」，一種深海裡會放電的魚。牠會瞬間釋放力量，讓人失去應變能力，就像蘇格拉底冷不防提出的那些問題，經常讓人尷尬、震驚、措手不及；第二個是「牛虻」，一種叮咬牲畜的小蟲。這是蘇格拉底自己使用的一個比喻，他將哲學家比作牛虻，而城邦就像牛羊。哲學家有責任和義務去不斷提醒政治共同體，不要自鳴得意、故步自封；第三個是「思想助產士」，這可能是哲學家最理想的狀態。他們引導眾人追求內心對於真理的渴望。蘇格拉底則用一種或殘酷、或玩世不恭的方式，點明人們開發其實早已蘊含在其內心的思想。蘇格拉底認為，人們即便沒有受過教育，即便如奴隸和兒童，也早已知道了答案，只是自己不知道罷了。學習真理就是個人發現自己的過程。

哲學的原意是「愛智慧」，而愛智慧的人永遠不會停止發問和反思。可是蘇格拉底的用心良苦並沒有被當時的雅典人接受。在雅典人眼裡，他就像是電鰩和牛虻一樣招人嫌惡，這也最終為他自己招來了殺身之禍。西元前三九九年初春，雅典城邦裡的三個人麥勒圖、賴黎和安匿托士向蘇格拉底提出了兩項指控：第一項是，蘇格拉底拒絕承認雅典城邦所公認的諸神——也就是瀆神罪；第二項是，蘇格拉底用他危險的思想毒害青年人。對他的刑罰應當是死刑。

按照當時雅典的法律，這個案件應當由五百零一人組成的陪審團來進行最後的裁決。審判分為三個階段：第一段由原告提出訟詞；第二段由被告提出自我辯護，之後陪審團就有罪還是無罪進行投票表決；第三段由原告提議合適的刑罰，並說明理由；最後由被告提議其願意接受的較輕懲罰。

蘇格拉底雖然最終被判處死刑，但事實上他本可以逃過此劫。例如，他可以在開審之前就逃跑——這在當時的希臘非常常見；他也可以在辯護的時候說些悔改的話，以獲得陪審團的同情；即便被判處有罪，他依然可以繳納充分的罰款以免除死刑。然而，蘇格拉底放棄了上述的所有選擇，在陪審團面前依舊慷慨直言，以至於像是在一心求死。在第二次申辯中，蘇格拉底拒絕接受罰款，也拒絕讓朋友代自己支付罰款，這種拒不認錯的執拗激怒了絕大多數的陪審團成員，導致他被判處死刑的悲劇結局。

II・《斐多篇》：哲學就是練習死亡

常言道，人之將死，其言也善。柏拉圖的對話錄《斐多篇》就是對蘇格拉底人生最後一天言行的記載。這一天清晨，斐多和蘇格拉底的一些學生一大早就來到了監獄探望老師。蘇格拉底就要被行刑了，所有人的心情都很沉重。然而蘇格拉底本人不僅沒有表現出即將離世的惋惜和悲傷，反而非常坦然、從容地和學生們談論他對死亡的看法，並說了一句被後世廣為傳頌的話：「哲學就是練習死亡。」面對朋友們的迷惑不解，蘇格拉底讓大家從關於死亡的定義出發，來思考這個問題。

當時，希臘人對死亡的定義是：「死就是靈魂和肉體的分離。」顯然，哲學家並不關心物質的享樂和愛情的歡愉，因而蘇格拉底認為，真正的哲學家只關心靈魂，哪怕代價是擺脫肉身。蘇格拉底說，這世界上存在絕對的善、絕對的美和絕對的正義，然而這些絕對的知識僅憑肉體的感官根本無法察覺。相反，由於肉體會生病，會產生煩惱，會帶來欲望，會在人與真理之間設置重重障礙，因此人應該盡可能地擺脫肉體的干擾，使自己能夠接觸到這些肉體感官無法獲得的智慧，而死亡就能夠實現靈魂和肉體徹徹底底的分離。最純粹的靈魂意味著最純粹的真理，這正是哲學家窮極一生在追求的時刻。所以蘇格拉底說，哲學家一直在練習死亡。

如果靈魂會消散，那麼靈魂和肉體分離之後便灰飛煙滅，所謂的「追求更純粹的真理」的說法也就沒有意義了。因此蘇格拉底還需要論證一個核心命題：靈魂不朽。蘇格拉底緊接著拋出了一連串令人眼花撩亂的論證，分別可以被稱為相反相生論證、回憶論證和本質論證。

相反相生論證被用來證明，死者的靈魂必定在另一個世界存在。蘇格拉底提出，世上的一切事物都相反相生，對立轉化。例如，大由小變來，快由慢變來，弱由強變來等。同理，生和死相互對立，也會相互轉化，正如大自然的四季更迭。如果只有從生到死而沒有從死到生，那麼世上一切都將死去，不再有活物生存。

回憶論證被用來證明，靈魂在人出生前就已經存在。這是一段非常奇妙的論證。依照蘇格拉底的定義，「回憶」就是恢復人自己的知識。這些知識在人們出生之前就已獲得，卻在人們出生的一剎那被忘卻，後來人們又憑藉著對具體事物的感知，恢復了曾經一度擁有的知識。該如何理解這看似匪夷所思的論證呢？蘇格拉底所說的「回憶」可能更接近於「聯想」，比如在看到家人所擁有的物品時，每個人的心裡自然會湧現出家人的形象。更關鍵的是，人們在用經驗感覺去認知具體事物時，腦海中已經存有了絕對的、抽象的概念。例如，當一個人指著眼前一隻四條腿的動物說「這是一匹馬」的時候，他們其實是在表達，眼前這匹活生生的馬讓他回憶起了「馬」的抽象概念。這些抽象的、絕對的概念還包括真、善、美、正直、神聖等。蘇格拉底論證，正是因為人在運用聽覺、視覺等感官之前已經具備了「絕對的知識」，才能說某某事物是「相等」的，或者是「美」的。由此可以推出，靈魂在人出生前就已經存在。

然而蘇格拉底的學生和朋友仍不罷休。他們認為，即使蘇格拉底已經證明了靈魂在人出生之前就已經存在，也不能證明靈魂在脫離肉體之後不會消亡。因此，蘇格拉底最後提出了單一本質論證。蘇格拉底說，一件東西如果不是複合的，就應該是始終如一、永不改變的，比如「真正的善」「真正的美」，這些絕對的本質都是單一的、獨立的，所以也不能被改變；而複合的東西會發生分解，比如肉眼看得到的車馬、衣服和肉體等物體就經常發生變化。靈魂是單一的，不可分解的，由以上幾點可以進行類比得出，靈魂在人死後應當依然存在。

III・未經審視的生活不值得過

羅馬哲學家西塞羅在談到蘇格拉底時曾說：「蘇格拉底把哲學從天上拉到地下，把它安置在城市中，引進家家戶戶，使它成為探究生活和道德、善與惡所必需。」「從天上拉到地下」這個說法非常形象。在蘇格拉底之前，古希臘已經有不少哲學家和哲學流派，但他們主要關心的是自然問題，例如自然的本原、流變和恆定的關係等。西方哲學史上第一位哲學家泰利斯就認為世界的本原是水，大地浮在水上，萬事萬物都由水形成；米利都學派的阿那克西美尼則認為，萬物的本原是氣，氣凝結為水，水再凝結為土；畢達哥拉斯則認為，萬物的本原是數，數字永恆不朽，和諧穩定。總體而言，這些自然哲學家，並不大關心人的內心問題，而蘇格拉底與他們完全不同，他對靈魂的討論具有革命性的意義。在蘇格拉底看來，靈魂是「在我們之內的東西」。人正是因為有靈魂，才有聰明和愚蠢、善良和邪惡之分。靈魂而非肉體才是讓每個人獨一無二的原因。靈魂的意義在於認識善惡並引導一個人的行動，使人避免邪惡，成就善行。也正是因為這樣，靈魂成為了道德和思想發展的根基。

不僅如此，靈魂還具有認知的意義。正如蘇格拉底在《斐多篇》中所說的那樣，人應當照顧自己的靈魂。照顧靈魂就在於對理性思維和理性行為的培養，而現代人熟悉的工具理性並不能被用來理解蘇格拉底式的理性。蘇格拉底式的理性是對知識的反思和對欲望的節制。如果不能理性地生活，就是對照顧自己的靈魂不負責任。蘇格拉底讓認識論和倫理學在靈魂概念中相遇了。

人類總喜歡追求一些基本價值，例如真、善、美，而蘇格拉底透過靈魂概念，在真和善之間架起了一座橋梁。他還有一個著名的觀點：惡行都與無知或者錯誤有關。在蘇格拉底眼中，人幹壞事都不是自願的，而是因為缺乏知識。換言之，道德和知識是統一的。蘇格拉底創造了靈魂的概念，並統治歐洲長達兩千年。在了解蘇格拉底的靈魂概念後，要求秤出靈魂的具體重量的偽科學，和對靈魂做出某種預設的那些特定宗教信仰都可以被拋棄。沿用西塞羅的說法，蘇格拉底不僅將哲學從天上拉到了地下，還將哲學從外部世界拉到了內心。

在這個意義上，你願意審視一下自己的靈魂嗎？

延伸閱讀

1.〔古希臘〕柏拉圖：《柏拉圖全集》（第一卷），王曉朝譯，北京：人民出版社，2015年。

2.〔古希臘〕柏拉圖：《柏拉圖對話錄》，水建馥譯，北京：商務印書館，2013年。

3.〔古希臘〕埃斯庫羅斯、阿里斯托芬、米南德：《古希臘戲劇選》，羅念生譯，北京：人民文學出版社，2012年。

4.〔古希臘〕阿里斯托芬：《雲・馬蜂》，羅念生譯，上海：上海人民出版社，2010年。

5.〔古希臘〕色諾芬：《回憶蘇格拉底》，吳永泉譯，臺北：五南，2018年。

6.〔古希臘〕柏拉圖：《游敘弗倫・蘇格拉底的申辯・克力同》，嚴群譯，北京：商務印書館，1999年。

— 41 —

馬可·奧理略《沉思錄》

亂世之中如何尋求寧靜？

— 閱讀挑戰 —

MARCUS AURELIUS

即使一個人能活上三千年，甚至能活上三萬年，你仍要記住，人所失去的不是什麼別的，只是他正擁有的生活；他正擁有的不是什麼別的，而是他正在失去的生活。

——馬可・奧理略《沉思錄》

引 言

你是否感覺每天都過得很匆忙、很凌亂？一會兒接到一個電話，一會兒手機又有一條訊息需要回覆，手頭還有一大堆事情等著處理，一天二十四小時待命，全年三百六十五天無休……如果遇到天氣不好、辦事的人不配合、少了某些材料而不能完成程式等突發狀況，事情就會變成一團沒有頭緒的毛線，讓你恨不得立刻消失或者原地爆炸。

在西方哲學的歷史上，有一位皇帝也和我們一樣有著上述的煩惱，而他一直在追求人生的寧靜。他就是羅馬皇帝馬可・奧理略。如果今天大家到義大利羅馬旅遊，在卡庇托林山頭還能見到他騎著高頭大馬的雕像。奧理略還有一個身分——一位著名的斯多葛學派哲學家。奧理略在一生戎馬生涯的空隙，通過思考來進行自我療癒，而那些記錄下他的思想的文字，後來被集結為著名的《沉思錄》。

I・專注當下才能獲得寧靜

西元一六一年，馬可・奧理略（Marcus Aurelius）繼承皇位，成為羅馬帝國「五賢帝」中最後一位皇帝。五賢帝的文治武功讓羅馬帝國享受了長達六十多年的和平。當時的羅馬帝國疆域空前遼闊，東至美索不達米亞，西至不列顛，南至撒哈拉沙漠，北至黑海北岸，以至於地中海都成為了羅馬帝國的內海。

奧理略雖繼承了大好河山，卻受任於羅馬帝國由盛轉衰之時。在奧理略統治期間，戰爭不斷，尤其帝國邊界經常受到外來侵略的威脅。除卻人禍，天災亦是不斷。奧理略就這樣在四處奔波中度過了一生，只為守護羅馬帝國的疆土。如果有人穿越回去問奧理略，他人生的最大願望是什麼，他應該不會豪情萬丈地回答「願上天再給我五百年」，更可能無奈地兩手一攤道：「我想靜靜。」

如何「靜靜」呢？在整部《沉思錄》中，奧理略給出了各式各樣寶貴的建議，例如要關注內心的活動，不要執著於身外事或他人的想法等等。如果一定要總結出一條關於「獲得內心平靜」的根本原則，那麼應該就是「專注當下」。「每個人都只活於當下，而當下是一個無法被分割的點。人生的其他部分要麼就是既成的過去，要麼就是未定的將來。」

在奧理略的生活中，戰鬥的號角不知在哪一天就會吹響。如果人人都糾結於過往的功績或失敗，面對未來又惴惴不安，怎麼可能冷靜地審視當下的境遇呢？又如何正視自我呢？「活在當下」需要堅定的意志力，不為虛幻的或無意義的事情所困，只遵從至高的理性與道義。正如奧理略所言：

你要像峙立於被不斷拍打的巨浪之前的礁石。它巍然不動，馴服著周圍海浪的狂暴。我聽到你說，我是如此的不幸，會有此事發生在我的身上，但此言差矣，或許該說，我是如此幸運，未被過去之事所打倒，亦不為將來之事而恐懼。人人皆會遭遇不幸，卻不是每個人都能欣然面對，從不妥協，毫無怨言。

對奧理略來說，人的最終目標是自給自足的，不以物喜，不以己悲。

II・生活中要有一點閒暇

《沉思錄》是奧理略在鞍馬勞頓之餘寫成的，甚至可以說是他戰時「每日三省吾身」之後寫下的日記。雖然他的個人命運註定被帝國的戰亂裹挾，但奧理略在《沉思錄》中告誡自己：「生活中總要有一點閒暇。」

奧理略所指的閒暇並非現代人那種空閒狀態，而是指人內心應該保有的狀態，也就是寧靜（tranquility）。「做事不可遲緩，言談不可雜亂，思想不可游移，靈魂不可完全傾注於自身，或者過分焦躁不安，生活中不可始終忙碌不止。」

寧靜是斯多葛學派的核心價值。其目的是讓我們的內心變得井然有序，讓浮躁的內心回歸到平靜，做到返璞歸真。中國古代那些不願入世的隱士們常常歸隱山林以修身養性，後人會讚譽他們的高風亮節；但如果讓奧理略來評價，他會認為這樣的行為甚是庸俗。「因為你隨時可以退隱到自己心裡去。一個人不能找到一個去處比他自己的靈魂更為清靜——尤其是如果他心中自有丘壑，只消凝神一顧，立刻便可獲得寧靜。」正所謂「大隱住朝市，小隱入丘樊」。奧理略式的寧靜更為澈底，畢竟作為一國之君的他沒有歸隱山林的資格。若想要獲得內心的平靜，他只能透過對自己的道德品質、個人修養、責任良知、行為習慣等做深刻的反省。問心無愧，方是心安。

Ⅲ・人是宇宙的匆匆過客

那麼，如何獲得奧理略所說的內心的平靜呢？奧理略認為關鍵在於如何思考，畢竟「生活是否幸福取決於思想的品質」。這絕對不是在鼓吹阿Q精神，好像幸福或者平靜只是內心自導自演的幻境。奧理略始終將邏各斯作為指引自己理性活動的最高準則。要獲得自己內心的平靜，首先要擺正自己在宇宙中的位置，認清宇宙同自己的關係，正如奧理略所說：「你必須銘記於心的是，整個宇宙的本來面貌是什麼，而我自己本身又究竟是什麼，這兩者有著怎樣的聯繫，我自己在整個宇宙中占著什麼樣的地位與作用；沒人可以阻止你去說出或者做出任何符合自然法則原理的事情，因為你是其中不可分割的一部分。」後人將這個想法稱為「宇宙意識」，這是奧理略和斯多葛主義的一個核心觀點。

宇宙意識大致可以總結為三點：

第一，人要認識到自己是宇宙的一部分。斯多葛學派非常強調人和宇宙都服從於邏各斯，因此要順應自然。「自居於宇宙之法以外的人，便是個流囚；不能用慧眼觀察的人，便是個瞎子；依靠別人而不能從自身取得自己生活所需要者，便是個乞丐；只因不滿於現實而即自絕於『宇宙的共同的理性』，便是宇宙的贅瘤。」宇宙意識不僅僅包含人對自然的理解，人格個體也是宇宙本性的組成部分，因此宇宙意識更包含了「人應該如何生活」的倫理認識。

第二，宇宙是沒有惡意的。這有一種「天地不仁，以萬物為芻狗」的意味。奧理略說：「宇宙的實體是忠順和服從的，那支配著它的理性自身，沒有任何原因性惡，因為它毫無惡意。」（6：1）人最值得學習的其實是周而復始運動著的天體，它們依自己的軌道運行，平靜而穩定。因為始終被最高貴的理性支配，所以不會產生過多的貪念，反而能懂得知足，心懷感恩。「如果你對於上天恩賜予你的有限物質額度心滿意足的話，那麼你就不會再對有限的生命時間存有遺憾。」

第三，人之於宇宙，只是匆匆過客。一個斯多葛主義者在宇宙中的最終感覺被稱為homification，其實就是一種安然舒適的感受——既不被過度的欲望所累，也沒有被外部的匱乏和壞人擾亂心情。斯多葛主義者對生命中所有的悲喜聚散都能坦然面對。奧理略就曾說：「屬於身體的一切只是一道激流，屬於靈魂的只是一個夢幻，生命是一場戰爭，一個過客的旅居，身後的聲名也迅速落入忘川。」他還要「毫不炫耀地接受財富和繁榮，同時又隨時準備放棄」。（8：33）

Ⅳ．「邏各斯」支配萬物

斯多葛主義（Stoicism）又譯作「斯多亞主義」。其名源於希臘文stoa一詞，指迴廊或柱廊，一種古希臘的典型建築形式。在今天的希臘雅典衛城腳下仍然可以看見一片保存完好的迴廊，那就是當年斯多葛學派的學者討論哲學問題的地方。斯多葛學派的歷史久遠，由季蒂昂的芝諾於西元前三世紀創立。作為古希臘第三大哲學流派，斯多葛學派的地位僅次於柏拉圖的雅典學園和亞里斯多德的呂克昂學園。

雖然早期希臘化時代的斯多葛主義內部在形而上學方面有點差異，但他們有一個共識，即相信整個世界是被「邏各斯」（logos）支配和統治的。邏各斯就是基本的法則和規律。斯多葛主義認為，邏各斯是一個貫穿萬物的永存不朽的理性，因而自然界的一切發展和變化，不論是創造還是毀滅，都是有規律的、是符合理性的；而人同自然界一樣都產生於邏各斯，因此人類社會也被理性所支配。這也就是為什麼大多數斯多葛學派學者都相信有命運、天數或天命。

然而，那些斯多葛學派學者並非決定論者，他們依舊相信人的意志能決定自己的行動，人的自主性雖然有限，卻難能可貴。所以奧理略說：「沒有任何人能拿走我們的自由意志。」（11：36）人自身是一個小宇宙，而外部世界是一個大宇宙。人生的根本目標在於按照宇宙的規律來生活，或者說就是順應自然。這是可以做到的，因為小宇宙和大宇宙之間存在關聯和互動，都受到邏各斯的支配。在斯多葛主義者看來，健康與死亡、得到與失去都蘊含於宇宙的規律中，而人生的主要追求在於自在自然。用奧理略的精神導師愛比克泰德的話來說：「誰是斯多葛主義者呢？

他即使身在病中、身處險境、奄奄一息、流放異地、惡語纏身，卻仍然感到幸福。他渴望與神同心，不會怨天尤人，從不會感到失望，從不會反對他的意願，從不會感到憤怒和嫉妒。」（摘自：愛比克泰德：《沉思錄II》，陳思宇譯，北京：中央編譯出版社，2009年。）

延伸閱讀

1.〔古羅馬〕馬可斯・奧理略：《沉思錄》，柯宗佑譯，臺北：遠流出版，2019年。

2.〔日〕鹽野七生：《羅馬人的故事9：賢君的世紀》，臺北：三民書局，2003年。

3.〔美〕威廉・B・歐文（William B. Irvine）：《像哲學家一樣生活：斯多葛哲學的生活藝術》，胡曉陽、芮欣譯，上海：上海社會科學院出版社，2018年。

4.〔古羅馬〕愛比克泰德：《哲學談話錄》，吳欲波等譯，北京：中國社會科學出版社，2004年。

5.《羅馬帝國：鮮血的統治》（*Roman Empire: Reign of Blood*）第一季第二集，Netflix，紀錄片，2016年。

— 42 —

塞內卡《論人生短暫》

人生苦短夫復何求？

— 閱讀挑戰 —

LUCIUS SENECA

我們真正活過的生命僅僅是那一小部分。 ——塞內卡《論人生短暫》

引 言

現代人對時間最深刻的感受可能就是沒有時間吧。人們活得無比匆忙，時時刻刻在趕往下一個目的地或者下一個deadline。甚至很少有人能夠停留一秒鐘來感受一下歲月匆匆、時光荏苒。人們寄望於明天，好像可以把期望寄託給無止境的未來，卻一次又一次地高估了自己把握時間的能力。無論現代技術可以將人的壽命延長多久，人都會感到沒有活夠。

如果上天真的再給你五百年，你就會滿足嗎？

其實不僅現代人思考過這個問題，早在古羅馬時代的斯多葛學派哲學家塞內卡也思考過。在《論人生短暫》一書中，塞內卡給出了一個與眾不同的回答。

I・你活過的是時間還是生命？

盧修斯．塞內卡（Lucius Seneca）是古羅馬著名的哲學家、政治家、劇作家，他還擔任過暴君尼祿的私人教師和顧問。他的一生時運不濟，既見過世間的榮華富貴，又經歷過各種各樣的危機坎坷。古羅馬的另一位暴君皇帝卡利古拉曾因妒忌塞內卡無與倫比的口才，而逼迫他自殺，塞內卡因當時身染沉屙才得以逃過一劫。西元四一年，由於涉及宮廷陰謀案件，塞內卡被皇帝克勞狄以與卡利古拉姊姊通姦的罪名流放到科西嘉島，並沒收了所有的財產。

正是在流放期間，塞內卡寫下《論人生短暫》（*On the Shortness of Life*）。當時他已經五十三歲，感覺自己時日無多。流放歲月雖然是塞內卡整個人生的低谷，卻也是他思維最為清晰和活躍的時光。在逆境之中，斯多葛主義哲學成為了他的精神支柱。塞內卡那時寫下的諸多書信放在今天依舊有教化人心的力量：「這個世界上沒有流放地，因為對於人類來說沒有什麼地方是異國他鄉，從地球表面的任何一個點遙望蒼穹，神的領地與人之間的距離都是相等的。」

《論人生短暫》就是塞內卡寫給友人保里努斯的一封書信，信中充滿了箴言，最直接地體現了塞內卡當時的所思所想。流放中的塞內卡對世事無常深有體會。在《論人生短暫》的開頭，塞內卡就開門見山地說：「除了極少數人之外，其餘人都還沒來得及開始生活，便壽數已盡。」自然在很大程度上是公平的，因為她給了每個人充分實現自我的機會，但是大多數人在捍衛財產時錙銖必較，面對時間卻出手闊綽。塞內卡做出了一個有意思的區分：「我們真正活過的那段生命僅僅是一小部分，其餘部分不能算生命，僅僅是時間而已。」他區分了時間和生命，就像區分生存和生活——人如果沒有真正活過，其實也就只是隨著時間機械地呼吸罷了。所謂「真正的活」，在塞內卡眼中就是不沉溺於欲望，不受他人掌控，聆聽自己的心聲。他看到，許多人想方設法讓自己自顧不暇，這「並非因為你指望別人的陪伴，而是不能容忍自己做自己的陪伴」。他們勞動著肉身，靈魂卻空洞無物。哪怕尊貴如奧古斯都和西塞羅，擁有的無窮權力也換不來片刻屬於自己的閒暇和自由，「在太平盛世時他不得安寧，在災禍臨頭時他無法忍受」。

難道塞內卡要所有人都放棄自己的職業，放棄對他人的責任，只為自己而活嗎？其實，塞內卡是在強調一種現象，那就是人們往往會出於各式各樣的原因，把想做的、對自己有意義的事放到未來，可往往計畫趕不上變化，結果常常事與願違。塞內卡說，拖延是對生命最大的浪費，因為它奪走了到來的一天，寄望於未來而放棄現在。這種拖延不單是指拖延某項任務，更是指拖延對自己靈魂的充實，同自己心靈的對話，以至於惶惶不可終日，不懂自己究竟想要什麼。塞內卡告誡所有人，馬上開始生活——就在當下，就在此刻！因為「將自己的時間為己所用的人，總是把每一天安排得像是最後一天的人，他們既不渴望也不懼怕明天的到來」。

Ⅱ・何謂「活在當下」？

塞內卡把生命分為過去、現在和將來。這個劃分充滿了斯多葛學派的人生智慧，和現代人理解的時間有點不同，塞內卡將之視為三種對人有不同意義的哲學概念。現在是短暫的，將來是不確定的，過去是已定形的。任何人都無法改變過去，但是塞內卡認為，過去雖然不能被改變，但依然是有價值的。如果不能回首過去，人就會變得貪得無厭、妄自尊大、急功近利、見利忘義，成為巧取豪奪、窮奢極欲之徒。很多人並沒有意識到現在的存在，因為它稍縱即逝，所以塞內卡認為，雜務纏身的人可能過於關注現在，而沒有機會來審視過去，甚至看不到危險，就好像一匹馬被套上了馬軛，不能回頭看，也不能兼顧左右，只能一心向前；遠離雜務的人一定擁有充實的生命，沒有揮霍，沒有虛擲，沒有任命運擺布，沒有漫不經心地丟失，沒有無度施捨而浪費，沒有多餘，無論末日何時到來，理智的人都會義無反顧地迎接死神的降臨。這樣的人才真正是「活在當下」。

是什麼妨礙了人們活在當下呢？塞內卡非常清醒地意識到羅馬上流社會中日益靡費的生活方式。尼祿自己就是一個「派對動物」，大晚上不休息卻飲酒狂歡。雖然自奧古斯都以降的文人們以「惜時」為主題寫下了不少作品，貴族們卻依然我行我素。塞內卡對於人生苦短的關切，不啻是自己人生經歷的緣故，還因為當時日漸崩壞的風氣。塞內卡告誡人們：不要遺忘過去，不要忽視現在，也不要恐懼未來。與其揮霍光陰，不如學會和自己獨處，像哲學家們那樣，在思想中獲得真正的自由。

Ⅲ·「我可以抗拒一切，誘惑除外」

塞內卡在流放歲月中寫給母親的書信〈致赫爾維亞的告慰書〉也值得一讀。在科西嘉流放的幾年裡，塞內卡的物質生活匱乏，但他始終保持著一個基本信念：萬物皆備於我。這讓人不禁想起「一簞食，一瓢飲」卻不改其樂的顏回。塞內卡認為，只需極少的東西就能達成人生的終極目標，因為作為一名斯多葛主義者，達到至善境界憑藉的是思想，而非身外之物。「幸福生活不需要什麼優良的裝備，這是自然的本意。每一個人都能使自己幸福，外部的東西並不重要，順境和逆境都沒有多大的影響。」人無論走到哪裡，都面對相同的自然秩序，人的肉身可以被流放，美德卻一直跟隨，因此人無論走到哪裡，宇宙本性和個人德性這兩種最寶貴的東西都將一直陪伴在側。

英倫才子艾倫·狄波頓也非常欣賞塞內卡的一段話：「我從來沒有信任過命運女神。我把她賜予我的一切——金錢、官位、權勢——都擱置在一個地方，可以讓她隨時拿回去而不干擾我。我同它們之間保持很寬的距離，這樣，她只是把它們取走，而不是從我身上強行剝走。」但正是因為塞內卡的文字顯示出他對名譽、財富的無比淡泊，才讓人們看不懂他回到羅馬後的所作所為：住著豪華的別墅，由奴隸伺候生活起居，喜好用象牙和珍貴木材製成的家具，在外放貸斂財。他可以自我辯護稱，自己享受富貴但從不在意，但終究難以服眾。如果王爾德見到了塞內卡，估計會把那句經典的嘲諷贈送給他：「我可以抗拒一切，誘惑除外。」

塞內卡自己並沒有能夠堅持自己提出的原則。斯多葛主義的最高境界就是讓人成為超脫於紅塵之上的聖賢，但塞內卡終究只是一介凡人，沒有經受住金錢與權力的誘惑。他一方面利用職權在各處放貸，積累了大量的財富——他在不列顛的放貸行為，甚至引發了當地的暴亂；另一方面，他身為帝王師，卻無力阻止甚至縱容暴君傷天害理。後世對他的評價亦是褒貶不一，他的文字與他的經歷所呈現出來的彷彿是截然不同的兩個人，以至於有學者說，並不存在單一的塞內卡，而是有許許多多的塞內卡。他的多重面相令人費解，也引人琢磨。

西元六五年四月的一天，羅馬軍隊的一名百人隊長帶著皇帝尼祿的命令，來到了在羅馬郊外塞內卡的別墅。幾小時前，尼祿頒布了旨意，要求塞內卡自我了斷。當百夫長宣讀了命令後，塞內卡的家人、學生和奴僕頓時哭成一片。塞內卡卻展現出了一個斯多葛主義者的從容：

「你們的哲學哪裡去了！你們處變不驚的精神哪兒去了！」因為他的全部家產都將被皇帝沒收，所以他對眾人說：「我不能回報你們給我的服務，只好把我能夠留給你們的最好的東西留給你們——我的生活方式（image of life）。」

延伸閱讀

1.〔古羅馬〕塞內卡：《論人生短暫》，柯宗佑譯，臺北：遠流出版，2022年。

2.〔古羅馬〕塔西佗：《塔西佗〈編年史〉》，臺北：臺灣商務，1998年。

3.〔古羅馬〕塞涅卡：《哲學的治療：塞涅卡倫理文選之二》，吳欲波譯，北京：中國社會科學出版社，2007年。

4.〔古羅馬〕塞涅卡：《強者的溫柔：塞涅卡倫理文選》，包利民等譯，北京：中國社會科學出版社，2005年。

5.〔古羅馬〕塞涅卡：《道德和政治論文集》，袁瑜琤譯，北京：北京大學出版社，2010年。

編註：塞涅卡即為塞內卡。

— 43 —

培根《新工具》

如何避免生活中各種假象？

—— 閱讀挑戰 ——

FRANCIS BACON

我們若不服從自然，我們就不能支配自然。 ——培根《新工具》

引　言

你家裡有沒有這樣的長輩？他們熱中於某個電視頻道的電視購物，經常聽信一些誇大其辭的廣告，買了一大堆吃也吃不完、又沒有什麼效果的保健品。他們熱中於傳播「謠言」，經常在自己的朋友圈和朋友群組裡轉發一些似是而非的養生祕笈或者「科學真理」。儘管那些保健品和假消息早在幾年前就已經被闢謠，只不過今天又被轉發了一遍，讓他們恰好看到而已，但無論你怎麼費力勸說，甚至拿出闢謠新聞，他們還是更願意相信自己的經驗和判斷。

其實不要忙著嘲笑這些長輩，將來你自己有沒有可能也變成這樣的長輩呢？這些長輩又是犯了什麼錯誤呢？如果不知道他們犯錯的原因，那麼你自己終有一天甚至就是現在也會犯同樣的錯誤。

那些長輩相信的謠言和虛假宣傳，在哲學看來都屬於假象。文藝復興時代的英國哲學家法蘭西斯·培根就曾經在其名著《新工具》（*Novum Organum*）中，總結了人類最容易陷入的四種假象。

I・《新工具》和四假象

十五世紀至十六世紀的大航海時代，歐洲人率先發現了新大陸，隨之而來的是對地理乃至人類自身不斷更新的理解，以及豐富的原料和驚人的財富。以往的很多知識被澈底顛覆。最為典型的例子就是哥白尼提出了日心說，進而否定了流行近千年的托勒密的地心說。當時的歐洲人正急著步入一個新時代，他們也不再認為人類知識的高峰屬於過去的時代。正是在這樣的時代大背景之下，英國哲學家法蘭西斯・培根（Francis Bacon）寫下了《新工具》。

培根認為「我們這個時代在學問方面遠遠超過希臘和羅馬時代」。與此同時，他也提出了自己的質疑：「千百年來的一切學問，是否曾經做出了一個小小發明而使我們增加了福利呢？工匠的勤勞使發明出來的東西得到了小小的改進；有時在試驗中的機會使我們碰到某種新東西；但學者的一切爭論都未曾揭示出一個前人所不知的自然界的現象。」培根還擔心，人們會和前人一樣陷入假象而不能自拔，一直沉溺其中幾百年。於是，培根在《新工具》第一卷第三十九節開始，提出了人類容易誤入歧途的四種假象。

第一種是種族假象，又被譯為族類假象。這種假象根植在「人的感官是事物的尺度」這句話當中。例如，人只能看見可見光譜之內的色彩，其實還有紅外線和紫外線等波段的光是人的肉眼看不到的，更不用說X光了。某些海鷗的雛鳥會尋找父母喙部的一個紅點來要食物，而動物學家發現，用一根畫了紅點的木棍放在雛鳥面前，牠們也會去啄食。雛鳥其實無法分辨父母和木棍，牠只是依據本能對紅點做出反應。

那麼人會不會也是這樣呢？於是培根認為，人的感官只能觸及事物的表象，而且人的情感還會妨礙人們對事物的理解，不能揭示事物本真的面目。不過，培根對克服這一假象持比較樂觀的態度，他認為隨著科學的發展，人能夠找到自然安排的真實意圖，來取代人類有限而片面的看法。

第二種是洞穴假象。這個假象來自古希臘哲學家柏拉圖《理想國》中的洞穴隱喻。洞穴是洞穴人從小生活的地方，他們一輩子沒有離開過洞穴，自然就認為他們在洞穴裡看到的一切就是最為真實的，甚至洞穴就是世界的全部。洞穴假象意味著一些錯誤的觀念其實源自人們從小生活的環境。哪怕接受過良好教育，一個人的限度、局限和偏見也是不可避免的。所以培根說：「人的精神各有不同，變化多端，容易擾亂，好像完全是受機會支配。」人可以說完全是環境的產物，所謂井底之蛙就是洞穴假象的例證。甚至可以說，井底之蛙還算幸運，牠至少看見了井口外的天空，知道還存在井之外的世界。

第三種是市場假象。這種假象就是引言中那些長輩們經常陷入的假象了。這種假象來自人們使用的語言。培根認為，語言雖是人們交流思想的媒介和工具，卻也可以是空洞而虛假的，而且這些迷惑性的語言反而會得到大部分人的推崇。很多時候，人們並不能直接判斷一件事情的真假，卻會人云亦云，隨波逐流。因此培根認為，追求真理的人絕不能根據支持者的數量來判斷真假。例如，有些網紅為了瀏覽量，加上某某專家、某某院士說過什麼來吸引目光，而絕大多數讀者根本無從驗證那些話的真假。

第四種是劇場假象，表述的是人們頭腦中的教條，或者不經反思就被接受下來的某些所謂的原理和公理。培根說，以往哲學中一些體系都不過是舞臺上的戲劇而已，它們通過虛構的布景打造出一些虛幻的世界，而所有的一切只不過是作者們用文字和想像力創造出來的假象。例如，很多人堅信「一切事物都有兩面」，這句話若不細思似乎並沒有什麼問題，然而莫比烏斯環的存在說明這句話是片面的。

培根要求人們澈底地拋棄各種假象，他說：「文明人和野蠻人之間的區別，幾乎是神與人之間的區別。而這個區別不是從土壤來的，也不是從氣候來的，也不是從種族來的，而是從學術來的。」培根提出四個假象只是他哲學工作的第一步：質疑現有知識的來源和建構。他發現作為知識來源的感官材料可能是不可靠的，人類的經驗是有限的，因此他要推翻先前的學術研究方法，提供一套新的體系，破除人們的偏見，探求事物真實的面貌。

II・不要總是做螞蟻和蜘蛛

培根在《新工具》裡提出，獲得知識的兩個基本方法是歸納和實驗。亞里斯多德就已經區分了歸納和演繹兩種獲得知識的途徑：歸納就是從個別上升到一般，而演繹恰恰相反，是從一般推演到個別，例如邏輯、幾何和代數都是演繹的方法。

按照培根自己的說法，歸納就好像螞蟻的工作，只從外部採集，而演繹就好像是蜘蛛的工作，只在內部釐清線索再向外「吐絲」。演繹中有一個潛在的危險——人可能會跟隨一個錯誤的前提而推導出一個同樣錯誤的結論。培根同時也認識到單純的枚舉歸納亦具有極大的局限性，他要尋找出所觀察到的特殊事物中作為基礎的本質。培根在《新工具》中進行了對熱的研究。他的研究順序很有趣：首先收集大量關於熱的例子，從太陽到火焰再到摩擦生熱，還有動物產生的熱等，這一步就是進行簡單的羅列；其次羅列另一個表格，所羅列出的事物同先前的相似，但唯獨不具有熱量，例如月亮的光和太陽的光都是從天上來的，但是太陽光是熱的，而月亮光幾乎沒有任何熱度，這就是一個「否定的實例」；再次排列出一個熱的程度的變異表，也就是要比較什麼比什麼更熱；最後進行排除，也就是歸納。他設想「一個事物的形式應該在事物本身必定在其中被發現的每一個以及所有的例證中被發現」，在對「熱」的研究中，培根就歸納出，熱的本質不是光而是運動。

Ⅲ．什麼樣的知識才是力量？

比起歸納，培根更推崇的是「實驗」。現在所說的實驗是專門的研究者進行的驗證性工作，而在培根的時代，實驗的含義更為廣泛，甚至包括一切勞動過程，如與農業和手工業有關的技藝。培根所謂的實驗就是指人干涉或控制自然的一切行為。培根的目標並不是要重複亞里斯多德的邏輯學和形而上學，而是要推動人們的認識，甚至要產生新的發明創造。古典哲學家如亞里斯多德，只想安安靜靜地觀察世界，而培根則想要駕馭自然和世界。他說要在物體上添加一種或多種新的屬性，才是人類的能力和工作的目的。例如，讓小麥產出更多的麥穗，或者製造一種比鐵輕但更為堅硬且不會生鏽的金屬。

駕馭或者支配世界的看法也會有副作用。知識能祛除愚昧，也會帶來狂妄。一六二六年三月底，培根坐車路過海格特地區。當時天氣還很冷，他為了研究用雪防腐的可能性，毅然下車買了一隻雞，並親自用雪填滿了雞肚子。正是這樣一個追求新知識的實驗讓培根染上了風寒，且病情在短短幾天之內迅速惡化。一六二六年四月九日，培根在復活節禮拜日的早晨去世，享年六十五歲。一個如此講求經驗和實驗的人，因為研究如何讓母雞不腐爛而著涼病死，也算是死得其所了。

延伸閱讀

1.〔英〕培根：《新工具》，許寶騤譯，臺北：五南，2018年。

2.〔英〕培根：《培根論說文集》，水天同譯，北京：商務印書館，2001年。

3.〔英〕弗朗西斯．培根：《英王亨利七世本紀》，王憲生譯，北京：北京時代華文書局，2016年。

4.〔美〕威爾．杜蘭：《哲學的故事》（二版）〈第三章：法蘭西斯．培根〉，林資香譯，臺北：野人文化，2021年。

編註：弗朗西斯即為法蘭西斯。

— 44 —

伏爾泰《哲學通信》

如何告別愚昧、野蠻和迷信？

—— 閱讀挑戰 ——

VOLTAIRE

一個專制主總有些好的時刻，一個專制主的集體則從來沒有好的時刻。

——伏爾泰《哲學辭典》

引言

每天打開電視、看看手機，都會遇到一些讓人沮喪或者聳人聽聞的事件。這個時候，人們往往會下意識地問自己：未來會變好嗎？人類還有救嗎？很多瞬間，人們會陷入悲觀。但是只要回望一下歷史就會發現，在過去的三百年裡，人類是在不斷改善的，而這都要歸功於一些先知先覺者的努力。

十八世紀的歐洲發生了一場震動世界的思想解放運動——啟蒙運動。走在這場席捲世界的運動前面的是法國巴黎的一小群知識分子。他們通過撰寫百科全書、在街頭巷尾流傳的小冊子和在巴黎劇場裡演出的戲碼，開始了潛移默化的思想解放。在這群人中最為著名的是伏爾泰和盧梭。正如後來拿破崙所說，法國自從有了伏爾泰和盧梭，才真正開始去思想，而「一個國家一旦開始思想，那就不可能阻止它了」。

伏爾泰正是十八世紀法國的精神領袖。大文豪雨果曾經如此評價他：「說明伏爾泰其人，就等於說明了整個十八世紀的特點。」

伏爾泰的所作所為，其實可以歸結為兩個字——解放。「解放」這個詞在這裡是廣義的，可以被運用在歷史上各種讓人熱血沸騰的時刻：從專制暴政中解放，從教權統治中解放，從奴隸制中解放，從種族隔離中解放，從父權社會中解放……因為在他看來，雖然一些人不可救藥，但是人類整體還有救，而這需要一些人做出不懈的努力。

I・伏爾泰與巴士底監獄的「緣分」

伏爾泰（Volraire）其實並不是這位哲學家的原名。伏爾泰的原名叫弗朗索瓦・馬利・阿魯埃（François-Marie Arouet）。一七一七年，因為創作的諷刺詩〈幼主〉影射法國宮廷荒淫糜爛的生活，甚至暗示「法國終將滅亡」，弗朗索瓦被關進巴士底監獄十一個月。正是在獄中，他創作了第一部劇本《伊底帕斯》，並首次使用了「伏爾泰」這個筆名。一七一八年，《伊底帕斯》在巴黎首演，出乎意料地大獲成功，連續上演了四十五場，而且場場爆滿，甚至打破了巴黎劇院的演出紀錄。

伏爾泰的鋒芒畢露終究會招惹禍端。一七二五年十二月，伏爾泰在歌劇院裡和羅昂公爵的兒子羅昂騎士相遇。身為貴族的羅昂自然看不起第三等級出身的伏爾泰。於是他走到伏爾泰面前，挑釁地問：「伏爾泰先生，阿魯埃先生，你的姓氏究竟是什麼？」伏爾泰不卑不亢地回應道：「騎士先生，我雖然沒有一個顯赫的姓氏，但我知道怎樣使它顯赫起來。」幾天之後，伏爾泰在一個朋友家裡吃飯，突然僕人進來通報稱，有人在門外等他，卻被羅昂騎士派來的打手痛打了一頓。多次積怨讓伏爾泰在幾個月後提出要和羅昂決鬥。羅昂一邊假裝答應，另一邊卻派人向國王打小報告。於是在一七二六年三月二十八日，伏爾泰第二次被關進巴士底監獄。為了防止強勢的貴族進一步迫害自己，伏爾泰主動提出流亡英國。在英國的三年裡，伏爾泰寫成了《哲學通信》一書，而這次出走也意味著伏爾泰正式向法國專制制度開火。

《哲學通信》是伏爾泰在英國的觀感和心得的總結，因此又被稱為《英國通信》。一七三三年，該書首先在英國出版，法文版於一七三四年問世。

全書由二十五封信組成，涉及的主題有宗教信仰、議會、商業、學科和文學等方面。伏爾泰在英國期間還結識了不少一流的文化人，儼然成為了英國思想文化的傳播者。蘋果掉到牛頓腦袋上的故事就是伏爾泰聽牛頓的妹妹說起後，記錄在《哲學通信》中的，如今全世界的人們第一次認識牛頓這個人物，可能都是從這顆蘋果開始的。一七二七年三月，他還參加了牛頓的葬禮。

十八世紀的法國人一直認為自己才是歐洲文化的高地，而伏爾泰就是要打破同胞頭腦中的那種自鳴得意，告訴他們真正的文明是什麼樣的。他關注英國的思想狀況，並針對性地揭露當時法國的問題和落後之處，批判法國思想的保守和僵化。一七三四年，一名出版商拿到了《哲學通信》的書稿，未經伏爾泰同意就刊印出版了。一年之內，這本書竟再版十次，且次次很快就銷售一空。這讓法國當局非常震驚，高等法院下令逮捕出版商，焚燒存書，通緝作者。不久該書轉移到了荷蘭出版，伏爾泰害怕再次被捕，於是逃之夭夭，和夏特勒侯爵夫人隱匿在一個莊園裡。鑒於如此大的影響力，有學者把伏爾泰的《哲學通信》稱為「投向舊制度的第一發炮彈」。

Ⅱ．懷著深情去愛人類

《哲學通信》導言的作者勒內．波墨總結了這本書的核心觀點：人類不再是等待被屠宰的動物，相反的，可以安排好自己的集體生活，讓每個人能根據天性而享受幸福。整本《哲學通信》

中最為哲學的部分是第二十五封信——關於帕斯卡的《思想錄》，其內容正是關於伏爾泰批評帕斯卡對人類過於悲觀、消極的否定性看法。

伏爾泰並不是盲目地相信人類本性是完美的，恰恰相反，他承認人就是矛盾與衝突的集合體，但正是這種不完美才是人類最真實的狀態。人類的難能可貴之處在於人既有行動的激情，又有掌控行動的理性。帕斯卡認為，人生下來就是自私自利的，但伏爾泰並不認為這是人的固有缺陷。如果人們沒有自愛，社會便不會形成和存在；正是由於人們有自愛，人們才會愛別人。

或許是對人類本性過於悲觀，帕斯卡始終抬頭仰望著上帝：「如果有上帝，那就應當只愛上帝，而不應去愛人類。」伏爾泰拒絕這種對眼前實在的人漠不關心的態度：「想分散一個人的注意力，不讓他想關於人類命運的事，那是錯誤的。因為不管他的思想關注到什麼事物，他關注的事物必然是與人類命運有關的。」他說：「應當愛人類，而且是懷著深情去愛。應當愛自己的祖國，愛自己的妻子，愛自己的父親，愛自己的孩子。」

和帕斯卡相比，伏爾泰身上洋溢著啟蒙時代的那種自信。他堅定地認為，人不能安於現狀，或者單純地等待宗教意義上的來世救贖，而是要放眼此世，努力改善現有的境遇，使人們能生活得更好。

Ⅲ‧《老實人》和對萊布尼茲的批評

伏爾泰的啟蒙思想也體現在他的一部小說《老實人》中。一七五三年，柏林科學院宣布了一個徵文題目：關於蒲伯和萊布尼茲的樂觀主義。《老實人》就是伏爾泰對這次徵文交出的答卷，而他僅用三天就完成了這部小說。

與在《哲學通信》中展現出的自信與樂觀不同，雖然《老實人》的筆調充滿幽默，但內核是深刻的悲觀，甚至有一下將人打入虛無深淵的危險。伏爾泰塑造的幾個主要角色幾乎都是人畜無害的「好人」，卻在一個動盪的時代中流離失所，飽受摧殘。書中的主人公尖銳地嘲諷人類悲哀的命運：「幾百次想自殺，卻始終丟不下人生。這個可笑的弱點，大概就是我們的致命傷：時時刻刻要扔掉的枷鎖，偏偏要繼續背下去；一面痛恨自己的生命，一面又死抓不放；把咬你的毒蛇摟在懷裡撫摩，直到牠吃掉你的心肝為止：這不是愚不可及是什麼？」好人不一定有好報，這是伏爾泰通過《老實人》作出的悲哀的斷言。他在自己的另一本小說《天真漢》裡寫道：「歷史只不過是一幅罪惡與災難的圖景。」

伏爾泰為什麼要通過《老實人》這部小說來否定「好人有好報」這個說法呢？伏爾泰曾經和一名支持萊布尼茲樂觀主義思想的青年通信，這名青年認為現存世界是可能世界中最好的一個。伏爾泰在信中寫道：「先生，我樂於聽說你寫了一本小書反對我。你太抬舉我了。當你證明，不論以詩，或別的什麼形式，在這個一切可能世界中最好的世界裡，何以竟有那麼多的人抹脖子時，那時我會分外感激你。我恭候你的辯駁，你的詩或你的辱罵；我從內心深處確確實實告訴你，對這個問題我們兩人誰都一無所知。」

一七五五年十一月，伏爾泰聽說了里斯本大地震的消息。按照歷史考證，當時地震等級約有九級，是有歷史紀錄以來最強的地震。地震發生的那一天恰好是萬聖節，教堂裡擠滿了虔誠的信徒，因此死傷極為慘重，當天就有三萬多人喪命，整座城市的四分之三被毀。伏爾泰當即寫了一首詩來表達他的憤怒。上帝如何能忍心，把災禍降臨在無辜的甚至是虔誠的信徒身上呢？因此，伏爾泰絕對不會認為，現有世界是可能世界中最好的。他只相信，這個世界可以變得「更好」，而要實現這一點不是單純依靠相信上帝可以達到的。

一七七八年五月三十日，伏爾泰與世長辭。臨死前，他拒絕向教會派來的神父懺悔。他在遺囑中說：「當我離開人間時，我熱愛上帝，熱愛我的朋友，也不嫉恨我的敵人，但憎惡迷信。」一七九一年，伏爾泰的靈柩被移入先賢祠的時候，沿途有六十萬巴黎市民送葬。靈車上寫著：「他是人類心靈的引擎，他是我們自由的航燈。」

延伸閱讀

1.〔法〕伏爾泰：《哲學書簡》，閻素偉譯，北京：商務印書館，2016年。

2.〔法〕伏爾泰：《路易十四時代》，吳模信等譯，北京：商務印書館，1996年。

3.〔法〕伏爾泰：《風俗論》，梁守鏘譯，北京：商務印書館，1994年。

4.〔法〕安德列·莫洛亞（André Maurois）：《伏爾泰傳》，傅雷譯，上海：上海譯文出版社，2019年。

— 45 —

帕斯卡《思想錄》

為什麼說人是會思想的蘆葦？

— 閱讀挑戰 —

BLAISE PASCAL

思想形成人的偉大。人只不過是一根葦草，是自然界最脆弱的東西；但他是一根能思想的葦草。因此，我們全部的尊嚴就在於思想。——帕斯卡《思想錄》

引言

人對於宇宙來說究竟算什麼？你在仰望星空的時候，有沒有想過這樣的問題：

那些肉眼可見的星星已經存在了億萬年之久，它們在各自的星系，按照亙古不變的軌道運行著。相比之下，人是那麼微不足道！一個人能夠活到一百歲已經算是長壽，但這在宇宙面前簡直連滄海一粟都算不上……

然而，就是在這樣一個無比渺小的生物體中，或者更加準確地說，在人類大腦那一千多克的蛋白質中，開始觀察和思考起一百多億年的宇宙。似乎至今為止，人類都還沒有發現其他生物可以和人一樣思考宇宙。

人經常會提出一些和自己生存沒有直接關係的問題——人為何在此？人和真空、物質、能量有什麼不同？人的存在對宇宙意味著什麼？人和一粒灰塵、大千世界的根本差異在哪裡呢？

在歷代哲學家當中，法國哲學家帕斯卡用最簡練的語言回答了上述問題：人是能思想的蘆葦。

I・人因為思想而偉大

先說一個冷笑話。一群科學家在天堂裡玩躲貓貓。愛因斯坦眼疾手快地捉住了牛頓：「抓到你了，艾薩克！」可是牛頓卻說愛因斯坦抓錯了人，原來他正站在一塊一平方米的地板上，於是牛頓得意地宣布：「你抓到的是帕斯卡（壓力單位）。」

帕斯卡（Blaise Pascal）的科學家身分可能更為人所知，但大多數人不知道的是，他同時還是一位哲學家、教育家。帕斯卡畢生思考的一個核心問題就是人類全體在宇宙和世界中的地位。

帕斯卡認為，人和動物是不同的。動物行為背後的推動力是純粹的自然需要，牠們並不知其所以然，因此都是在盲目地、不自覺地重複一些自然設定而已。但是，人是可以積累前人的經驗的，是具有無限可能性的，畢竟積累沒有止境。現代人比古人高明一些，並不是因為現代人比古人聰明多少，而是因為現代人有了古人積累的經驗和知識。這一點可能是人類所特有的，也是人類歷史的結果。

帕斯卡認為，人要學習古人，但是不能盲目崇拜古人，學習古人的目的是超越他們，「他們留給我們的知識，可以作為我們自己知識的墊腳石」。實際上，帕斯卡在這裡已經提出了一種「進步」的觀念。「進步」對現代人而言是十分平常的一個詞彙，在帕斯卡的年代卻是一個非常新穎的觀念。

帕斯卡有一句名言：「人是能思想的蘆葦。」很難想像人會沒有思想，沒有思想的人與一塊石頭或者一頭牲畜無異，恰恰是思想成就了人的偉大。因此，帕斯卡說：

人只不過是一根葦草，是自然界最脆弱的東西；但他是一根能思想的葦草。用不著整個宇宙都拿起武器來才能毀滅；一口氣、一滴水就足以致他於死命了。然而，縱使宇宙毀滅了他，人卻仍然要比致他於死命的東西高貴得多；因為他知道自己要死亡，以及宇宙對他所具有的優勢，而宇宙對此卻是一無所知。因而，我們全部的尊嚴就在於思想。正是由於它，而不是由於我們所無法填充的空間和時間，我們才必須提高自己。因此，我們要努力好好地思想。

……

我應該追求自己的尊嚴，絕不是求之於空間，而是求之於自己思想的規定。我占有多少土地都不會有用；由於空間，宇宙便囊括了我並吞沒了我，有如一個質點；由於思想，我卻囊括了宇宙。

不會思考，人也就否定了自己的規定性，拋棄了自己的尊嚴。帕斯卡的話放在今天，都振聾發聵。

II・人為何既偉大又悲慘？

帕斯卡的人生有兩個看似有點矛盾的維度，一個是科學研究，另一個是宗教信仰。一般研究帕斯卡傳記的專家都認為帕斯卡一生中有三次「皈依」的經歷，其中當數第二次最具有傳奇色彩。從一六四八年到一六五四年，帕斯卡在巴黎度過了一段平和的「世俗的時光」，但是一次意外打破了這份平靜。一六五四年十一月二十三日，帕斯卡的馬車遭遇事故，兩匹馬都墜落塞納河而死，而帕斯卡本人卻奇蹟般地生還。這件事引發了他非常激烈的內心體驗。

當天午夜時分，帕斯卡獨自在臥室，反覆閱讀《聖經．新約．約翰福音》中的第十七章——耶穌被捕前為自己進行的禱告。他逐漸陷入一種心智在燃燒一般的心醉神迷的狀態。在他絕望的生命真空中突然出現了一種神祕力量將他填滿，在那一刻他似乎瞥見了一直嚮往的上帝，內心一下透亮。他知道了自己必須做什麼，必將成為什麼。這時，他就近抓起手邊一張紙，飛快地、熱烈地寫下湧到他頭腦中的句子：「亞伯拉罕的上帝，以撒的上帝，雅各的上帝，不是哲學家和學者的上帝。」這句話十分耐人尋味。帕斯卡沒有把這一夜的經歷告訴過任何人，甚至是他最親密的妹妹。在他逝世八年後，這張紙和一個羊皮紙抄本被發現縫在他上衣的襯裡中。後人習慣把這個夜晚叫做「火之夜」。雖然經歷了讓自己危在旦夕的一劫，但也正是在那一夜，帕斯卡的生命之火真正被點燃了。

一六五五年年初，帕斯卡進入妹妹曾經待過的波爾羅亞爾修道院，過起了一種苦修的生活。他將自己的餘生奉獻給宇宙和人生的真理。一六五八年，帕斯卡開始寫作《思想錄》（*Pensées*）。該書的內容主要受到三個源泉的啟發：

第一個自然是《聖經》，第二個是教父哲學家奧古斯丁的著作，第三個是法國作家蒙田的散文。帕斯卡本來想寫一本關於信仰的書，但在寫作《思想錄》的時候，他的立場是一個具有高度文化修養的懷疑論者。帕斯卡雖然具有強烈的宗教情感，但是《思想錄》並不是武斷的信仰宣言，而是要揭示出普遍的人性以及人因此面臨的困境。這本書充分展現了人的兩面性：既是偉大的，又是悲慘的。

在帕斯卡筆下，人是充滿矛盾的綜合體，人具有明顯的相反性——人是天然地輕信的，又是不信的；畏縮的，又是魯莽的。人還分享了一種普遍的狀況——變化無常、無聊和不安。無聊的時候，人就會沒有激情，無所事事，沒有消遣，也無所用心。這個時候，人十分容易就能體會到靈魂深處的空洞和虛無，並馬上陷入陰沉、悲哀、煩惱和絕望的情緒中。所以帕斯卡說：「一點點小事就可以安慰我們，而一點點小事同樣可以刺痛我們。」

在帕斯卡筆下，人永遠在兩個端點之間掙扎，用數學家的話來說，就是無窮小和無窮大之間的一個中項。人對於無窮而言就是虛無，對於虛無而言就是全體。人就是全體和虛無之間的一個中項，又永遠無法觸碰到這兩個極端。帕斯卡說，人既不是天使，也不是禽獸，但不幸之處就在於，想表現得像天使卻呈現為禽獸。帕斯卡又提出，人的偉大就在於認識到自己的可悲；人最大的卑鄙就在於追求光榮，然而這一點本身又是人的優異性的最大標誌。

或許就是因為如此矛盾，如此複雜，人才容易陷入諸多的煩擾與痛苦。

Ⅲ．帕斯卡的賭注

人看自己往往糊裡糊塗，看不清楚，對待外物卻精於計算，哪怕對待信仰也是如此。在《思想錄》裡，帕斯卡提出了一個關於信仰的著名說法，即「帕斯卡的賭注」。

在帕斯卡以前，上帝論證的關鍵問題是上帝是否存在，而帕斯卡則要用最為理性的方式來論證相信上帝與否對個人而言意味著什麼，以及人是否應該相信上帝。帕斯卡的賭注表面上是在探討信仰，實際卻涉及了概率論和決定理論。

帕斯卡認為，人很難通過理性判斷上帝是否存在，因此必須要下賭注，也就是一定要在兩種可能性之間做出選擇；上帝存在或不存在又是兩種可能的事實，於是兩種選擇與兩種事實排列組合，就會產生如下四種可能性：

1. 賭上帝存在，而上帝的確存在。在這種情況下，人的收益是最大的——可以上天堂。
2. 賭上帝存在，而上帝並不存在。在這種情況下，人沒有什麼損失，也沒有什麼好處。
3. 賭上帝不存在，而上帝是存在的。在這種情況下，人的損失是最大的——會下地獄。
4. 賭上帝不存在，而上帝恰好是不存在的。這種情況下，人沒有什麼損失，也沒有什麼好處。

基於這四種可能性，帕斯卡建議，如果人是理性的，就應該趨善避惡，最好還是要相信上帝是存在的。帕斯卡的這種分析非常接近於現代人的成本效益分析。因此，有人批評帕斯卡說，如果對於信仰都能採取這樣的成本效益分析的話，那麼信仰本身就是不虔誠的。畢竟信仰不是俄羅斯輪盤賭啊！但帕斯卡的這番論述的確已經包含了概率論的基本想法。也有人認為不能把帕斯卡的賭注混淆為對上帝的證明。法國哲學家伏爾泰一針見血地指出，相信上帝所獲得的好處並不能證明上帝的存在。

延伸閱讀

1.〔法〕帕斯卡爾：《思想錄上＋下》，何兆武譯，臺北：五南，2020年。

2.〔法〕帕斯卡：《致外省人信札》（*Lettres provinciales*），晏可佳、姚蓓琴譯，北京：商務印書館，2012年。

3.〔義〕羅伯托・羅塞里尼：《布萊茲・帕斯卡爾》（*Blaise Pascal*），電視電影，1972年。

編註：帕斯卡爾即為帕斯卡。

— 46 —

康德《實踐理性批判》
可以用酷刑折磨恐怖分子嗎？

— 閱讀挑戰 —

IMMANUEL KANT

有兩種東西，我對它們的思考越是深沉和持久，它們在我心靈中喚起的驚奇和敬畏就會日新月異，不斷增長，這就是我頭上的星空和心中的道德律令。

——康德《實踐理性批判》

引言

假設有一個恐怖分子在城市的某個角落藏了一枚核彈，而距離引爆只剩下二十四小時。此時你抓到了恐怖分子，那麼你是否贊同用嚴刑拷打的手段，讓他說出核彈的下落呢？

假設這個恐怖分子的態度十分強硬，死活不肯招供，那麼你會對他的妻子甚至是孩子動用酷刑嗎？

核彈一旦爆炸，城市裡會有數百萬人死傷。按照功利主義的觀點，此時應不惜一切代價，必須要讓他招供。幾百萬市民和一家三口孰輕孰重是顯而易見的。但是恐怖分子的妻兒又何嘗不是無辜的呢？難道只要是為了某個合理的目的，生命權就能被輕易剝奪嗎？

德國哲學家伊曼努爾．康德（Immanuel Kant）如果在場，一定會否決這一提議。他認為不得對任何人動用酷刑。「什麼樣的人是道德的」和「什麼樣的行為是道德的」完全是兩回事。假設有人把雷鋒（編註：中國人民的精神象徵人物）所有的經歷都複製了一遍，也做了很多好人好事，你或許會以為他是個高尚的人；但他告訴你，他這麼做只是為了圖一個美名，你還會覺得他是個有道德的人嗎？所以康德在《實踐理性批判》（*Kritik der praktischen Vernunft*）中提出了一種截然不同的道德評判標準。

I・道德不能總講「如果」

「奠基」在德語中叫做Grundlegung，以往翻譯為「基礎」或者「原理」。康德想為道德形而上學提供一個基礎，因此將自己的一本書命名為《道德形而上學的奠基》。這本書完成於一七八五年，是在一七八一年出版的《純粹理性批判》和一七八八年出版的《實踐理性批判》之間的一本小冊子，可以被看作康德整個道德哲學的基礎。

形而上學在康德哲學體系中被分為兩個部分：自然的形而上學和道德的形而上學。前者是純粹理性的思辨，後者則是純粹理性運動的實踐；前者為人類形成對世界的知識，後者成為人類道德和政治的指引。反過來，理論理性和實踐理性又是同一個理性運用於不同領域的結果，且理論理性從屬於實踐理性。康德所說的實踐的含義，主要就是指「道德」。道德是一種規範，這意味著人不能隨心所欲，道德行為也絕對不是為了任何其他感性的現實目的，比如獲得榮譽感、滿足感等。康德倫理學的原則就是，真正的道德行為應該是「為道德而道德，為義務而義務」。

因此，康德在《道德形而上學的奠基》（以下簡稱《奠基》）中首先區分了兩種命令：假言命令和定言命令。「命令」二字很好理解，因為道德規範通常表現為命令（imperative），即祈使句的形式。例如，「不得殺人」「不得撒謊」「不得偷盜」等等。那麼「假言」和「定言」又是什麼意思呢？

假言命令的形式是「如果……，那麼……」。例如，如果不會長胖，那麼就吃這塊蛋糕。假言命令都由「如果」開始，說明它是有條件的，或者說是按情況而定的。定言命令的形式是「你應當……」，說明它是沒有條件的，是不可以討價還價的，不論發生何種情況都應該如此行事，所以定言命令又被稱為「絕對命令」。康德認為，要作為道德的最高原則就必須是絕對命令，而不是假言命令。比較一下兩種命令作為道德規範的效果：

定言命令：絕對不能在紅燈時過馬路。

假言命令：如果沒有車經過，就可以在紅燈時過馬路。

社會若想建立良好的交通秩序，那一定是定言命令的效果更好，否則在「沒有車」的情況下，大家會找各種各樣的理由亂穿馬路，「不得在紅燈時過馬路」就會變成一句空話。

其實，在以往幾乎所有的宗教和哲學中都有定言命令。例如，《論語》中有「己所不欲勿施於人」，基督教《十誡》中有「汝不得殺人，不得偷竊」等等。但是，康德的道德哲學並非基於宗教而是基於理性，也就是要運用人類的理性為道德奠基。

II・為什麼說「人是目的而非手段」

康德認為，理性的實踐運用必須保持邏輯一貫性。在《奠基》中他把道德原則的準則表達為一句話：「要只按照你同時也能夠願意它成為一條普遍法則的那個準則（maxim）而行動。」後來人們把康德的這句話稱為「可普遍化原則」。把這句拗口的話簡單「翻譯」一下就是：在做一件事情之前要設想一下，自己是否可以接受世界上每一個人都和你做一樣的事情。例如，當你即將說出一句謊話的時候，請先想想，如果每個人都撒謊是否可行。你如果要允許自己撒謊，也要允許其他人對你撒謊。康德認為這顯然是無法接受的。再比如，「借錢不還」是否可以呢？按照康德的思路，首先想像一下每個人都借錢不還會是怎樣？那顯然世界上就不會再有人願意借錢給別人了。由此，康德推導出了絕對命令的第一條派生法則：「要這樣行動，就好像你的行為準則應當通過你的意志成為普遍的自然法則似的。」一個人的每一個選擇實際上都要為整個人類立法，把自己的行為準則上升為普遍的自然法則。這是不是很崇高呢？

康德的第二個衍生命令是：「你要如此行動，即無論是你的人格中的人性，還是其他任何一個人的人格中的人性，你在任何時候都同時當作目的，絕不僅僅當作手段來使用。」這條命令也被叫做「人性」原則，又被簡化為一句名言：「人是目的，而非手段。」

不能把人當作手段，也就不能利用別人來獲取自己的利益，不能把他人當作實現某種目的的工具，哪怕這個目的非常崇高，做任何行動都要把人視為目的本身。一言以蔽之，要「把人當人」。這是非常不容易做到的。回到引言中的問題，康德的立場是清楚無誤的：不得拷問任何人。當拷問恐怖分子獲得核彈的下落時，恐怖分子就被當作一種工具和手段，而不是目的。這看似是為了拯救數百萬人的性命，其實在對他人施以酷刑的時候，是以正義之名行殘酷之事。

Ⅲ・自由就是自律

康德給所有人下了一個定言命令：要使你的行為準則，永遠成為普遍的法則。這樣一個道德律的前提是什麼?它又是如何可能的?康德的答案是「自由」或者「自由意志」。

為什麼康德把自由作為道德前提呢?康德自己在《實踐理性批判》的導言中就說,自由是整個思辨理性體系大廈的拱心石。康德認同休謨的「二分」,認為「應該」和「是」之間存在截然的差異。自然界中沒有「應該」一說。例如,一隻老虎吃掉一隻兔子,這是受到本能和欲望的支配,是十分自然的,並不能被視為不道德。然而人是不同的,人會違背自己的自然本能,做捨身為人的事情,因為人們認為這是他們應該做的,這麼做是好的。

因此,如果在鐵達尼號上,一個人讓不讓救生衣,甚至讓給誰,其實也存在截然的差異。如果他為了自保而拒絕將救生衣讓給其他老弱婦孺,這一行為是可以被理解的,但一定不會被視為道德的,它只是符合人的自然本能罷了。如果父母把救生衣讓給自己的小孩,情況就不同了。支持「自私的基因」理論的人會說這依循了自然規律,父母只不過是為了把自己的基因延續下去而已;情境倫理學(situation ethics)的學者則會說這就是道德的,是出於父母對孩子的愛;康德或許會同意這是很崇高的行為,但是把救生衣讓給完全不認識且不是自己的孩子的人,就是完全利他的行為,也更符合利他的普遍原則。

人可以部分地不受自然規律的支配,那時才會有道德出現。人有選擇的自由,這是道德的根基。假設人的一切都是被外部力量所支配,那就沒有道德可言了。

康德的道德哲學立場被稱為義務論(deontology)。希臘文中deon的意思是「義務」,也就是具有約束力的東西。義務,是康德道德哲學最為核心的觀念。在康德看來,義務就是「出於對道德尊重而行動的強制性」。換句話說,一種行為如果是道德的,人們就必須這樣做。義務論中的一個重要概念是自主性，也被譯為自律。康德提出人要為自己立法，這意味著人既是立法者，又是服從法律的臣民。一個理性的存在者「只服從由他自身制定的同時也是普遍的法則」。一個人服從道德法則，並不是因為它來自某個神靈或某個權威，也不是因為權力的脅迫，而恰恰是因為法則是他自己確立的。也正是因為這樣，人在享有自由的同時，也擔負不可推卸的道德責任。

延伸閱讀

1.〔德〕康德：《實踐理性批判》，鄧曉芒譯，臺北：聯經，2020年。

2.〔德〕伊曼努爾·康德：《永久和平論》（*Zum ewigen Frieden*），何兆武譯，上海：上海人民出版社，2005年。

3.〔德〕康德：《單純理性限度內的宗教》（*Die Religion innerhalb der Grenzen der bloßen Vernunft*），李秋零譯，北京：商務印書館，2012年。

— 47 —

沙特《存在主義即人文主義》
為何自由是人的宿命？

—— 閱讀挑戰 ——

JEAN-PAUL SARTRE

人是自由的，人就是自由。 ——沙特《存在主義即人文主義》

引言

假設你是一個法國人，恰好生活在被納粹占領的時期。你的哥哥已在戰爭中陣亡，因此你對納粹充滿了仇恨，想要為哥哥復仇，並光復法國。但是如果你去參加地下抵抗，家中正重病纏身的母親就沒有人照顧了。你將會如何選擇呢？

這樣「忠孝難兩全」的故事中其實包含了深刻的哲學問題：可以進行選擇，意味著在這樣的情形中你是自由的，但是這樣的自由並不意味著隨心所欲，而是必須承擔自己選擇的一切後果。也就是說，這種選擇要比你在超市貨架前選擇一瓶礦泉水或者一罐可樂的後果要重大得多——隨便你怎麼選，都會遇到無法承受的後果。這才是人生的現實。

這種兩難是法國哲學家尚—保羅．沙特在其名著《存在主義即人文主義》（*L'Existentialisme est un humanisme*）中提出的。

他想讓人們看到，自由並非隨心所欲，而是人的宿命。這才是人的真相——存在先於本質。

I・存在先於本質：你為何不同於一顆花椰菜？

尚—保羅・沙特（Jean-Paul Sartre）在《什麼是文學？》中寫道：「問題不在於選擇時代，而是在時代中自我選擇。」第二次世界大戰對沙特而言是重要的人生轉捩點。他參戰後被俘，在戰俘營裡被關了九個月。在這期間，他閱讀大量哲學著作，意識到選擇是人無法迴避的責任。

一九四五年十月二十八日，沙特給「捍衛俱樂部」做了一次演講，這次演講的內容後來成為《存在主義即人文主義》的底稿。沙特在這本書的開頭言明，這篇文章的寫作目的就是為存在主義辯護。那麼「存在主義」（existentialism）是什麼呢？沙特在《存在主義即人文主義》中給出了這樣一種定義：「存在主義是一種使人生成為可能的學說。」

沙特在開篇就提出：存在主義的信念就是「存在先於本質」（Existence comes before essence）。如何理解這句話呢？沙特舉了這樣一個例子：一樣工具是本質先於存在的，因為它被製造出來之前，它的功用和被使用的目的都已經明確了。正如工匠在製造一把裁紙刀之前，他的腦海中已經有了一些設想。所以，物的本質是已經被預先設定的。人們幾乎不會製造出一樣東西，卻不知道用它來幹什麼。在基督徒眼中，人是由上帝所造的，而上帝造人就如同工匠製作裁紙刀。上帝已經為人設定的某種固定不變的性質就是「人性」。

沙特不接受這種看法。他不認為人類與生俱來就有固定的特性或者本質。不僅如此，沙特還認為，人「首先是一個把自己推向未來的東西，並且感覺到自己在這樣做。人確實是一個擁有主觀生命的規劃，而不是一種苔蘚或者一種真菌，或者一顆花椰菜。在把自己投向未來之前，什麼都不存在」。人是在世界上湧現出來的，人需要給自己下定義，不同的選擇和行動會造就人不同的特性。所以人只有在企圖成為什麼的時候，才獲得了存在。這就是「存在先於本質」的含義。

存在主義要求恢復人的主體性，存在主義者反對把人當作一個現成的、固定不變的物來對待，用沙特自己的話來說：「在人的所在之處尋找人，在人的工作中，在家裡，在街上。」

Ⅱ・被迫自由是人的宿命

沙特在《存在主義即人文主義》中說：「人是自由的，人就是自由。」這並不意味著人可以為所欲為，而是要求人為自己的一切行為負責，「當我們說人對自己負責時，並不是指他僅僅對自己的個性負責，而是對所有人負責」。沙特的這番話也體現出康德道德哲學對他的影響。存在主義者不相信有什麼可以為一個人指明方向，也沒有什麼可以代替人自己做出選擇。可以說，人是被逼著自由的。除了自己承擔一切，人別無選擇。

沙特在書中談及了自己的一個學生，也就是遇到了本篇開頭處提到的兩難的人。「二戰」期間，這個學生的哥哥在戰爭中陣亡了，因此想為哥哥報仇，但是他不能離開自己的母親。因為他的母親完全為他而活，他一旦離開，母親也將失去生活下去的勇氣和意義。報國抗戰還是陪伴母親？這確實是一道難以抉擇的選擇題。更關鍵的是，沒有人可以幫助他做出選擇。這個故事也包含了沙特對康德的批評。按照康德倫理學的要求，永遠不要把另一個人當作手段，而要把人當作目的。沙特根據康德的理論來看這個學生的處境後發現，這個學生如果選擇和母親在一起，就是把母親當作一個目的，那麼戰場上為他、為法蘭西而戰鬥的人就間接地被當作了手段；他如果選擇去戰鬥，那麼就不得不犧牲母親，把母親當作成全自己的手段。所以，康德倫理學在現實的具體場景中往往會展示出矛盾。沙特當時只給了那個年輕學生一個很簡單的回答：「你是自由的，所以你選擇吧！」這個回答是殘酷的，卻也是誠實的。因為人要決定如何成為自己，所以才會感受到那種選擇的重擔和痛苦。「人不是別的什麼，而只是自己造就的那樣」，存在先於本質，意味著人是否定性，同時也是開放性。沙特在這篇短文中想要提出，存在主義不是絕望、孤獨和無助的哲學，而是可以為人的選擇和行動提供基礎的哲學。

Ⅲ・英雄承擔責任，懦夫選擇自欺

沙特的哲學是他文學的骨架，而沙特的文學則是哲學的化身。比如在小說《嘔吐》中，沙特就借主人公羅岡丹之口，真切地刻畫出人在意識到自己肩負著人生的重擔卻註定孤立無援時，內心的極度焦慮與恐慌：「我驚駭地望著這些不穩定的東西，再過一小時，再過一分鐘，這些東西也許會坍倒下來……因此一切，一切都可能發生……一種真正的恐慌攫住了我……我苦惱地一再問自己：到哪裡去呢？到哪裡去呢？一切都可能發生。」

針對這種恐慌，在一九四三年出版的《存在與虛無》中，沙特提出了「處境中的自由」的概念和三個基本論點：無限自由、無限責任、虛假信念。

首先，人是「被判定為自由的」。這種自由不是抽象的，而是在特定的「處境下的自由」。有五種特定的處境：位置、過去、周圍、鄰人和死亡。人們必須面對一些已經確定的事實，而那些事實為個人的自由提供了前提和限制。人們不能改變過去的事情，但可以改變過去事情的意義。

其次，「人具有無限責任」。這意味著人們要對自己所選擇的生活方式負責，還要對生活在其中的世界負責。人在具體的處境中進行自由的選擇，意味著人的行動總是處在普遍的同他人的關係中。所以人的行動不能是任意隨興的，而是時刻要對他人負責。這不是大而無當的道德說教，而是從嚴格的無神論立場推演出的必然結果。人沒有上帝的關照，所以必須獨自承受存在的重擔。

最後，人具有「虛假信念」，或者說人很會「自欺」。有些人在面對絕對自由和無限責任的時候，會通過自我欺騙來嘗試躲避自由和責任。自欺的人不會否定自我，把自己包裹起來，躲在自己建立起來的假象當中，不願意走出來。沙特在《存在主義即人文主義》中提到這樣一類人：他們不進行自由選擇，而是由其外在環境、由既成事實而確定自身。沙特把這類人叫做「懦夫」。還有一些人則是忘記了自己賦予生活的意義，沙特稱他們為「壞蛋」。他舉了一個例子：有一次在餐廳裡吃飯時，沙特遇到了一名服務生。這個服務生費力討好客人，好像他生來就是一個服務生，而不是一個人。他對客人阿諛奉承，卑躬屈膝，而且動作敏捷。沙特不禁在想，這樣一個人可以成為一個街頭音樂家，或者一個山區的牧羊人。但是在那一刻，他只是一個過度奉承的服務生。

和懦夫相反的是英雄。什麼樣的人可以被稱為英雄呢？沙特在戲劇《蒼蠅》裡刻畫了一個他心中的英雄形象。在這部以希臘為背景的劇中，俄瑞斯忒斯為父親阿伽門農王復仇，殺死了自己的母親。阿爾戈的人們非常憤怒，想要把他千刀萬剮，於是俄瑞斯忒斯對阿爾戈的人們說道：「你們看著我，阿爾戈人，你們明白了，我的罪過由我擔當；我面對這太陽承認我的罪過，它是我生存的理由和我的驕傲，你們不能懲罰我，也不能可憐我，因為，我使你們害怕。」在俄瑞斯忒斯身上可以看到，人不是由他的出生決定的，而是由他接受的和主動選擇的東西來決定的。「存在主義者說，是懦夫把自己變成懦夫，是英雄把自己變成英雄；而且這種可能性是永遠存在的，即懦夫振作起來，不再成為懦夫，而英雄也可以不再成為英雄」，轉變的關鍵只在於四個字：承擔責任。

延伸閱讀

1.〔法〕尚—保羅·沙特：《存在主義即人文主義》，周煦良、湯永寬譯，臺北：五南，2022年。

2.〔美〕威廉·白瑞德（William Barrett）：《非理性的人：存在主義研究經典》（*Irrational Man*），彭鏡禧譯，臺北：立緒，2013年。

3.〔法〕薩特：《薩特文集》，施康強等譯，北京：人民文學出版社，2005年。

4.〔法〕尚—保羅·沙特：《存在與虛無》，陳宣良等譯，臺北：左岸文化，2012年。

5.〔法〕尚—保羅·沙特《嘔吐》，嚴慧瑩譯，臺北：麥田出版，2023年。

6.〔美〕W.考夫曼（Walter Arnold Kaufmann）編著：《存在主義：從陀思妥也夫斯基到薩特》，陳鼓應、孟祥森譯，北京：商務印書館，1987年。

編註：薩特即為沙特，陀思妥也夫斯基即為杜思妥也夫斯基。

— 48 —

卡繆《薛西弗斯的神話》

生活為何如此荒謬？

— 閱讀挑戰 —

ALBERT CAMUS

真正嚴肅的哲學問題只有一個：自殺。 ——卡繆《薛西弗斯的神話》

引言

你有沒有體驗過這樣一種感覺：一大早醒來，匆匆洗漱之後，還來不及吃早飯，就不得不衝出家門，三步併作兩步趕到地鐵站。周圍的人和你一樣睡眼惺忪，急著趕路。地鐵車廂裡大家都沉默不語，低頭看著自己的手機。這個時候你突然意識到，好像記不清這一刻究竟是哪一天，似乎昨天、前天、上週的每一天都是這樣的，而且在可預見的未來每一天都還將是這樣的。人生彷彿就是一場周而復始的迴圈。

著名的法國作家羅曼·羅蘭曾經在《米開朗基羅傳》裡說過：「世上只有一種英雄主義，就是在認清生活真相之後，依然熱愛生活。」很多人非常喜歡引用這句話來自我勉勵。但是你有沒有問過，生活中的迴圈有意義嗎？生活的真相到底是怎樣的呢？如果生活的真相就是無意義，你又將如何熱愛它？還是說，生活根本上就是荒謬的？甚至可以問，生活的荒謬有意義嗎？又該如何面對生活中的荒誕呢？二十世紀法國哲學家阿爾貝·卡繆就追問過這些問題，他在《薛西弗斯的神話》（*Le Mythe de Sisyphe*）中賦予了生活的荒謬一種特殊的價值。

I・「荒謬英雄」薛西弗斯

《薛西弗斯的神話》出版於一九四二年。薛西弗斯是古希臘神話中的一個英雄。他因為觸犯了眾神而遭到懲罰：要把一塊巨石推上山頂，然而每次石頭被推到山頂後，就會滾下山去。薛西弗斯被困在這個無意義的閉環裡，永無止境地推石頭。諸神認為再也沒有比進行這種無效而無望的勞動更嚴厲的懲罰了。薛西弗斯的生命就在這樣一項無效而無望的勞作當中慢慢消耗殆盡。他的一生彷彿是很多現代人的寫照。

阿爾貝・卡繆（Albert Camus）細緻地描繪出薛西弗斯的內心體驗：他搬動巨石，滾動它，並把它推到山頂；他的面頰緊貼在巨石上，整張臉因痛苦而扭曲，肩膀落滿了塵土，胳膊完全僵直，雙手和雙腳堅實卻又布滿泥土。經過被渺渺的空間和永恆的時間限制著的努力之後，薛西弗斯到達了目的地。於是他獨自站在山頂看著巨石在幾秒鐘內又向著下面的世界滾去，而他又將開始新一輪的征程。沒有遲疑，薛西弗斯又向山下走去。這是一個絕望的悲劇，卡繆卻從中看出了另一層意義。他稱薛西弗斯是一個「荒謬英雄」。

薛西弗斯之所以是悲劇的，是因為他完全清楚自己的處境。

但是，卡繆話鋒一轉又說道：

薛西弗斯無聲的全部快樂就在於：他的命運是屬於他的。他的岩石是他的事情。同樣，當荒謬的人深思他的痛苦時，他就使一切偶像啞然失聲……荒謬的人知道，他是自己生活的主人……

我把薛西弗斯留在山腳下！我們總是看到他身上的重負。而薛西弗斯告訴我們，最高的虔誠是否認諸神並且搬掉石頭。他也認為自己是幸福的。這個從此沒有主宰的世界對他來講既不是荒漠，也不是沃土。這塊巨石上的每一顆粒，這黑黝黝的高山上的每一礦砂唯有對薛西弗斯才形成一個世界。他爬上山頂所要進行的鬥爭本身就足以使一個人心裡感到充實。應該認為薛西弗斯是幸福的。

這不是阿Q的精神勝利法，也不是無條件妥協後的自我安慰。這是一場對荒誕的、偶然的和虛無的命運持續不斷的抗爭，是一種明知不可為而為之的悲壯。

卡繆看到，荒謬恰恰是現代人生活的特徵之一。他說：「我觸摸到的、反抗我的東西，就是我們理解的東西，我渴望絕對與統一，世界不可能歸結為一種理性和合乎常理的東西。這兩件事情是確定無疑的。我還知道，我不可能把這兩者調和起來。」所以荒謬是難以馴服的。那麼人在毫無希望的條件下，又該如何生活？

卡繆提出，要與荒謬共存，首先就要正視它並反抗它，反抗才賦予生命以價值。然而，他對「反抗」的理解也非常獨特：「反抗就是人不斷地面對自我。它不是嚮往，而是無希望地存在著。這種反抗實際上不過是確信命運是一種徹底的慘敗，而不是應與命運相隨的屈從。」卡繆所謂的「反抗」帶有兩面性：一方面它是絕對悲觀的，因為前方並沒有希望；另一方面，這又是悲觀中的澈底倔強，「死亡和荒謬是唯一合理的自由原則」。儘管如此，卡繆還是堅持「擁抱當下的光明，不寄望於空渺的烏托邦，振奮昂揚，因為生存就是對荒誕最有力的反抗」。所以，有人把卡繆的《薛西弗斯的神話》稱為「含著微笑的悲歌」。

II・遭遇荒謬：生活沒有「為什麼」

《薛西弗斯的神話》的副標題就是「論荒謬」。卡繆在第二章中把荒謬稱為一堵牆。他說：「起床，乘電車，在辦公室或工廠工作四小時，午飯，又乘電車，四小時工作，吃飯，睡覺；星期一、二、三、四、五、六，總是一個節奏，在絕大部分時間裡很容易沿循這條道路。一旦某一天，『為什麼』的問題被提出來，一切就從這帶點驚奇味道的厭倦開始了。」

很多人可能都問過自己為什麼要如此工作？為什麼要如此生活？為什麼自己會遭遇某些事？但常常得不到解答。荒謬就是生命中翻湧而起的無意義感，而卡繆給很多人當頭一棒：人活著的任何深刻理由都是不存在的，人的日常行為是無意義的，人遭受的痛苦也是沒有用的，「世界的這種封閉無隙和陌生，這就是荒謬」。

更讓人絕望的是，理性在荒謬面前毫無作用。卡繆說：「合乎邏輯是很容易的，但是從頭到底都合乎邏輯是不可能的。」理性能讓人們按部就班地完成工作，卻無法解答「意義」層面上的問題。

一九六〇年一月四日，卡繆搭乘一個出版界朋友開的車返回巴黎。途中車偏離公路，直接撞向一棵大樹，整輛車的前半部澈底變形。卡繆當場死亡，年僅四十七歲。事後，人們在卡繆的口袋裡發現了一張沒有使用的火車票。事實上，卡繆在出發前本想乘火車返回巴黎，卻在最後時刻臨時決定搭乘朋友的車。這不禁讓人感嘆命運的荒謬，而更荒謬的是卡繆生前經常說：「沒有什麼比車禍更為荒謬的了。」

Ⅲ・自殺是唯一嚴肅的哲學問題

《薛西弗斯的神話》的第一句話就是一個生死之問：唯一嚴肅的哲學問題就是自殺。突然下這樣一個斷言看似有些唐突，其實卡繆要問的是，如果生命沒有意義，人能否憑意願結束自己的生命？這是發自靈魂深處的質問。

蘇格拉底在《斐多篇》中的名言「未經審視的生活不值得過」，似乎告訴了人們，人不能渾渾噩噩度日，要不斷反思生活自身。追問存在的意義和生活的目的也是人的本能，但是反思並不意味著能獲得一個令人滿意的答案。步入現代社會之後，人們越來越覺得生活沒有預先的意義和目的。尼采大呼一聲「上帝已死」，上帝漸漸退出了生活的中心，已經沒有一個絕對的權威能夠給予人生活的方向，一切意義和價值都需要人依靠自己的力量去建構。這是極為艱辛與痛苦的。卡繆和大多數存在主義哲學家都看到了這一點。

當卡繆說自殺是唯一嚴肅的哲學問題時，絕對不是鼓勵自殺行為。他曾經說：「沒有希望並不等同於絕望，清醒也不導致順從，人應該認識到他的唯一財富是生命，而生命既是必然要消逝的，同時也是可以儘量加以開發的，人應該而且能夠在這個世界中獲得生存的勇氣，甚至幸福。」生命誠可貴，卡繆提出自殺問題是要人們直面生活中無處不在的荒謬感。

卡繆認為在面對荒謬的時候，一個人有三種可能：第一種可能是自殺，終結自己的生命。自殺可以消解荒謬，但它把荒謬一同帶入死亡之中。這種做法是懦夫式，並不是一種真正的反抗。第二種可能是在宗教中尋求一個超越的世界。卡繆將這種做法稱為「哲學的自殺」。因為用超驗的解釋來應對荒謬，意味著要放棄理性。這樣做在卡繆看來也是一種自我毀滅的行為，並不是克服荒謬的好方法。在這個意義上，卡繆明顯不同於存在主義先驅齊克果，而更加接近沙特所說的無神論的存在主義立場。第三種可能就是接受荒謬。這種可能在卡繆看來是唯一本真和有效的解決方案。「接受」在這裡的意思不是逆來順受，而是人要主動地擁抱荒謬並賦予荒謬意義和價值。卡繆要討論的全部問題就是，人是否可以義無反顧地生活。誠如他自己所言：

> 活著，帶著世界賦予我們的裂痕去生活，去用殘損的手掌撫平彼此的創痕，固執地迎向幸福。因為沒有一種命運是對人的懲罰，而只要竭盡全力就應該是幸福的，擁抱當下的光明，不寄希望於空渺的烏托邦，振奮昂揚，因為生存本身就是對荒誕最有力的反抗。

延伸閱讀

1.〔法〕卡繆：《薛西弗斯的神話》，嚴慧瑩譯，臺北：大塊文化，2017年。
2.〔法〕奧利維．托德：《加繆傳》，黃晞耘、何立、龔覓譯，北京：商務印書館，2010年。
3.〔美〕羅伯特．澤拉塔斯基（Robert Zaretsky）：《阿爾貝．加繆：一個生命的要素》，王興亮譯，賈曉光校，桂林：灕江出版社，2016年。
4.〔法〕卡繆：《卡繆荒謬與反抗系列作品全集套書》，嚴慧瑩譯，臺北：大塊文化，2022年。

編註：加繆即為卡繆。

— 49 —

海德格《存在與時間》

人為何要思索「存在」？

— 閱讀挑戰 —

MARTIN HEIDEGGER

常人到處都在場，但卻是這樣：凡是此在挺身而出來決斷之處，常人卻也總已經溜走了。然而因為常人預定了一切判斷與決定，他就從每一個此在身上把責任拿走了。

——海德格《存在與時間》

引言

「To be or not to be? That is a question.」這是莎士比亞的知名劇作《哈姆雷特》中的一句經典臺詞，一般被譯為「生存還是毀滅，那是一個問題」。這種翻譯方式似乎已經約定俗成，卻只是一種文學上的轉譯。從哲學的角度來看，to be被翻譯為「存在」更為妥當。而在漢語中的「是」「在」「存在」都難以涵蓋英語中be（德語中sein）的全部意義。對being／sein的追問，被西方哲學看作所有一切問題的根本。

縱觀西方哲學史，二十世紀德國哲學家馬丁·海德格在其代表作《存在與時間》（德語：*Sein und Zeit*；英語：*Being and Time*）中對存在問題的發問，可以說是前無古人。如果把哲學風格類比為音樂流派，黑格爾是偉大的交響樂作曲家，尼采是重金屬搖滾的主唱，那麼海德格呢？他絕對是電子音樂中的新世紀之王。

Ⅰ・「存在」為何成為一個問題？

《存在與時間》出版於一九二七年。這本書毫無疑問是二十世紀最難讀的德語哲學著作。這倒不是因為馬丁・海德格（Martin Heidegger）的思想有多麼天馬行空，而是因為他創造了很多詞語的全新用法。所以有人說，海德格寫的都是詩，而不是傳統的哲學。

海德格開篇就點明自己寫這本書的根本目的，就是討論存在的意義。「存在」的德語是sein，是中性的，加上冠詞就是das Sein。「存在」的英文是being，也就是動詞be的名詞化形式。中國的學者在翻譯《存在與時間》的時候，因為漢語中不存在sein和being的對應詞，提出了很多完全不一樣的翻譯。有人認為存在應該翻譯為「是」，有人認為應該翻譯為「在」。為什麼會有那麼多不同的翻譯呢？

英語中be在具體使用時，根據時態和人稱會有各種變化，例如，I am，you are，he was，they were。在中文裡，「是」後面一定要接一個詞，例如「我是某某某」「這個蘋果是紅色的」等。也就是說，在語法上，中文裡的「是」只能做繫動詞，而英語和德語裡的be和sein可以單獨做謂語。「I am」之後可以不加任何詞，就表示「我是」或者「我存在」。西方人發現，不論主語和賓語怎麼變，「be」這個詞一直都出現在那裡。這個「是」或者「存在」意味著什麼？在西方哲學的歷史中，所謂本體論的終極問題就是在討論這個「存在」。

Ⅱ・存在與存在者

在西方歷史上有不少哲學家討論過存在問題。但是，海德格從一開始就和別人的談法很不一樣。他總結了三種以往對存在問題的看法：

第一種看法認為，存在是最普遍的概念，但這也意味著，存在是哲學史上討論最不清楚的概念；第二種看法認為，存在是無法定義的；第三種看法認為，存在是自明的概念，因為在任何討論的時候都要涉及存在的概念，所以就不用對它更進一步地思考了。

海德格對「存在」（sein）和「存在者」（das Seinende）做了重要的區分。人們每天都會接觸很多特殊的存在者，如一只杯子、一輛車、一棵樹、一片雲等，但是存在本身並不只是某一類的抽象的共性，也不是存在者的一種屬性。存在本身不是任何特殊的存在者。由此，對存在的討論彷彿陷入了一種困境：一方面不能離開存在者來談存在；另一方面，如果從任何具體的存在者來談存在，都沒法澈底地把握存在。所以，海德格的思路就是以人這種特殊的存在者作為一個切入點來談存在。在《存在與時間》裡，海德格把人稱為「此在」，德語是Dasein。「Da」在德語裡是一個很常用的詞，意思是這裡或者那裡，「Dasein」就是在那裡、在這裡的存在。

為什麼要以人——也就是此在——作為切入點來談存在呢？海德格認為人不同於其他任何存在者，人對存在是有所領悟的。換句話說，人是在他自己的存在中和存在本身打交道的。人恰恰是因為對存在有所領悟才成為了人，人才得以存在。與動物不同，人的特殊性在於，人會追問存在，也就是提出關於存在的問題。所以海德格說，人這個存在者可以在自身的存在中顯示自己。

現代人的根本問題就在於遺忘了存在。人們只會研究一個又一個具體的存在者，研究他們運動的模式和具體的樣態，卻忘了背後真正的基礎，也就是存在本身。哈姆雷特提出的對存在的終極追問，也很少出現在人們日常的思考之中。

Ⅲ・被拋的「在世存在」

海德格在《存在與時間》中對「此在」做出了根本規定，那就是「在世存在」。晚年的海德格在接受採訪的時候提到，思想的事業來自「在世存在」這個簡單的事實。「在世存在」的德語是In-der-welt-sein，按照字面意思解釋就是在世界中的存在。海德格認為，人生活在世界上——就是這個再簡單不過的事實，支配著一切存在者的意義。

海德格創造了很多新詞彙來代替傳統哲學中的概念，以用來更貼切地傳達自己的哲學思想。例如，他不用「主體」來指代人，也沒有將「人」與「意識」拆分開來，而是用此在（Dasein）一詞將人與存在和對存在的意識牢牢捆綁在一起。值得注意的是，「此在」不是固定的，也不是已經完成了的，而是有待實現的。「有待實現」在德語中是zu sein，也就是哈姆雷特的靈魂叩問「to be」。海德格還說，人不僅存在而且不得不存在，「此在」被賦予了存在的使命。這就是人的生存（Existenz）。「Existenz」一詞的詞源意思是「站出來」，體會一下，是不是蘊含了一種人不得不直面存在的勇氣？

人不得不存在，也就不得不為自己的存在做出一系列的選擇，為自己的選擇承擔一系列的責任與後果。用海德格自己的話來說就是，「此在」總是作為它的可能性而存在。人在諸多的抉擇之中實現了諸多的可能。「此在」進行選擇會有兩個結果。一個是實現其本真狀態（Eigentlichkeit）。概括地說，本真就是忠於自己，成為自己，做自己的事情。海德格認為，只有本真的此在才是真正的此在。另一種結果就是人服從預先給予自己的選擇，這樣就實現了他的非本真性（Uneigentlichkeit）。非本真性的結果就是「常人」（das Man），這頗有〈傷仲永〉（註：北宋王安石的文章）裡所說的「泯然眾人矣」的感覺。常人是沒有個性的，大家做什麼他就做什麼，因此「常人」是沒有面目的、人云亦云的、隨波逐流的。

「此在」是被拋進世界的（德語：Geworfenheit，英語：throwness）。這是一種非常生動的表述。「被拋」並不是指被遺棄，而是強調一種「身不由己」。被拋的物體的初始狀態並不由自身決定，而人的存在之於人而言也是一種「身不由己」。「被拋」意味著人的出生是由不得自己選擇的。人們從來沒有機會主動選擇自己的父母、家庭、先天的身體條件，但是如何存在在這個世界上是可以有所選擇的。海德格用籌劃（Entwurf）一詞來表示「此在」能夠主動地應對自己的處境。「被拋」與「籌劃」和「本真」與「非本真」之間是有關聯的。海德格把非本真的存在稱為「沉淪」（Verfall）。沉淪有兩重含義：第一，「此在」將自己理解為具有一定性質的實體；第二，「此在」進入了一個公眾的世界，而不是一個自己的、私人的世界。在第一重意義上的「沉淪」強調的是作為個體的人自我束縛，畫地為牢。在第二重意義上，人作為「群居動物」如果不能保有一個私人的世界，如果不能明確地知道自己欲求什麼，厭惡什麼，想成就什麼，就會沉溺於閒談、好奇和兩可（得過且過）之中。

Ⅳ・「向死而生」：花些時間待在墳地裡

海德格說，此在是先於自身的。這意味著「此在」時刻要面對各種各樣的可能性。然而，在各種各樣的可能性中，有一種終極的可能性就是死亡。死亡就是一把隨時可能掉下來的達摩克利斯之劍，終結一切的可能。所以，在《存在與時間》裡，海德格把死亡叫做一種「懸欠」狀態，所有人都欠著一死。雖然萬事萬物的壽數都有一定的時限，但是只有人類明白死亡的意義，人類也就永遠處在對死亡的焦慮、恐懼之中。海德格有時並不直接使用死亡這個詞，而更多地使用「虛無」（德語：Nichts；英語：nothing）。相比起「死亡」這一必然的事實，海德格更關心的是「此在」對於「死亡」這一可能性的理解。

人們是如此地害怕生命的終結，然而沒有死亡，生活也將失去意義。人們對生活的所有理解，人們對自身行動的每一項抉擇，難道不都是建立在「終有一死」的前提之上的嗎？如果人能夠永垂不朽，有無窮無盡的時間做想要做的事情，也就不存在心願、期許、希望，人會不會因此陷入虛無呢？在一九六一年的一次講座中，有人問海德格：「如何認識存在呢？」他的回答很簡單，花更多的時間待在墳地裡。海德格認為，恰恰是因為「此在」有死亡，所以意義問題才會出現。因為此在是極為脆弱的，所以如何做出選擇、如何審慎地對待生活就顯得格外重要。換句話說，人們越是清楚地意識到虛無的可能性，越會導向自己本真的存在。所謂「向死而生」，只有無限接近死亡，才能深切體會生的意義。

延伸閱讀

1.〔德〕馬丁·海德格爾：《存在與時間》，陳嘉映、王慶節譯，北京：商務印書館，2016年。

2.〔德〕海德格爾：《在通向語言的途中》，孫周興譯，北京：商務印書館，2004年。

3.〔德〕馬丁·海德格爾：《林中路》，孫周興譯，北京：商務印書館，2015年。

4.〔英〕邁克爾·英伍德（Michael Inwood）：《海德格爾》，劉華文譯，上海：譯林出版社，2009年。

5. 陳嘉映：《存在與時間·讀本》，臺北：五南，2021年。

6. 陳嘉映：《海德格爾哲學概論》，北京：商務印書館，2014年。

編註：海德格爾即為海德格。

— 50 —

高達美《真理與方法》
理解真的萬歲嗎？

— 閱讀挑戰 —

G A D A M E R

理解從來就不是一種對於某個特定「對象」的主觀行為，而是屬於效果歷史，這就是說，理解是屬於被理解東西的存在。

——高達美《真理與方法》

引　言

羅浮宮的鎮館之寶之一就是舉世皆知的〈蒙娜麗莎的微笑〉。因為有名，這幅畫在歷史上被再度創作過很多次。例如，馬塞爾·杜象就給蒙娜麗莎加上了各式各樣的小鬍子；超現實主義大師達利把蒙娜麗莎的臉換成了自己的臉，同樣畫上了自己標誌性的小鬍子；安迪·沃荷用波普藝術的方式印刷了很多蒙娜麗莎；甚至有人根據自己獨到的幽默感將蒙娜麗莎的臉換成豆豆先生的，手裡還拿著自己心愛的布偶熊……這些蒙娜麗莎還是蒙娜麗莎嗎？對藝術作品的解讀是屬於原作者呢？還是後來的再創作者呢？還是廣大的觀眾呢？這裡涉及一個哲學根本問題——理解。

理解問題是無處不在的。當你在閱讀的時候，該如何去理解這本書的內容呢？是不是把所有字詞的意思弄明白就足夠了？在談論人與人之間關係的時候，人們總是說一句口號「理解萬歲」。理解真的萬歲嗎？這種理解又是如何達成的呢？放眼人類千萬年的文明變遷，今人該如何理解過去，歷史與傳統又如何幫助今人理解當下呢？

二十世紀的德國哲學家高達美終其一生，都致力於處理「理解」的難題。高達美耕耘的領域在哲學中叫做詮釋學，其代表作就是一九六〇年出版的《真理與方法》（*Wahrheit und Methode*）。

I・詮釋學：荷米斯的使命

有人把當代西方哲學劃分為三大傳統：馬克思主義、分析和語言哲學以及現象學——存在主義及詮釋學傳統。第三個傳統的開創者是三位德國哲學家胡塞爾、海德格和高達美（Gadamer，又譯為：伽達默爾）。這兩對師徒好像在參加一場哲學接力賽，後者從前者手中接過真理的接力棒。在介紹高達美的哲學詮釋學（philosophical hermeneutics）之前，首先有必要說明一下，什麼是詮釋學。

詮釋學（Hermeneutics），又叫做解釋學。英語詞根來源於古希臘語Hermes，就是古希臘神話中的信使荷米斯。看過荷米斯畫像或者雕塑的人都會知道，他有兩條大長腿，腿上還長著翅膀。荷米斯代表古希臘世界的速度。在現代西方一些國家的郵局外面，依然可以看見荷米斯的雕像。荷米斯的任務是將奧林匹斯山上諸神的話傳遞給人間的凡夫俗子。不過因為神的語言和人的語言不一樣，所以荷米斯不僅僅是一名信使，他還要負責把神的話語翻譯和解釋給人聽。從這個荷米斯名字衍化而來的「詮釋」一詞就意味著要把一種陌生的、不理解的東西，翻譯為可理解的東西。古希臘人把阿波羅神廟中的解說叫做「hermeneus」，把對神諭、荷馬的詩歌、夢境、占卜的解釋叫做「詮釋術」。高達美認為詮釋的核心工作就是「轉換」，「詮釋學的動作總是這樣從一個世界到另一個世界的轉換，從神的世界轉換到人的世界，從一個陌生的語言世界轉換到另一個自己的語言世界」。

雖然「詮釋學」這個詞直到十七世紀才出現，不過在西方歷史上，詮釋學的工作一直都存在，並且成為了一門專門的學科。中世紀的時候，人們為了解釋《聖經》，發展出了專門的釋經學。除了宗教經典，對法律條文、文學作品也有相對應的、專門的詮釋學。

II・詮釋學的「哥白尼革命」

到了十九世紀，詮釋學已經發展成了一種專門的理論。在高達美之前，有三位哲學家對詮釋學做出過卓越的貢獻，分別是史萊馬赫、狄爾泰和海德格。按照當代著名哲學家、詮釋學家保羅．利科的說法，他們三人實現了詮釋學領域中的兩次「哥白尼革命」。

詮釋學的第一次「哥白尼革命」起於史萊馬赫對「理解」一詞的發問。史萊馬赫是一位牧師，也是十九世紀著名的神學家、哲學家，被譽為「現代神學之父」。史萊馬赫雖然成日裡與《聖經》打交道，但他並不執著於建構一套專門的釋經學，反而對人在閱讀、說話、傾聽時如何做到「理解」的問題更為關心。要理解文字的內容，首先要弄清楚語法和字詞的含義，但僅僅如此完全不夠。史萊馬赫並沒有把「理解」當作一個機械的過程，而是把它看作一種「理解的藝術」。它是人與人之間的對話，需要借助一定的感性作用，例如直覺和頓悟。對史萊馬赫而言，理解的過程不僅僅關乎語法，也關乎心理——要把這段文字作者的心理過程重新經歷一遍。從具體的詮釋學傳統到理解文字的普遍要求，這是史萊馬赫的創見。

狄爾泰追隨史萊馬赫的腳步，他關心的不僅是對文字的理解，更要為整個人文社會科學奠定一個方法論的基礎。當時，學術界有一種科學至上主義或實證主義的傾向，希望將自然科學研究的方法遷移到人文社科上，然而自然科學和人文科學所處理的物件是完全不同的。狄爾泰認為，自然科學是從外部來說明世界，而人文科學卻是從內部來理解精神活動。所有的人文科學反映的都是人對生活的實在經驗，人精神生活的動力機制關乎所有複雜的認知、感覺、意志問題。除了應對自己的生命之流，人還要處理同他人的互動和交往，這依賴於人的理解，絕非純粹的因果關係或者其他機械的範疇就能解決，而這種理解非扎根於生活本身而不可得。「生活是活生生的經驗」，這一觀點總結了狄爾泰生命哲學的核心。

史萊馬赫與狄爾泰將詮釋學的境界提升到了一個新高度，可它依舊還是一種方法論。直到在海德格那裡，詮釋學轉變為一種本體論，這就是詮釋學的第二次「哥白尼革命」。在《存在與時間》中，海德格要追問的根本問題是「存在」。海德格認為，人也就是「此在」，是一種語言性的存在，只有通過語言，世界才向人們呈現出來，所以語言是詮釋學的根本問題，理解和解釋也就成為了「此在」的生存論結構——它們的意義不僅僅是作為一種技藝和工具，更是人存在的全部真相。順著海德格的詮釋學路徑，高達美發展出了他的「哲學詮釋學」。

Ⅲ・如何突破自己的局限：視域融合

高達美在《真理與方法》（*Wahrheit und Methode*）的開頭就寫道：「詮釋學問題從其歷史起源開始，就超出了現代科學方法論概念所設置的界限。理解文本和解釋文本不僅僅是科學深為關切的事情，而且也顯然屬於人類的整個世界經驗。」高達美認為，人類社會生活的最終形態是語言共同體，任何東西都不能離開這種共同體。高達美的哲學詮釋學不是一種類似語言學的特殊科學，也不是一種專業的技藝，它和人們通常所講的「理論」不一樣。理論是帶有沉思性質的，而高達美的詮釋學是一種帶有高度實踐技巧的實踐活動。因為「語言是存在之家」，是一切活動的仲介，是「一切思想的使節」，所以解釋一旦消失，所有思想活動就都無法進行了。詮釋學不僅要面對文本，還要處理歷史、藝術品、文化等一切關乎人類社會經驗和生活實踐的內容。解釋成為了根本的人的生存活動。

在高達美看來，他所處的時代所面對的危機之根本，不是政治或經濟危機，而是一種「近代主觀形而上學」的危機。這種危機最致命的表現就是「相對主義」，即認為沒有什麼絕對的好壞對錯。相對主義在歷史問題中的表現，在當時的歐洲被稱為「歷史主義」。該主義認為一切都是在歷史中出現和形成的，所以不要苛責歷史。在這種看法的支配下，人們很快就會陷入虛無。為了克服這種相對主義，高達美在《真理與方法》第二部中，提出了詮釋學的一個關鍵概念——視域融合（Horizontverschmelzung）。

「視域」（德語：Horizont；英語：horizon），也就是「地平線」。它既是視力的全部範圍，同時也意味著人的全部局限性。在高達美看來，這種局限性是歷史性地形成的。借用海德格的經典表述，人是被「拋」入世界的，也就是說，人只有被拋入一定的視域中，才能理解這一視域中的全部事物。近代以來的認識論卻認為人們可以克服一切成見，從視域中抽身出來。然而人始終在視域之中，根本無法徹底拋開視域來進行認識，人最多只能從一個視域轉換到另一個視域。視域的存在意味著任何人都是帶有「成見」（德語：Vormeinung／Vorurteil；英語：prejudice）的。這種成見不是貶義的偏見，而是說人根本上是屬於一種傳統的。人無法拋棄傳統，就像無法拋開地平線一樣——不論走到哪裡，地平線都將拓展至此，所以高達美說：「視域是我們活動於其中並且與我們一起活動的東西。」

根據高達美的定義，「理解」就是「一些被誤認為是獨自存在的視域的融合過程」。這就是視域融合。人雖不可擺脫視域，但視域並不是固定不變的，而是具有一定的開放性，這在藝術領域中屢見不鮮。本章開頭提到的對蒙娜麗莎的再創作就是這樣一個視域融合的過程。「原作黨」們一定不會接受二次創作後的成果，但如果嘗試著將學院派的視域和當代藝術的視域融合起來，或許就能發現學院派審美並不代表絕對的標準，當代藝術家的創作也有其意義。總之，高達美的視域融合要求人在意識到傳統的影響時，始終對新的經驗保持開放。由於直接承接了存在主義與現象學的傳統，高達美的詮釋學看似晦澀難懂，但它的本質是實踐性的，它鼓勵人們去理解過去，審視現在，面向未來。

延伸閱讀

1. 〔德〕高達美：《詮釋學 I．II 真理與方法》，洪漢鼎譯，臺北：五南，2023年。
2. 〔德〕伽達默爾：《科學時代的理性》，薛華等譯，北京：國際文化出版公司，1988年。
3. 〔德〕伽達默爾：《哲學解釋學》，夏鎮平譯，上海：上海譯文出版社，2005年。
4. 〔德〕伽達默爾：《哲學生涯：我的回顧》，陳春文譯，北京：商務印書館，2003年。
5. 〔加拿大〕讓．格朗丹（Jean Grondin）：《哲學解釋學導論》，何衛平譯，北京：商務印書館，2009年。
6. 〔美〕理查德．帕爾默（Richard E. Palmer）：《詮釋學》，潘德榮譯，北京：商務印書館，2012年。
7. 章啟群：《伽達默爾傳》，石家莊：河北人民出版社，1998年。
8. 高宣揚：《解釋學簡論》，香港：三聯書店，1988年。

編註：伽達默爾即為高達美。

PHILOSOPHY

預行編目 (CIP) 資料

50 堂經典哲學思維課：讓你的思想更有趣，找回自己想過的人生 / 郁喆雋著 . -- 初版 . -- 臺北市 : 遠流出版事業股份有限公司 , 2023.09
面；公分
ISBN 978-626-361-208-2(平裝)

1. CST：哲學 2. CST：大眾作品

100 112012481

遠流博識網
http://www.ylib.com
Email: ylib@ylib.com

50堂經典哲學思維課

讓你的思想更有趣，找回自己想過的人生

作者——郁喆雋
主編——蔡曉玲
美術設計——王瓊瑤
校對——黃薇霓

發行人——王榮文
出版發行——遠流出版事業股份有限公司
地址——臺北市中山北路一段 11 號 13 樓
客服電話——02-2571-0297
傳真——02-2571-0197
郵撥——0189456-1
著作權顧問——蕭雄淋律師

2023 年 9 月 1 日 初版一刷
定價——新臺幣 450 元
（缺頁或破損的書，請寄回更換）

ISBN —— 978-626-361-208-2